SYSTEM DESIGN
AND

EXECUTION

EXPLORING
THE PATH
TO
ENHANCING
GOVERNANCE
CAPABILITY

制度设计与执行

治理能力提升的路径探讨

李荣亮 著

社会科学文献出版社
SOCIAL SCIENCES ACADEMIC PRESS (CHINA)

摘　要

　　当前，世界处于百年未有之大变局，我国面对实现中华民族伟大复兴奋斗目标的重大任务和推进全面深化改革的时代要求，亟须进一步提升国家治理能力水平，坚持和完善中国特色社会主义制度，把制度优势转化为治理效能，更好地促进我国的经济社会持续健康发展，实现国家治理现代化、实现中华民族的伟大复兴。其中，国家治理能力提升的问题受到高度关注，成为具有重要研究意义的理论与实践课题。

　　本书研究对象是国家治理能力，研究以马克思主义理论为指导，围绕国家治理能力提升的研究主题，在吸收国内外国家治理能力优秀研究成果的基础上，以党的历史使命和政治责任为着眼点、以提升国家治理效能为着力点，从规范与实证、普遍与特殊、历史与逻辑相统一的维度探讨和挖掘提升国家治理能力的因素，从结构和功能的视角阐释提升国家治理能力的逻辑框架和发展机制。以此，分析国家治理能力提升中存在的问题，并提供相应的政策建议，探寻国家治理能力提升的理论与实践路径，为推进国家治理现代化提供理论和实践支持。

　　从理论上，构建国家治理能力的结构和功能。以动态视角探寻国家治理能力提升的动力机制，构建"顶层设计能力、制度执行能力、社会动员能力"三位一体的国家治理能力结构框架，探索"公共管理、质量管理、预防犯罪"的国家治理能力功能框架，为进一步实现国家治理能力现代化提供有益的理论支持。

　　从实践上，实证分析问题并提出政策建议。通过研究国家治理能力的结构和功能，深化对"坚持和完善中国特色社会主义制度，推进国家治理体系和治理能力现代化"的认知，更好地揭示国家治理能力提升中存在的问题，并提出政策建议。本研究力图为我国进一步完善国家治理能力结构和功能创新提供有益指导，为提升国家治理能力提供可行性途径，为党和政府有序推进国家治理能力现代化提供实践支撑。

本书研究思路遵循提出问题—理论建构—政策建议的基本逻辑，主要包括以下内容。第一部分，包括导论和第一章。导论主要介绍研究缘由、研究内容、研究方法等；第一章"概念界定与分析框架"主要对基本概念进行界定，并提出本书的研究分析框架。第二部分，包括第二至第五章。从结构和功能两方面阐释提升国家治理能力的逻辑建构和发展机制。具体包括：第二章"强化顶层设计能力"，主要从战略认知力、目标建构能力和决策能力三个方面进行探讨，并探寻顶层设计能力的制约因素和实现路径；第三章"提升制度执行能力"，主要从规则执行能力、规范建构能力、价值塑造能力等方面进行论述，构建制度执行能力的评估机制，并探寻社会动员能力的实现路径；第四章"优化社会动员能力"，主要探讨思想动员能力、组织动员能力、制度动员能力，并论述了社会动员能力的功能和提升社会动员能力的路径。第二至第四章从国家治理能力主体、国家治理的体制机制、国家治理方式等方面分析国家治理能力建设中的现实问题。第五章"国家治理能力的功能"，集中论述国家治理能力的公共管理、质量管理、预防犯罪三大功能。第三部分为第六章"提升国家治理能力的政策建议"。针对国家治理能力提升中存在的问题，集中论述政策建议，具体包括：在顶层设计层面，加强顶层设计队伍建设，构建系统民意表达机制，把握顶层设计规律，提升顶层设计水平；在制度执行层面，优化地方行政层级设置，创新群众参与机制，解决制度执行文化建构不到位问题；在社会动员层面，完善社会动员体制机制，创新社会动员方式，增强动员主体权威。

本研究贯穿两条主线。一是能力建设和制度建设是互为促进的关系，在坚持和完善中国特色社会主义制度基础上推进国家治理体系和治理能力现代化，在推进国家治理体系和治理能力现代化进程中坚持和完善中国特色社会主义制度。国家治理能力现代化是国家治理现代化的必要条件和重要内容。二是国家治理能力的提升需要两条路径相互支撑，即治理的有效性和合法性。其中，国家治理的有效性与经济高质量发展和社会可持续繁荣等议题相关，而治理的合法性则与社会主义民主法治的发展紧密相连。因此，要创新治理方式，在治理有效性上坚持全面深化改革，解决不合时宜的思想和体制机制弊端，打破利益固化的藩篱；在治理合法性上，要坚持全面依法治国，运用制度优势治理国家，提升治理的合法性，以有效性累积合法性，以合法性保障有效性，以此实现国家治理能力提升的秩序化。

　　关键词：全面深化改革；国家治理能力；顶层设计能力；制度执行能力；社会动员能力

目　录

导　论

一　研究缘由

实现现代化是中国人民孜孜以求的奋斗目标。1954年，第一届全国人民代表大会第一次明确提出要实现工业、农业、交通运输业和国防四个现代化的任务；1964年周恩来总理在第三届全国人民代表大会第一次会议的政府工作报告中首次宣布要实现农业、工业、国防和科学技术的现代化。当今世界正面临百年未有之大变局，不确定性因素层出不穷，随着中国现代化进程的不断加快，现代性也在不断增长，现代化所赋予的时代内涵也在不断丰富。历史地看，国家治理现代化是四个现代化基础上的第五个现代化。如果说工业、农业、国防和科学技术现代化主要指涉硬实力的现代化，那么国家治理体系和治理能力现代化则更关乎软实力的现代化，它关乎中华民族伟大复兴中国梦的实现。

党的十八届三中全会确立了"完善和发展中国特色社会主义制度，推进国家治理体系和治理能力现代化"的全面深化改革总目标，开启了加快推进我国国家治理现代化的伟大征程，这也为国家治理能力现代化的研究提供了一个良好契机。目前，中国特色社会主义进入新时代，这是我国发展新的历史方位。面对人民日益增长的美好生活需要、面对实现第二个百年奋斗目标新征程，需要加强治理能力建设和制度建设，全面提升国家治理能力，把中国特色社会主义制度优势转化为治理效能，从而为国家的长治久安和高质量发展奠定坚实基础。

党的十九大对国家治理能力现代化提出了明确的时间表、路线图。党的十九届四中全会专门讨论"坚持和完善中国特色社会主义制度，推进国家治理体系和治理能力现代化"这一重大议题，核心包括能力建设和制度建设两个方面，强调只有能力建设与制度建设相匹配，才能更好地发挥治理效能。从党的十八届三中全会的"完善与发展"到党的十九届四中全会的"坚持与完善"，表述更加完整，是中国共产党对中国特色社会主义建设规律认识的深化。推进国家治理体系和治理能力现代化是"完善和发展中国特色社会主义制度的必然要求，是实现社会主义现代化的应有之义。"① 党的二十大强调以中国式现代化全面推进中华民族伟大复兴，并总结了中国式现代化的中国特色、本质要求、重大原则等，形成了中国式现代化理论。现代化是一个由传统社会向现代社会多层面、全方位转变的过程，国家治理能力现代化是国家治理现代化的重要组成部分，持续提升国家治理能力是实现国家治理现代化的必然要求。

党的十九大报告做出我国社会主要矛盾转化的重大政治论断。新时代，社会主要矛盾的转化不仅是我国经济社会发展现实的反映，更是制定党和国家大政方针、长远战略的重要依循。新时代国家发展的新方位，对诸如促进国民经济高质量发展，完善和发展中国特色社会主义制度，推动改革的系统性、整体性和协调性等治国理政的重大议题提出了新的挑战。党的十九届五中全会对未来五年的发展提出了宏观规划，并提出了2035年的远景目标，为国家治理现代化的实现提供了实施方案。党的十九届六中全会对党百年奋斗的历史经验进行系统总结，为治国理政提供了历史智慧。推进国家治理现代化既是手段，也是目的，搞好符合中国国情的国家治理能力现代化建设，不仅关乎中国特色社会主义制度的制度优势向治理效能转变，更决定着中国特色社会主义根本目的、发展理念、战略布局、战略目标等内容。

鉴此，需要从党的历史使命和政治责任出发，以中国特色社会主义制度优势向治理效能的转化为着力点，基于中国国情，在理论与实践两个层

---

① 习近平：《切实把思想统一到党的十八届三中全会精神上来》，《求是》2014年第1期。

面梳理中国国家治理能力提升的内在逻辑与实现路径，并基于现实关怀提出相应的政策建议。同时，在世界百年未有之大变局背景下，参与全球治理和全球格局调整，并提供中国智慧和中国方案。这是本书研究所要解决的主要问题。

二 研究内容

中国特色社会主义进入新时代，面对人民日益增长的美好生活需要，面对实现第二个一百年奋斗目标的重大任务，面对百年未有之大变局，面对新时代把改革开放推向前进的目标，如何更好地处理所面临的"四大危险"和"四大考验"，是摆在中国共产党面前的现实问题。这是后发国家发展起来后的困境，也是对中国共产党执政能力提出的严峻考验。中国共产党在革命、建设和改革中积累了丰富经验，团结领导全国人民实现了站起来、富起来到强起来的伟大飞跃。老经验能否适应新环境，这是令人担忧的问题。国家治理要适应时代发展的需要，要解决新时代出现的新问题，就要加强治理能力建设和制度建设，持续提升国家治理能力，把制度优势转化为治理效能。

不论是发达国家还是发展中国家，其国家治理能力提升的一个重要价值诉求是实现国家治理的秩序化。国家治理能力对我国而言具有其特殊性：①中国共产党领导是最大的特色，讲中国国家治理能力必然要讲中国共产党的领导，中国共产党是马克思主义使命型执政党，是国家治理能力的核心主体，其历史使命是实现中华民族伟大复兴；②我国是世界上最大的发展中国家，在发展过程中具有赶超特点，总是逐步提出具有感召力的目标，以此凝聚人心和力量，进而去实现目标，当前目标是实现现代化；③使命型政党和赶超型任务要求从历史使命和政治责任视角看待国家治理能力，即国家治理能力与国家治理目标相匹配；国家治理能力是通过国家意志落实既定政策和实现既定目标的能力。

秩序化需要解决治理有效性和合法性的关系。从治理的有效性和合法性关系上看，既要在治理合法性上发挥治理有效性，又要以治理有效性累积合法性。事实上，有效性和合法性是辩证统一体，应以有效性累积合法性，以合法性保障有效性。当前我国对治理有效性和合法性都比较重视。鉴此，要历史地、科学地、辩证地看待国家治理能力，故本书将基于前人研究，从结构和功能维度对国家治理能力进行建构，把国家治理能力置于历史使命和政治责任视域中进行考察。

本书从党和政府的历史使命与政治责任的视角切入，研究国家治理能力，构建国家治理能力结构和功能，研究国家治理能力的现状及存在问题，并针对问题提出政策建议，探索提升国家治理能力的有效途径。本书研究思路主要遵循从学理分析、实证分析到政策建议的基本逻辑，分析国家治理能力的结构和功能，在理论建构中探寻实现路径，在实证分析中提出政策建议。这要求理论与实践相统一。本书总体研究框架：导论是宏观分析，第一章是概念界定与分析框架，第二、第三、第四章是对治理能力的结构建构，第五章是对国家治理能力的功能建构，第六章是对国家治理能力提升的政策建议。主要包括以下内容。

第一，理论框架建构：结构构建与功能构建。①构建宏观分析框架，建构国家治理能力的结构，在分析顶层设计能力、制度执行能力的基础上，把社会动员能力纳入国家治理能力的结构中，构建顶层设计能力、制度执行能力、社会动员能力"三位一体"的结构分析框架。②构建国家治理能力的功能分析框架，在公共管理、质量管理的基础上，把预防犯罪纳入功能中，这与党的十八大以来的高压反腐密切相关，构建"公共管理、质量管理、预防犯罪"三位一体的国家治理能力功能框架。

第二，强化顶层设计能力。主要从战略谋划力、目标建构能力和决策能力三个方面进行探讨，实证研究顶层设计能力提升中存在的问题，并从学理维度探寻国家治理能力提升的实现路径。顶层设计能力是实现党的历史使命、不犯颠覆性错误的根本保证。战略谋划力是顶层设计能力的首要能力，它是基于战略思维和战略定力的一种能力，提前谋划是中国共产党能够取得革命胜利的法宝，也是治国理政的重要经验。目标建构能力是对战略谋划力的进一步实施，包括制度、组织和价值的建构能力，制度建构是保障，组织建构是载体，价值建构是灵魂。决策能力是中国共产党执政能力的重要体现，做出改革开放和全面深化改革的正确战略抉择的一个重要前提就是中国共产党超强的决策能力，主要体现为科学决策能力、民主决策能力和依法决策能力。

第三，提升制度执行能力。主要从规则执行能力、规范建构能力、价值塑造能力等方面进行论述，构建制度执行能力的评估机制，并从制度建设、主体认同、机制优化、环境建设等方面探寻制度执行能力提升的实现路径。制度执行能力能够把顶层设计通过社会动员等方式贯彻落实到实处，起到承上启下的作用。规则执行能力是指执行制度时的执行力量和执行力度，规范建构能力是将制度承载的规范化要素内化到社会行动中去，前者重在行为体的外化行为规制，后者重在行为体内在心理观念的内化能力。价值塑造能力主要指将制度的规范、规则成功嵌入制度执行者的认知和心理中，强化执行意识，建构制度的意义。

第四，优化社会动员能力。主要探讨思想动员能力、组织动员能力、制度动员能力，并论述了社会动员能力的功能和提升社会动员能力的路径。社会动员能力是国家治理能力的力量之源。思想是行动先导，着重从思想上建党是保持党的先进性的关键，思想贯通成信仰，信仰能够转化为力量，这是思想动员能力的魅力所在。组织能使力量倍增，政党的力量来自组织，社会的凝聚需要组织。近代以来的政治主要是政党政治，强化组织动员能力是中国共产党的历史选择。制度动员能力就是运用制度规则、规范推动集体行动的能力，也是一种把潜力转化为实力的能力。

第五，国家治理能力的功能。集中论述国家治理能力的公共管理、质量管理、预防犯罪三大功能。公共管理要以效能为导向，效能包括效率和效度两个方面，效度优先于效率，提升公共管理效能需要推动政府角色由"划桨者"向"掌舵者"转型、提升地方政府的代表性和回应性、提升群众参与度。我国经济已经进入高质量发展阶段，高质量发展需要提升质量管理水平，这需要党和政府能够坚持以人民为中心，准确识别、理解民众需要，提升市场治理水平和社会治理质量，推动经济高质量发展。人心是最大的政治，腐败是失去人心的最大威胁，预防犯罪是国家治理能力的一大功能，加强预防犯罪功能需要预防职务犯罪、预防政府行政违法、推动法治社会建设。

第六，提升国家治理能力的政策建议。针对国家治理能力提升中存在的问题，探讨提升国家治理能力的政策建议，主要包括：在顶层设计层面，加强顶层设计队伍建设，构建系统的民意表达机制，把握顶层设计规律，提升顶层设计水平；在制度执行层面，优化地方行政层级设置，创新群众参与机制，解决制度执行文化建构不到位问题；在社会动员层面，完善社会动员体制机制，创新社会动员方式，增强动员主体权威。

三　研究方法

在研究方法上，本书以历史唯物主义和辩证唯物主义为指导，以国家治理能力为分析核心，注重历史与逻辑相统一、规范研究与实证研究相结合。运用社会科学的方法研究国家治理能力。当前，国家治理能力的研究跨度较大，涉及科学社会主义、哲学、政治学、社会学、管理学、法学等诸多学科，具有交叉学科研究的特点，而且还涉及系统论、协同治理理论、集体行动理论等方面的相关知识。运用系统分析的方法，把国家治理能力的构成作为系统不可或缺的要素进行考察和分析，以揭示其所具有的价值和作用，进而对国家治理能力进行结构和功能构建。本书沿着学理分析与实证分析相结合的逻辑展开。

学理分析要求我们从理论维度去探寻国家治理能力提升的逻辑，主要是理论的建构，讲的是应然，为现实提供理论的指导。实证分析要求我们从事实维度去分析国家治理能力提升的实践逻辑，不能用应然生搬硬套实然，要以具体问题具体分析的实证方法，探寻实践过程中国家治理能力提升存在的问题。注重学理分析与实证分析相结合。从学理上分析研究国家治理能力，并借鉴结构功能主义的系统思维方法，构建"顶层设计能力、制度执行能力、社会动员能力"的国家治理能力结构和"公共管理、质量管理、预防犯罪"的国家治理能力功能；实证研究围绕国家治理能力提升中遇到的问题进行剖析，以揭示我国国家治理能力的现状和问题，并提出实践中的政策建议，以此优化我国国家治理能力结构和功能。

理论逻辑和实践逻辑需要以历史逻辑为支撑。在研究中会用历史思维描述国家治理能力提升的历史逻辑。按照历史与逻辑相统一的方法，尊重历史事件的意义，运用概念、分析、判断、策略、理论的关联性去寻找和界定国家治理能力，认为国家治理能力是一个历史范畴，国家治理能力要与国家治理目标相匹配，当国家治理能力水平高且适应经济社会发展需要时就可以实现更高的国家治理目标，反之亦然。

本书资料来源一方面为党的文献、政府工作报告、报刊资料、回忆录、专著、期刊、宣传报道、政府官方网站等，另一方面为山东、天津等地实地调研、访谈等。党的文献和政府工作报告是我国现代化国家建设的大政方针，蕴含着执政党的治国理政意图，报刊资料、回忆录、访谈、调研等能够了解群众对国家治理能力现状的看法和思考，反映群众的思想情况。在宏观层面主要涉及国家的大政方针，其资料主要来自官方，如党的文献、政府网站、新华社、《人民日报》、《求是》杂志等，涉及顶层设计的研究较多。在中观和微观层面，既有来自官方的资料，也有来自课题组的实地调查资料。

四　研究价值

从学术思想上看，本书认为国家治理能力提升过程的价值诉求是秩序化。文中贯穿两条主线。一是能力建设和制度建设相互促进，在坚持和完善中国特色社会主义制度基础上推进国家治理体系和治理能力现代化，在推进国家治理体系和治理能力现代化进程中坚持和完善中国特色社会主义。国家治理能力现代化是国家治理现代化的必要条件和重要内容。二是国家治理需要治理的有效性和合法性，没有效能的治理是失败的，非民主、非法治的治理是不合法的。因此，要创新治理方式，在治理有效性上坚持全面深化改革，解决不合时宜的思想和体制机制弊端，打破利益固化的藩篱；在治理合法性上，要坚持全面依法治国，运用制度优势治理国家，提升治理的合法性。以有效性累积合法性，以合法性保障有效性。

从学术观点上看，本书所提出的"顶层设计能力—制度执行能力—社会动员能力"的宏观分析框架，有助于理解我国国家治理能力提升的特殊性。中国共产党是近代中国最有组织化和行动力的政治力量，肩负着建设现代国家和民族复兴的历史重任。鉴此，党中央在战略谋划力基础上的顶层设计是国家长治久安的根本保障。以政党推动现代国家建设，以党的伟大自我革命推动伟大社会革命，是中国特色社会主义政治发展道路的内在逻辑，而以社会动员的方式借助群众组织逐步统合社会，则是中国国家治理能力建设的基本路径选择。当然，作为后发国家，中国始终面临如何把制度优势转化为治理效能的挑战。本书将制度执行纳入分析框架，透析制度执行场域内不同行动者的行动理由与博弈策略，较为客观地展示行动者的复杂性，从而为制度优势到治理效能的转化提供有益借鉴。本书又以公共管理、质量管理、犯罪预防"三位一体"的分析框架，透析国家治理能力的功能，其关键是预防职务犯罪，重点是优化政府、市场、社会的关系，推动高质量发展。

提出国家治理能力提升的政策建议。①在顶层设计能力方面，建议加强顶层设计队伍建设，打造具有权威性、历史使命感、政治责任感的顶层设计主体，构建系统的民意表达机制，重视信息化建设，以此提升信息化能力和水平，优化顶层设计机制和顶层设计思路，实现从以摸着石头过河为主体到以顶层设计为主体的理念转型，且形成两者的良性互动。②在制度执行能力方面，建议优化地方行政层级设置，针对群众参与机制不完善问题，建议创新群众参与机制，并通过加强制度建设解决制度执行文化建构不到位问题。③在社会动员能力方面，建议完善社会动员的体制机制，构建政党、政府、社会、市场"四位一体"的协同动员机制，创新社会动员方式，加强民主化建设、推进行政动员与社会化动员相结合。同时通过法治赋权和动员主体自身的组织能力建设，提升社会动员主体权威。

第一章

概念界定与分析框架

工欲善其事，必先利其器。研究国家治理能力一方面要对其相关概念进行界定，厘清概念是研究的一个重要前提；另一方面要讲清楚国家治理能力的分析框架，为本书的研究提供逻辑思路。

第一节　基本概念界定

国家治理有其全球化背景，也是现代化进程中的诉求之一，具有一定程度的普遍适用性。在我国，更强调国家治理的实践意义。党的十六大报告提出了"党领导人民治理国家"的理念；党的十七大报告强调"保证党领导人民有效治理国家"；党的十八大报告多处运用了"治理"这一概念；党的十八届三中全会提出了"推进国家治理体系和治理能力现代化"，随后的历次全会几乎都强调国家治理能力的重要性。中国共产党的国家治理水平随着历史的发展不断提升，党在基层群众自治、社会治理等实践中不断探索创新，提出国家治理能力这一重大命题。

一　治理

治理理论是当今国内外学界讨论的一个热门，既强调价值的共同性，又强调一种秩序。1989 年世界银行在对非洲情况进行描述时用了"治理危机"（crisis in governance）这一概念，此后该概念应用于政治学界的理论研究和政界的文献报告中。全球治理委员会对"治理"的内涵做了如下定义："治理是各种公共的或私人的个人和机构管理其共同事务的诸多方式的总和……治理不是一种正式的制度，而是持续的互动。"① 治理既包括公共领域的治理，也包括私人领域。詹姆斯·罗西瑙在《21世纪的治理》《没有政府的治理》等文章中认为现代国家治理既包括政府机制也包括非政府机制，既包括正式的制度也包括非正式的制度。② 其后，罗茨③和格里·斯托克④都提出了关于治理的不同观点。他们为治理理论的创立做出了奠基性的贡献。

俞可平从"统治"和"治理"两个不同概念的比较中解读"治理"一词，"统治就是政府依靠垄断性的国家权力对社会进行控制。……治理则是各个社会主体运用公共权威来维护社会秩序。"⑤ 二者主要包括五个方面不同，"其一，权威主体不同，统治的主体是单一的，就是政府或其他国家公共权力；治理的主体则是多元的，除了政府外，还包括企业组织、社会组织和居民自治组织等。其二，权威的性质不同，统治是强制性的；治理可以是强制的，但更多是协商的。其三，权威的来源不同，统治的来源就是强制性的国家法律；治理的来源除了法律外，还包括各种非国家强制的契约。其四，权力运行的向度不同，统治的权力运行是自上而下的，治理的权力可以是自上而下的，但更多是平行的。其五，两者作用所及的范围不同。统治所及的范围以政府权力所及领域为边界，而治理所及的范围则以公共领域为边界，后者比前者要宽广得多。"⑥

国家治理的理想状态就是善治，"善治就是公共利益最大化的治理过程，其本质特征就是国家与社会处于最佳状态，是政府与公民对社会政治

① 参见俞可平《治理与善治引论》，《马克思主义与现实》1999年第5期。
② 参见 James N. Rosenau, Ernst-Otto Czempiel (eds.), Governance without Government: Order and Change in World Politics, Cambridge University Press, 1992, p. 5; Rosenau, "Governance in the Twenty-first Century", Global Governance, Vol. 1, No. 1, 1995。
③ R. Rhodes, "The New Governance: Governing without Government", Political Studies, Vol. 44, No. 4, 1996.
④ 参见〔英〕格里·斯托克《作为理论的治理：五个论点》，华夏风译，《国际社会科学杂志》（中文版）2019年第3期。
⑤ 俞可平：《论国家治理现代化》，社会科学文献出版社，2014，第168页。
⑥ 俞可平：《衡量国家治理体系现代化的基本标准》，《北京日报》2013年12月9日。

事务的协同治理"①，"说到底，治理所追求的终归是创造条件保证社会秩序和集体行动"。② 治理的目标是善治，包括两个方面，一是国家和社会有秩序，"治理的首要目标是不发生政治革命和社会动荡"③；二是能够推动集体的行动。

通过分析可以看出，治理是一种有序推动集体行动的方式。治理强调主体多元、法治、民主、协商、自治，更加强调国家和社会的包容性，重视管理和服务两个方面，有效性和合法性是两个重要特征。

二 国家治理

国家治理是作为全面深化改革总目标所提出的一个概念，是中国共产党关于治国理政理念的深化和发展。国家治理的基本含义是"中国共产党领导人民科学、民主、依法和有效地治国理政"④。

党的十八届三中全会提出推进国家治理体系和治理能力现代化，党的十八届四中全会提出全面依法治国，既强调国家建设又强调国家治理。"'国家建设'的任务在于构建一个强大国家，而'国家治理'的任务在于构建一个合理的国家。"⑤ 一方面，国家治理的有效性要提高；另一方面，国家治理的合法性也要提高。既要让国家有动力系统，也必须让国家有制衡系统，前者强调改革，后者强调法治。国家治理是在国家建设的基础上对国家进行合理的建构，实现国家治理的有效性和合法性的统一。

马克思主义认为，政治的核心涉及国家政权问题，国家是阶级统治的工具。权力和权威是辩证的关系，权力可以通过政治制度变成权威，而权威可以为合法性提供基础。"如果说政治权力回答了'政治秩序如

① 俞可平：《论国家治理现代化》，社会科学文献出版社，2014，第3页。
② 〔英〕格里·斯托克：《作为理论的治理：五个论点》，华夏风译，《国际社会科学杂志》（中文版）2019年第3期。
③ 刘智峰：《国家治理论：国家治理转型的十大趋势与中国国家治理问题》，中国社会科学出版社，2014，第4页。
④ 王浦劬：《国家治理现代化：理论与策论》，人民出版社，2016，第40页。
⑤ 燕继荣：《国家治理及其改革》，北京大学出版社，2015，第8页。

何可能'的问题，那么，政治合法性所关注的就是'政治秩序如何持久'的问题。"① 从国家统治到国家治理是人类发展的普遍趋势，也是民主政治的要求所在。国家治理体系包括三大要素"治理主体、治理机制和治理效果。"② 国家治理就是国家治理主体运用国家治理机制有效治理国家。

中国的国家治理有其特点：一是中国共产党的领导是中国治理最重要的特点，党的领导、人民当家作主、依法治国是有机统一的，其中党的领导是根本保证；二是中国的国家治理更多强调国家层面，不是社会中心主义的治理，但不是社会中心主义的治理并没有否定重视社会建设，强调社会建议的重要性不等于社会中心主义；三是中国的国家治理具有使命型和赶超型特点，中国共产党是使命型政党，总是根据现实和人民需要提出使命型的任务，并团结带领人民去实现，中国是发展中国家，实现现代化是中国人民孜孜以求的奋斗目标。

三　国家治理能力

习近平总书记对国家治理能力从含义、能力与体系的关系、主体三个方面进行了论述。首先，国家治理能力的含义。习近平总书记指出："国家治理能力是运用国家制度管理社会各方面事务的能力，包括改革发展稳定、内政外交国防、治党治国治军等各个方面。"③ 简言之，国家治理能力是指党、国家和人民运用中国特色社会主义制度有效治理国家的能力。其次，国家治理能力与国家治理体系的关系。习近平总书记在谈国家治理能力时，将其与国家治理体系放到一起进行辩证分析，国家治理主要包括制度建设和制度执行两个方面，制度建设属于顶层设计方面的内容，是属于国家治理体系的内容，而国家治理能力则主要是制度执行的能力，"国家治理体系和治理能力是一个有机整体，相辅相成，有了好的国家治理体系才能提高治理能力，提高国家治理能力才能充分发挥国家治理

---

① 燕继荣：《国家治理及其改革》，北京大学出版社，2015，第31页。
② 俞可平：《论国家治理现代化》，社会科学文献出版社，2014，第3页。
③ 习近平：《切实把思想统一到党的十八届三中全会精神上来》，《求是》2014年第1期。

体系的效能。"① 最后，国家治理能力的主体。国家治理能力主体既强调党是核心主体，同时又重视政府、企事业单位、人民团体和社会组织的作用，"只有以提高党的执政能力为重点，尽快把我们各级干部、各方面管理者的思想政治素质、科学文化素质、工作本领都提高起来，尽快把党和国家机关、企事业单位、人民团体、社会组织等的工作能力都提高起来，国家治理体系才能更加有效运转。"②

对我国而言，国家治理能力提升的核心和关键是党的领导。现有研究认为，国家治理能力重视治理效能，强调国家的财政汲取能力，并认为国家财政汲取能力减弱会削弱国家治理能力。③ 综合现有的研究成果，笔者认为国家治理是"党的领导、政府主导、公民参与"三者合一的一种治理形式。从国家治理能力研究现状看，在国家治理能力上，有的重视财政汲取能力、有的重视制度执行能力、有的重视参与主体多元，大多数研究会涉及中国共产党的领导地位，涉及运用国家治理能力推动集体的行动的问题。国家治理能力现代化，强调国家要有所作为、有效作为，不是全面作为、全能作为。"传统社会和现代社会的一个重大区别是现代社会能创造并动用大量的人力物力资源。现代化的国家治理能力也意味着国家在不同政策领域都有强大的能力；在提取、渗透、规制、分配、推动经济发展方面都能力强大。"④ 人心齐，泰山移。作为后发国家，要运用国家治理能力推动集体行动，让制度优势化为制度效能，实现国家富强、民族振兴、人民幸福。

国家治理能力就是国家治理主体运用战略谋划力制定国家治理的目标、路径，运行国家治理体系让国家制度能够有效运转，领导和团结全国人民实施国家治理方略，实现国家治理目标的综合素养和能力。马克思指出，"哲学家们只是用不同的方式解释世界，问题在于改变世界。"⑤ 国家

---

① 习近平：《切实把思想统一到党的十八届三中全会精神上来》，《求是》2014 年第 1 期。
② 习近平：《坚定制度自信不是要固步自封》，新华网，2014 年 2 月 17 日，http://www.xin-huanet.com/politics/2014 - 02/17/c_119373758.htm。
③ 王绍光、胡鞍钢：《中国国家能力报告》，辽宁人民出版社，1993，中文提要，第 3 页。
④ 张长东：《国家治理能力现代化研究——基于国家能力理论视角》，《法学评论》2014 年第 3 期。
⑤ 《马克思恩格斯文集》第一卷，人民出版社，2009，第 506 页。

治理能力既包括认识世界的能力，更包括改变世界的能力。

从某种意义上讲，国家治理能力实际上就是推动集体行动的能力，国家治理主体通过顶层设计制定政策制度，通过制度执行落实政策制度，通过社会动员推动集体行动，实际上顶层设计、制度执行、社会动员、公共管理、质量管理、预防犯罪都是推动集体行动的能力。在推动集体行动时既要强调合法性，又要重视有效性；以有效性助力合法性，以合法性实现有效性。概括起来说，国家治理能力就是中国共产党团结带领全国各族人民运用中国特色社会主义制度治国理政的能力，也是推动集体行动的能力。国家治理能力是历史的、具体的，随着时间的积累、环境和条件的改善而不断得到提升，以适应国家建设、实现党的历史任务的需要。概言之，国家治理能力是党和政府根据特定历史阶段，制定战略目标和政策，并运用国家意志实现既定目标和政策的能力。

第二节　分析框架

国家治理能力的研究需要一个学理性的分析框架，本研究认为国家治理能力提升的价值诉求是实现国家治理的秩序化。国家治理能力从结构上看包括顶层设计能力、制度执行能力和社会动员能力；从功能上看包括公共管理、质量管理和预防犯罪三大功能。国家治理秩序化需要优化国家治理能力的结构和功能，需要提升国家治理能力主体的历史使命感和政治责任感。

一　秩序化：国家治理能力提升过程的价值诉求

国家治理能力的提升目标是实现国家治理能力现代化，其核心是秩序，既要保持国家稳定有序发展，又要保持国家充满生机活力。国家治理能力提升的目标一个是现代化，另一个是秩序化，合起来就是有秩序的现代化。现代化讲的是程度，秩序化讲的是一种动态的平衡状态。

（一）秩序化与现代化

秩序包括稳定和活力两层含义，秩序化体现的是动态的秩序。事实上，对于秩序的研究由来已久，霍布斯的《利维坦》强调国家在维持秩序中的作用，卢梭的《社会契约论》指出契约对秩序的作用，亚当·斯密在《国富论》中研究了市场经济的秩序。我国的四书五经讲究仁义礼智信，实际上就是从伦理的视角、政治的维度研究国家治理的秩序。几乎世界上每个时代的政权都在强调统治或治理的秩序。

亨廷顿指出："现代性孕育着稳定，而现代化过程却滋生动乱。"① 现代化是一个多层次、多方面的历史进程，涉及人的思想和行为等各方面，从心理方面讲，现代化涉及人民的价值观念、期望值等方面的根本性转变；从智力方面讲，其涉及人的知识层面的不断扩展，人类的知识处于不断膨胀的状态，对人类的生活方式、价值理念造成了巨大冲击。这种思想、价值观念、行为方式等方面的持续转变会对社会秩序造成冲击，严重者会造成社会的无序。我国正处于现代化的转型期，人的思想、行为、心理等方面需要发生转变，与现代化进程相适应，国家治理能力提升能为有序实现现代化提供重要支撑。国家治理能力现代化的目标和国家治理现代化的目标是一致的，不能相互违背。从某种意义上讲，"现代国家首先要维护国家的基本秩序和稳定。"②因为稳定涉及安全，没有安全则发展无从谈起。

现代化的分析有若干主要层面。"社会结构不同程度的分化、现代化的不同历史起点、主要现代精英的基本取向，以及现代化在社会主要制度领域的不同进展速度"③ 主要涉及社会结构、历史起点、精英取向和制度变迁，这四个方面是现代化过程中的主要因素，但不是全部因素。这四个方面在现代化的不同历史阶段关注的点和程度也不一样。现代化是一个过程，也是一个目标。实现现代化的途径有很多种，有内生型现代国家和外生型现代国家，有先发国家和后发国家，有殖民国家和非殖民国家。比较

---

① 〔美〕塞缪尔·P. 亨廷顿：《变化社会中的政治秩序》，王冠华、刘为等译，上海世纪出版集团，2008，第31页。

② 人民论坛编《大国治理：国家治理体系和治理能力现代化》，中国经济出版社，2014，第27页。

③ 〔以〕S. N. 艾森斯塔德：《现代化：抗拒与变迁》，张旅平等译，中国人民大学出版社，1988，第150页。

而言，西方学者更加注重对精英的研究、对资本力量的研究，而中国学者或具有社会主义倾向的学者在重视资本力量的同时，还更加重视群众运动，更加重视人民的力量。

　　学术界非常关注社会转型时期、实现现代化进程中的秩序问题。在社会秩序研究方面，孙立平以社会转型为背景研究秩序问题，如《转型与断裂：改革以来中国社会结构的变迁》《失衡：断裂社会的运作逻辑》《重建社会：转型社会的秩序再造》三部曲，按照社会断裂—社会失衡—社会重建的逻辑探讨社会秩序问题，认为秩序包括"稳定与活力"两个方面，强调运用秩序思维替代稳定思维，因为"稳定是被动的，秩序是主动的；稳定是静态的，秩序则是动态的；稳定往往是与活力矛盾的，而秩序则是与活力兼容的"[1]。郑永年认为中国的改革顺序是先经过经济改革，到社会改革[2]，并写有《重建中国社会》一书，书中认为社会失序的原因有三点：经济领域和社会领域缺失边界、社会改革缺位和社会空间缩小、公民权缺位。该书强调通过改革重建社会，主要措施是处理好政府与市场、国企与民企的关系，不能将 GDP 主义应用到社会领域，社会自治，建立"强政府、强社会"的治理模式，解决好农村土地问题，培植一个庞大的中产阶层等。[3] 俞可平从善治的视角研究社会秩序，他在《重构社会秩序走向官民共治》一文指出"官民共治是实现善治的基本途径"[4]。在政治秩序研究方面，亨廷顿的著作《变化社会中的政治秩序》从政治制度、政治参与、政治稳定等视角研究政治秩序；福山的著作《政治秩序与政治衰败：从工业革命到民主全球化》从国家、法治与民主负责制的视角研究政治秩序；孔飞力的著作《中国现代国家的起源》从政治参与、政治竞争、政治控制的视角研究政治秩序；冯仕政的著作《当代中国的社会治理与政治秩序》强调应处理好发展与秩序之间的动态平衡。由上文所述可以看出，在现代化的进程中，经济社会发展是否有序是衡量国家治理能力

---

① 孙立平：《重建社会：转型社会的秩序再造》，社会科学文献出版社，2009，第 20 页。
② 郑永年：《中国改革路线图》，东方出版社，2015，第 19 页。
③ 参见郑永年《重建中国社会》，东方出版社，2015。
④ 俞可平：《重构社会秩序 走向官民共治》，《国家行政学院学报》2012 年第 4 期。

水平的一个关键变量。

国家治理体系和治理能力现代化从一定意义上讲就是实现政治现代化。钱乘旦等认为西方发达国家有三条政治现代化道路：第一条是以英美为代表的渐进改革之路；第二条是以法国为代表的人民革命的道路；第三条是德国式道路，其特点是新生社会力量在现代化过程中丢失主动权，旧的社会统治集团主导国家现代化，最终将国家引向错误的发展方向。[①] "国家对维持控制与秩序的基本需求，既有可能会激起直接的镇压，也有可能反而会激发国家推动型改革。"[②] 改革和革命是现代化的两个主要手段，在某种意义上讲改革是第二次革命，稳定有序的现代化是每个后发国家实现现代化的重要方式之一。国家治理能力现代化是连续性与阶段性的统一。中国国家治理能力提升的目标从国家战略来看分两个阶段，第一个阶段是小康战略，第二个阶段是现代化战略。最终的目标是把我国建设成"富强民主文明和谐美丽的社会主义现代化强国"。

（二）实现国家治理的秩序化是国家治理能力提升的价值诉求

一方面，要通过国家治理能力、运用国家治理体系来治理国家，化制度优势为治理效能；另一方面，国家治理能力目标是实现治理现代化，良法善治是重要的目标。国家治理需要整体上的秩序，不是单个领域的秩序。近代以来的历史告诉我们，没有中国共产党的领导，国家将会是"一盘散沙"，革命、建设和改革就无从谈起。党的领导是我国国家治理能力有序提升的根本保障。一是国家顶层设计能力核心主体是党中央。国家发展的战略谋划力、目标建构能力、决策能力的提升和国家的制度、组织、价值建构都离不开党的组织力和思想力，坚持党的领导和科学理论指引相结合，制定正确的顶层设计和战略谋划，确保国家沿着正确方向前进，实现国家治理的秩序化、国家治理的现代化。二是制度执行能力提升需要发挥中国特色社会主义制度优势。民主法治是中国特色社会主义制度的价值

---

① 钱乘旦、陈意新：《走向现代化国家之路》，四川人民出版社，1987，第43页。
② 〔美〕西达·斯考克波：《找回国家——当前研究的战略分析》，转引自彼得·埃文斯、迪特里希·鲁施迈耶、西达·斯考克波编著《找回国家》，方力维等译，生活·读书·新知三联书店，2009，第11页。

诉求，中国特色社会主义民主建设能够保障公民有序的政治参与，全面依法治国为制度执行提供了法治保障，秩序本身就是法的基本价值，规则执行、规范建构和价值塑造为制度的执行提供了良好的环境。三是社会动员能力的有序提升需要发展好中国特色社会主义民主政治。通过思想动员、组织动员和制度动员调动各方积极性，集中力量办大事，提升公民有序参与能力，实现社会动员的秩序化。

具体而言秩序化包括众多领域：一是经济发展秩序化，重点是解决好政府和市场的关系；二是政治发展秩序化，重点是完善人民代表大会制度，关键是建设社会主义法治国家；三是社会治理秩序化，运用思想动员、制度动员、组织动员等方式，提高公众有序参与社会治理的水平，构建社会治理新格局；四是价值建构和塑造的秩序化，要培育和践行社会主义核心价值观，巩固全体人民团结奋斗的思想基础；五是生态文明建设的秩序化，保证社会永续发展需要全民参与环保，增强环保意识，践行环保行动。同时还要解决好政党治理的问题，一方面是党治，政党治理国家；另一方面是治党，即解决好中国共产党的自身建设问题，达到治党与党治的辩证统一。

总之，实现顶层设计能力、制度执行能力、社会动员能力提升的秩序化为推进国家治理现代化提供了必要条件。秩序化是一个动态的过程，国家治理能力要与国家发展的现实需要相匹配。秩序化的国家治理一方面能够保证国家发展稳定有序，另一方面能在稳定有序的状态下实现国家治理的奋斗目标。

二　视角：政治责任与历史使命

中国共产党是使命型政党，使命型政党要解决使命型任务，解决使命型任务需要使命型国家治理主体，使命型国家治理主体在顶层设计、制度执行和社会动员中应常怀历史使命感和政治责任感。政治责任感和历史使命感来自政治责任和历史使命。政治责任是立场、是初心，政治责任要求治理主体有为民情怀和站稳人民立场。唯物史观认为人民群众是历史的创造者，人民立场是马克思主义政党的根本立场；历史使命要求治理主体有历史视野、历史思维和世界眼光。

使命型政党是中国共产党的重要特征。"中国共产党一经成立，就把实现共产主义作为党的最高理想和最终目标，义无反顾肩负起实现中华民族伟大复兴的历史使命。"① 马克思主义实现了实践转向，从"世界何以可能"转向"人类解放何以可能"，人类的解放成为无产阶级的历史使命。中国共产党的初心和使命是为中国人民谋幸福，为中华民族谋复兴。初心就是站稳人民立场，是实现历史使命的前提。使命的实现是一个过程，每一代中国共产党人都会接过历史的接力棒，都在持续奋斗，一件接着一件办，一年接着一年干，去完成中国共产党人的历史使命。在干事创业上要交接好历史的接力棒，提升历史续接力，实现历史的继承者和传承者身份的统一。"干部干事创业要树立正确政绩观，有功成不必在我的精神境界、功成必定有我的历史担当，发扬钉钉子精神，脚踏实地干"②。历史使命的完成是一场"接力跑""接力赛"。

实现历史使命要求中国共产党必须坚持和发展中国特色社会主义，"坚持和发展中国特色社会主义是一篇大文章，邓小平同志为它确定了基本思路和基本原则，以江泽民同志为核心的党的第三代中央领导集体、以胡锦涛同志为总书记的党中央在这篇大文章上都写下了精彩的篇章。现在，我们这一代共产党人的任务，就是继续把这篇大文章写下去。"③ 中国共产党的三大历史任务是"推进现代化建设、完成祖国统一、维护世界和平与促进共同发展"④。中国共产党人要保持执政理念、实现目标的一贯性和连续性。处在新的历史方位上，"摆在我们面前的一项重大历史任务，就是推动中国特色社会主义制度更加成熟更加定型"⑤。因此，中国共产党拥有历史唯物主义的视野，能够把各大历史任务放到中华民族伟大复兴的历

---

① 习近平：《决胜全面建成小康社会 夺取新时代中国特色社会主义伟大胜利》，人民出版社，2017，第13页。
② 2019年3月1日，习近平在中央党校中青年干部培训班开班式上的讲话。
③ 习近平：《习近平谈治国理政》第一卷，外文出版社，2018，第23页。
④ 习近平：《决胜全面建成小康社会 夺取新时代中国特色社会主义伟大胜利》，人民出版社，2017，第71页。
⑤ 习近平：《论坚持全面深化改革》，中央文献出版社，2018，第93页。

史视野中考量，通过不断实现各个阶段性和长远性历史任务去实现民族复兴的历史使命，通过持续提升国家治理能力完成历史使命。

一个政党的首要属性就是政治属性，其关键是政治立场。顶层设计者必须有高度的政治责任。习近平同志深刻指出："政治品德不过关，就要一票否决。"① 选拔领导干部政治品德首关未过，余关莫论。习近平同志还指出："政治上有问题的人，能力越强、职位越高危害就越大"②。党的十九大要求"把党的政治建设摆在首位"，"以党的政治建设为统领"。十九届中央政治局集体学习"党的政治建设"③，并出台了《中共中央关于加强党的政治建设的意见》，意见深刻指出政治立场事关根本，要旗帜鲜明讲政治，把政治建设摆在首位。④

完成使命任务需要有政治责任感和历史使命感的国家治理主体。一代人有一代人的历史使命和时代课题、一代人有一代人的历史担当。"干部要胸怀强烈的政治责任感、历史使命感，积极投身伟大斗争、伟大工程、伟大事业、伟大梦想的火热实践，把人生理想融入国家富强、民族振兴、人民幸福的伟业之中。"⑤ "全面深化改革是我们党守初心、担使命的重要体现。改革越到深处越要担当作为。"⑥ 中国共产党和领导干部只有始终把人民放在心中最重要的位置，能够守初心、担使命，担当作为，才能够在政治上站稳立场，能够制定出符合人民意愿、历史发展大势的顶层设计，才能够具有坚强的制度执行力，并发挥好社会动员能力，推动集体的行动，实现改革的目标。"当前，我国发展进入新阶段，改革进入攻坚期和深水区。必须以强烈的历史使命感，最大限度集中全党全社会智慧，最大限度调动一切积极因素，敢于啃硬骨头，敢于涉险滩，以更大决心冲破思想观念的束缚、突破利益固化的藩篱，推动中国特色社会主义制度自我完善和发展。"⑦

---

① 2018 年 11 月 26 日，习近平在中共中央政治局第十次集体学习时的讲话。
② 2018 年 7 月 3 日，习近平在全国组织工作会议上的讲话。
③ 注：2018 年 6 月 29 日，中共中央政治局第六次集体学习"党的政治建设"，习近平同志强调把党的政治建设作为党的根本性建设，为党不断从胜利走向胜利提供重要保证。
④ 《中共中央关于加强党的政治建设的意见》，2019 年 1 月 31 日。
⑤ 2019 年 3 月 1 日，习近平在中央党校（国家行政学院）中青年干部培训班开班式上的讲话。
⑥ 习近平：《习近平谈治国理政》第三卷，外文出版社，2020，第 179 页。
⑦ 《中共中央关于全面深化改革若干重大问题的决定》，2013 年 11 月 12 日。

国家治理主体要懂规矩、有担当，在使命和责任的视域下处理好治理有效性和合法性的关系，通过优化国家治理的结构和功能，实现国家治理的秩序化。

承载责任、使命的主体是中国共产党，没有中国共产党的领导，民族复兴的历史使命必然是空想。习近平同志执政伊始就郑重承诺："要始终与人民心心相印、与人民同甘共苦，夙夜在公，勤勉工作，努力向历史、向人民交出一份合格的答卷"。① 这体现的是党的历史使命和政治责任。总之，历史使命要符合历史发展逻辑、历史发展规律，政治责任要符合人民的逻辑，是价值的选择。国家治理主体须具有历史使命和政治责任是中国特色社会主义伟大实践的必然要求。

三 结构框架：顶层设计能力、制度执行能力和社会动员能力

本书以国家治理能力为研究对象。根据现有研究成果和研究方法，针对当前学界对国家治理能力的研究主要集中在顶层设计能力和制度执行能力上较多，而对社会动员能力有所忽略的现状，在综合前人研究成果的基础上，将社会动员置于国家治理能力框架中考察，提出国家治理能力结构性的宏观分析框架：顶层设计能力—制度执行能力—社会动员能力（见图1-1）。

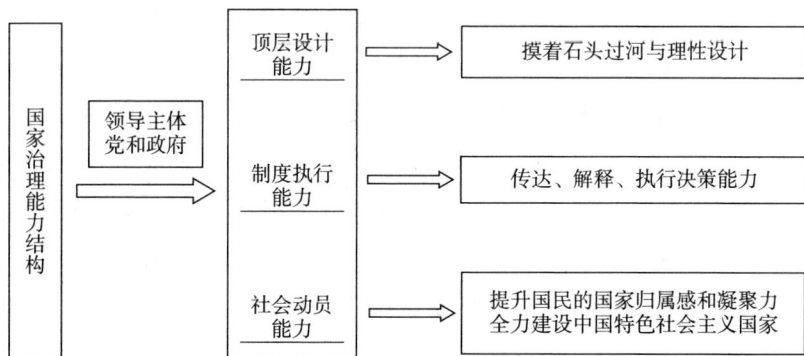

图 1-1 国家治理能力结构示意

① 习近平：《习近平谈治国理政》第一卷，外文出版社，2018，第 5 页。

其中，党中央的顶层设计能力是实现党的历史使命、不犯颠覆性错误的重要保证；制度执行能力能够把顶层设计通过社会动员等方式贯彻落实，起到承上启下的作用，社会动员能力是国家治理能力的力量之源。从领导角度看，国家治理的主体是代表人民意志的党和政府，中国共产党是国家治理的核心主体。

在此，需要对这一框架进一步进行阐释。从结构上看，从顶层设计能力、制度执行能力和社会动员能力三个层面进行分析。

（一）顶层设计能力是中国共产党搞建设、促改革能够取得成功的重要武器

顶层设计能力主要是强调摸着石头过河与理性设计的结合，能够为改革和现代化建设做出符合历史发展规律的顶层设计。与摸着石头过河重基层探索、自下而上的改革不同，顶层设计理念主要强调从顶层到基层自上而下的改革。改革开放初期解决的主要问题是贫穷问题和温饱问题，新时代的改革主要解决共同富裕问题和社会公平问题，当前改革的一个关键是要打破利益固化的藩篱，打破利益固化须中央推动，发挥中央权威作用，自上而下解决问题。顶层设计能力主要包括战略谋划力、目标建构能力和决策能力，其中中国共产党的战略谋划力是确保国家稳定有序发展的前提保障，中国共产党基于正确的战略认知、战略谋划，定方向谋大局，在现实和人民需要基础上制定目标、建构目标，并实现目标，通过战略续接力持续奋斗取得了经济快速发展和社会长期稳定的奇迹。党中央的决策能力，是在对时代把握基础上做出的判断。哲学是时代精神的精华，中国共产党用发展着的马克思主义指导实践，运用历史唯物主义和辩证唯物主义的世界观和方法论认识问题、分析问题、解决问题。分析顶层设计能力提升中存在问题，一方面要从学理上分析顶层设计能力提升的路径，另一方面要从政策建议视角探寻提升顶层设计能力的途径。

（二）制度执行能力主要任务是传达、解释、执行政策能力

制度执行能力起到上传下达的作用，能够把顶层设计内容贯彻落实到实践中去；将制度执行纳入分析框架，透析制度执行场域内不同行动者的行动理由与博弈策略，客观地展示行动者的复杂性，探究把制度优势转化为治理效能的主要路径。制度执行能力包括规则执行能力、规范建构能力和价值塑造能力。规则执行能力是指国家治理主体对规则的执行力度，处于制度执行的基础地位，制度的生命力在于执行，不执行就是摆设。规范建构能力是国家治理主体将制度承载的规范性要素内化为社会行动的能力，规则执行能力重在对行为体外在行为的规制，规范建构能力则重在对行为体内在心理观念要素的内化能力。价值塑造能力是指将制度的规则、规范等客体要素成功"嵌入"制度执行者的认知和心理当中的能力，这能够增强制度执行主体的制度意识和制度权威，增进制度认同。

（三）社会动员能力能够更好地凝心聚力、促改革谋发展

按照马克思主义"市民社会决定国家"的观点，国家治理的力量之源来自社会。中国共产党能够通过社会动员凝聚社会共识、达成社会认同，进而推动社会进步。社会动员能力主要包括思想动员能力、组织动员能力和制度动员能力。思想是行动的先导，强大的思想动员能力是中国共产党建党、建军、建国的主要武器，也是改革开放成功的关键因素。改革开放和全面深化改革都是以解放思想为前提的，上下同欲者胜，要在解放思想中统一思想，推动改革行动，取得改革成效。中国共产党通过强有力的组织建设，形成了强大的组织动员能力，发动群众干革命、搞建设、促改革，成就了党、军队、国家的今天。没有规矩不成方圆，制度动员能力是指国家治理主体通过制度权威、按照制度规则推动集体行动的能力，制度具有根本性、全局性、稳定性和长期性，国家治理的秩序需要制度动员能力的保障。顶层设计能力、制度执行能力、社会动员能力三者都是推动集体行动的能力，强调把我国的制度优势转化为治理效能，进而实现党的历史使命。

国家治理主体是党和政府。从治理主体来看，国家治理不再仅限于党和政府，而是包括很多的社会组织等，但是党和政府是治理的主体这一点是不能否定的。当前的中国国家治理体系与治理能力现代化，还是"传统

的国家中心主义的国家治理"①。从统治到治理，很重要的一点是还权力于社会。有些学者受西方学界和西方经济社会发展规律的影响，把治理的主体看作政府和社会，在我国，国家治理的主体必然是党和政府，这个根基不能动摇，放权给社会是大趋势，但不能是社会中心主义。要协调好政府和社会在国家治理中的关系，加强社会治理，调动社会活力，给予社会权利，护社会公平。提升国家治理能力须处理好国家治理中的党政关系，大前提是坚持党的领导，"在这个大前提下才是各有分工……增强党的领导力，提高政府执行力"②。

四　功能框架：公共管理、质量管理和预防犯罪

上文我们提出了国家治理能力的结构分析框架，现在我们讨论国家治理能力的功能分析框架，其功能性特征为公共管理—质量管理—预防犯罪（见图 1 - 2）。

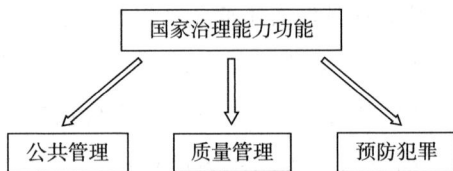

图 1 - 2　国家治理能力功能

（一）公共管理功能

历史地看，公共管理活动是源于政府管理缺陷而产生的一种管理模式与治理理念。公共管理是以政府为核心的公共部门引导、整合与运用多元化社会力量，科学运用经济的、行政的、政治的、法治的路径与方式，提升公共管理绩效和公共服务品质，并具有一定职业化特征的管理活动。从国家治理的实践来看，公共管理强调价值诉求的"公共性"，主张政府在国家治理中的角色应实现从全能政府、有限政府到有为政府的转型。政府

---

① 杨光斌：《关于国家治理能力的一般理论——探索世界政治（比较政治）研究的新范式》，《教学与研究》2017 年第 1 期。

② 习近平：《习近平谈治国理政》第三卷，外文出版社，2020，第 168 页。

既是管理者又是服务者，政府借助市场机制优化公共产品和公共服务的供给，从而提高公共管理的效能。新时代，应通过优化与健全国家顶层设计能力、制度执行能力与社会动员能力，逐步完善国家治理能力的结构，从而提升公共管理效能，具体内容如下。一是增进公共管理的公共性。基于党的历史使命与政治责任，不断优化国家治理能力的结构，以此提升政府管理绩效、公共服务品质、公共福利，实现公共利益最大化。二是推进公共管理法治化。国家治理需要透明、干净的执法，国家治理能力结构的优化，特别是制度执行能力的跃升，投射到公共管理领域意味着公共管理中法治属性的强化，意味着将法治要素有机融入公共管理的全过程。三是公共决策的科学化与民主化。国家治理能力结构的优化与创新，特别是顶层设计能力的提升意在通过完善公共管理的责任性与回应性，来强化公共决策的科学性和民主化建设。四是公共管理项目实施的精准化。公共决策的实施建立在公共管理项目执行的基础之上，公共决策的科学性与民主化，离不开对公共管理具体项目的精准化管理，可通过优化国家治理能力的结构，提升顶层设计能力、制度执行能力与社会动员能力，从而强化对公共管理项目实施的精准化操作，推进国家治理现代化。

（二）质量管理功能

要深刻把握我国发展要求和时代潮流，尤其是对制度建设的要求。党的十九届四中全会通过的《中共中央关于坚持和完善中国特色社会主义制度　推进国家治理体系和治理能力现代化若干重大问题的决定》指出，要"推动各方面制度更加成熟更加定型，推进国家治理体系和治理能力现代化"。① 从国家治理能力的维度看，制度执行效能是影响国家治理能力的关键变量，而新时代国家治理则全方位进入"向制度执行要效益"的历史时期。换言之，新时代推进国家治理现代化意味着我国的国家治理全面进入追求质量管理的新时代，其具体含义如下。

1. 治理主体素养的质量管理

国家治理现代化的核心是人的现代化，只有实现人的要素与制度

---

① 习近平：《习近平谈治国理政》第三卷，外文出版社，2020，第112页。

（规则）要素的有机融合，才能优化国家治理能力的结构与功能，优化国家治理能力结构。应该从质量管理的角度出发，强化各级各类治理主体的角色认知、价值规范、职业素养与行为规范，推进国家治理现代化。

2. 治理资源的质量管理

国家治理现代化意味着多元主体通过多元路径实现治理资源的有效配置。从社会动员的角度讲，新时代精准动员机制要求社会动员的目标、机制和载体建设全面进入质量管理时代，契合新时代社会动员的现实需要。

3. 制度与治理体系建构的质量管理

新时代国家治理现代化的要求对制度和治理体系的完整性、精准性、稳定性、可靠性等内容提出了新的目标与诉求，这对于制度和治理体系建设的质量提出了新的更高要求，应该依托国家治理能力结构的优化，高质量推进治理体系建设。

4. 国家治理能力提升机制的质量管理

机制不同于制度与治理体系，新时代通过国家治理能力结构的优化，强化国家治理能力提升机制的质量管理的核心在于，确保治理能力提升过程中各项制度、规则在治理过程中得到有效落实，并始终处于受控状态。

（三）预防犯罪功能

就国家治理能力来讲，预防犯罪功能主要针对腐败问题，尤其是预防职务犯罪。腐败与既得利益集团存在密切相关，一方面腐败导致社会不公，另一方面腐败导致中央政令难以执行，因此打破利益固化、实现社会公平、维护中央权威、提升政策执行力都需要加强国家治理的预防犯罪功能。古代历史上改革失败的一个重要原因是既得利益者在改革进程中的反扑，其实还有另一个原因，那就是改革者不够强大，中央没有权威。反腐是全面深化改革的突破口，也是习近平治国理政思想的重要特征。一方面，"一些地方在经济高速增长期形成的'官商一体'的既得利益群体往往出于自身利益置中央有关政策方针于不顾"①，另一方面，一些地方党群关系恶化影响党和政府形象，形成"塔西佗陷阱"，因此，加强国家治理能力的预防犯罪功能是全面深化改革的重要保障和助推器。预防犯罪一方面能够强化对党员干部的监督和管理，加强党中央政策的贯彻落实和制度执行，另一方面能够促进党群关系融洽，提升党和政府公信力。党的十八大以来通过顶层设计进行高压反腐是国家治理能力预防犯罪功能的一个重要体现。

五 小结

中国共产党是近代中国最有组织力和行动力的政治力量，肩负着实现中华民族伟大复兴的历史使命。以中国特色社会主义政党政治推动现代国家建设，是坚持和发展中国特色社会主义的重要方式。要提升顶层设计能力，以完善制度、谋划未来；要提升制度执行能力，把制度优势转化为治理效能；要提升社会动员能力，借助群众组织逐步整合社会力量，是我国国家治理能力建设的路径选择。

从结构与功能的视角分析国家治理能力，并不单纯指结构功能主义的视角，而是借鉴结构功能主义的系统方法论，同时借鉴集体行动理论和协同治理理论，以历史唯物主义为指导，对国家治理能力从动态的结构和功能的角度进行研究，探求国家治理能力的内涵、要素、结构、功能及其提升路径。一方面承认社会发展的阶段性，另一方面承认社会发展的过程性。通过治理有效性与合法性的相互促进、治理能力和制度建设的相互支撑，实现国家治理能力现代化。

中国共产党是国家治理的最高政治领导力量，党和政府是国家治理的主体，社会组织、公民个体、企业等是社会治理的重要参与者。本研究依循从提出问题、理论建构、实证分析到政策建议的基本逻辑。总体分析框架如图 1-3 所示。

---

① 角崎信也：《习近平的执政特点："顶层设计"、"群众路线"与"反腐败"》，《国外社会科学》2017 年第 4 期。

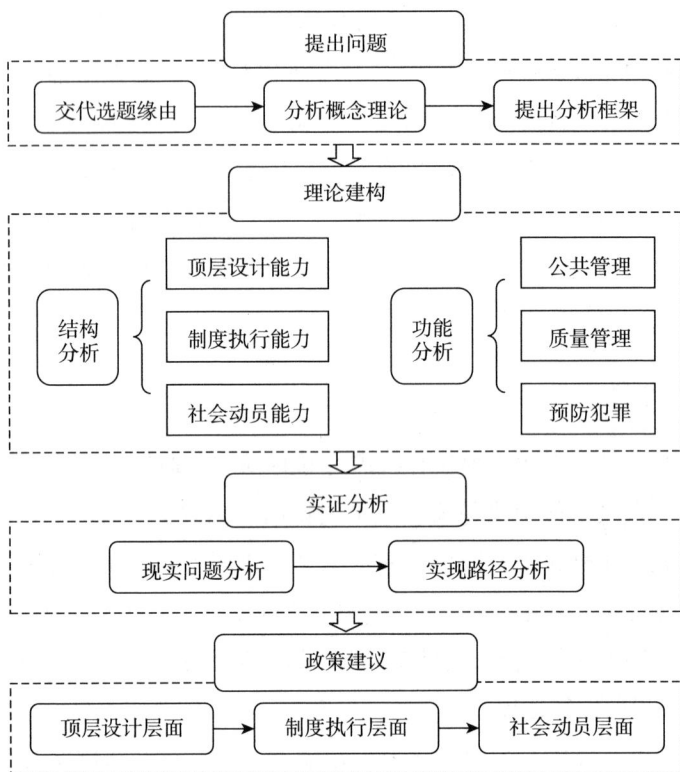

图 1-3　国家治理能力研究分析框架

第二章

强化顶层设计能力

顶层设计能力是国家治理能力的必要前提和重要组成部分。我国是中国共产党领导的社会主义国家，如果缺乏顶层设计能力，将会导致国家治理的盲目性。顶层设计是制度的自我完善，也是自我革命。完善和革命的动力来自内部，是一种主动的、积极的改革方式。顶层设计能力是党和国家在制度等方面自我完善的能力和自我革命的能力。"回顾改革开放 40 年的历程，我们可以清楚看到，在进行社会革命的同时不断进行自我革命，是我们党区别于其他政党最显著的标志，也是我们党不断从胜利走向新的胜利的关键所在。"① 顶层设计能力是我国在对建设、改革取得了规律性的认识的基础上，形成的一种制度系统性集成的能力，随着现代化进程的不断推进，顶层设计能力的提升迫在眉睫。我国是个大国，大国有大国的难处，人口数量大、经济体量大，大国的国家治理非常复杂，要整体实现现代化须要有理性的顶层设计能力。本章从顶层设计能力的基本概念、内涵、制约因素、实现路径等方面加以论述。

第一节　顶层设计能力概述

一　研究背景

我国改革进入深水区和攻坚期，面临着前所未有的困难和挑战，既有

---

① 《习近平在十九届中央纪委三次全会上发表重要讲话》，新华网，2019 年 1 月 11 日，ht-tp://www.xinhuanet.com/politics/leaders/2019 – 01/11/c_1123979062.htm。

国内的也有国外的，既有经济社会领域的也有自然领域的。"十二五"规划纲要中首次提出了"顶层设计"概念，指出要"更加重视改革顶层设计和总体规划"，主要是全面推进各个领域的改革，即改革顶层设计。其后专家和学者对"顶层设计"一词比较青睐，谈论改革几乎必然要谈到顶层设计。谁来进行顶层设计、顶层设计要如何设计、在全面深化改革的进程中如何落实顶层设计，这些问题应然而生。顶层设计不是一句空话，"顶层制度必须依赖人为设计"①，顶层设计需要顶层设计能力的支撑。因此，只有顶层设计主体的顶层设计能力水平提高了，才能做出好的顶层设计。

二　基本概念

（一）顶层设计

"顶层设计"这一概念最早源自系统工程学，其含义是从总体上进行规划和实施，但是"顶层设计"这个概念又不局限于工程学领域，它还可以运用到社会科学领域，指为经济社会的发展进行整体规划。生物学中有一个概念叫作"生长相关性"，其强调的是系统的关联性，系统中一个部分或者一个领域的发展会带动经济社会很多领域的进步与发展。顶层设计的英文是 Top-Down Design，在西方国家主要是指工程学或自然科学领域的一种决策或设计理念，强调的是从顶层开始，从战略的高度，自上而下地层层推进。实际上顶层设计具有层次性，也包含着基层设计，并非否定基层设计。摸着石头过河和顶层设计是在改革过程中，根据形势和任务的需要采取的改革理念和思路，是符合改革规律的。《现代汉语词典》（第6版）定义顶层设计为"工程上指对项目的各个要素和实施步骤进行统筹规划，泛指从战略的高度筹划全局"，强调其统筹性、战略性和全局性。

当前我们使用的顶层设计主要是指全面深化改革的顶层设计，从经济领域推广到社会的各个领域。广义的顶层设计实际上还蕴含着基层设计、制度执行等内容，它具有多层次、多领域、多视角等特点。一般而言顶层

① 江必新、王红霞：《国家治理现代化与制度构建》，中国法制出版社，2016，第86页。

设计主要指党中央的决策和部署，顶层设计不能概念泛化。当前，有些领域出现了顶层设计使用泛化，甚至滥用的倾向，这些值得注意。顶层设计是全面深化改革的必然要求。应强调顶层设计主体是具有资源分配权的领导者，顶层设计的重点是决策，最根本的特点是系统性。

学界对顶层设计这一概念有所论述。许耀桐认为，"'顶层设计'实际上是指'从高处着眼的自上而下的层层设计'"。[①] 闻邦椿认为，"顶层设计就是做一件事的规划或计划，是对要做的事经过调查分析，并在对所做事的主客观因素进行详细分析和研究的基础上，拟定出如何能使所做事得以顺利完成并能获取最高效益的执行计划或规划"。[②] 曾迪琰在《解析顶层设计》一书中认为，顶层设计"是指领导者组织设计者对事物进行谋划、策划、规划，实现对事物的系统化、系统工程化，确立事物发展的实现方式、实施方式、运行方式，完成对事物的总体规划，并按决策程序提交决策者决定，合成顶层设计"。[③] 张卓元认为，"顶层设计是运用系统论的方法，从全局的角度，对某项任务或某个项目的各方面、各层次、各要素统筹规划，以集中有效资源，高效快捷地实现目标"。[④]

综上所述，顶层设计就是运用系统论的方法，对某件事或任务进行总体、整体、全面的统筹规划，优化结构和功能，以提升效率、制定方案、确定时间表和路线图，采用自上而下的方式推动目标实现。

（二）顶层设计能力

顶层设计能力是对全面深化改革进行顶层设计的能力。它强调顶层设计者要站得高、看得远，能够高瞻远瞩，能谋当下与未来、谋全局与整体。

从中央文件和专家学者对顶层设计的相关论述来看，系统性是顶层设计能力的首要特点。习近平同志强调"必须更加注重改革的系统性、整体性、协同性"，"全面深化改革需要加强顶层设计和整体谋划，加强各项改

---

① 许耀桐：《顶层设计内涵解读与首要任务分析》，《人民论坛》2012 年第 17 期。
② 闻邦椿：《顶层设计原理方法应用》，机械工业出版社，2014，前言。
③ 曾迪琰：《解析顶层设计》，东方出版社，2016，第 125 页。
④ 张卓元：《中国改革顶层设计》，中信出版社，2014，第 25~26 页。

革的关联性、系统性、可行性研究"。①全面深化改革进入顶层设计阶段，顶层设计能力需要三大思维。

1. 系统性思维

从哲学维度看就是要强调事物的普遍联系和永恒发展，系统论强调三个核心要素：物质、能量和信息。顶层设计是全方位的，系统性强调各个事物、事件之间的关联性。系统论具有整体性特征，系统有开放性的系统和自我封闭的系统，开放的系统会有自组织性，它需要与外界或其他系统或更大的系统交换物质、能量和信息。系统性要求在顶层设计中有系统思想、系统思维、系统过程、系统结构和功能分析等因素的支撑。

2. 整体性思维

系统性自然蕴含着整体性、关联性，系统各要素之间的关联性使得一个系统内牵一发而动全身，顶层设计不能只盯着全局的某一域，而要从全局考虑；不仅要考虑当前的目标，还要考虑长远目标；不仅要考虑当前的效率，还要考虑长远的效果。要把当前与长远、整体与局部等问题结合起来。

3. 协同性思维

当前的改革不是单方面突进的经济改革，而是要整体推进的改革。改革不但要照顾效率，也要顾及公平。改革开放初期，要打破平均主义，提升效率，所以是效率优先兼顾公平，主要解决的是落后的社会生产难以满足人民日益增长的物质文化需要的问题；当前的改革是要解决利益固化、贫富分化、社会不公的问题，主要是打破利益固化藩篱，实现公平正义的问题。改革初期要打破思想僵化问题，需要思想解放，达成改革共识，获得改革认同；当前的改革要解决思想分化的问题，需要凝心聚力，更需要达成改革共识，实现改革认同。

总之，顶层设计能力是一种系统性、整体性、协同性的制度设计能力，是在立足现实、把握规律的基础上，进行理性顶层设计的能力。

---

① 中共中央文献研究室编《十八大以来重要文献选编》（上），中央文献出版社，2014，第509~510页。

三 顶层设计能力提升的功能

从摸着石头过河到顶层设计是历史的选择。中国共产党在改革开放初期，没有现成的经验可以直接借鉴，因此需要摸着石头过河。我国的改革是在学习西方现代化经验、反思"文革"经验教训、反思苏联高度计划模式的弊端，以及总结国家治理经验基础上的一种创造。

习近平同志指出："独特的文化传统，独特的历史命运，独特的基本国情，注定了我们必然要走适合自己特点的发展道路。"① 这要求改革先摸着石头过河，再进行顶层设计。改革开放初期，在没有经验、没有摸清改革规律的状况下，难以从整体上进行顶层设计。而当改革进入深水区、攻坚期时，就需要运用改革经验和规律进行理性的顶层设计，进而来解决改革中存在的问题，因此顶层设计能力提升是做好顶层设计的必然选择。

（一）顶层设计能力提升有助于从全局性和长远性角度看待全面深化改革，设计中国当前的现代化之路

从空间维度看，"不谋全局者，不足谋一域"，理性的人是一个有理想的存在，在做事情之前会有一个系统的整体的考量。从时间维度看，"不谋一世者，不可谋一时"，现代化是中国近代以来无数仁人志士孜孜以求的目标。尤其是新中国成立以后，建成以工业化为核心的社会主义现代化强国成了我们的奋斗目标，改革开放以后这个目标的实现愿望更强烈了。中国特色社会主义进入了新时代，我们实现现代化的奋斗目标即将在不到30年的时间内完成，这是一个多么伟大的创举。当前全面深化改革的总体方案、时间表、路线图的出台就是顶层设计的成果，这有助于改革者注重改革的全局性和将改革进行到底的长远性。

（二）顶层设计能力提升有助于把握发展的大方向、发展的大趋势，避免犯颠覆性的错误

方向决定道路，道路决定命运。全面深化改革的总体方案、时间表、路线图，让改革有了灵魂和方向。提升顶层设计能力有助于减少试错成

---

① 习近平：《习近平谈治国理政》第一卷，外文出版社，2018，第156页。

本。摸着石头过河具有一种试错性的精神，有很多的试错性成本。顶层设计是在经验总结基础上，理性选择设计而进行的决策，会大大降低试错成本，提高改革的效率、改革的协调性，明确改革的方向和预期，减少全面深化改革的盲目性和不确定性。"坚持'顶层设计'和'摸着石头过河'的统一，有助于把握好改革开放的方向和全局，处理好各个重点环节的复杂关系；有助于把握系统的层次性，调动各个层次和各个方面的积极性，形成推动改革的活力和凝聚力；有助于把握好改革的过程性和阶段性，确定正确的战略和方法。"①

（三）顶层设计能力提升有助于经济社会系统协调发展，避免贫富差距扩大

改革开放初期的思路是由易到难、由沿海到内地、由经济到各个领域，现在改革进入了攻坚期和深水区，改革任务和难度都在增加，因此，当前要避免改革碎片化造成的系统不协调性。允许一部分人先富起来是改革初期的一种策略，目的是打破吃大锅饭的平均主义，强调的是效率。先富带动后富达到共同富裕，是全面深化改革的重要目的，强调的是公平正义。从"又快又好"到"又好又快"，从"效率优先兼顾公平"到初次分配强调"公平和效率"，这些顶层设计中的理念凸显改革进程中的问题导向。在效率和公平的问题上越来越注重公平，这是中国特色社会主义的重要本质，也是人类文明发展大势。

（四）提升顶层设计能力有助于增强全面深化改革的总体有效性，解决主要矛盾，打破利益固化藩篱

顶层设计不是平均设计，而是要运用哲学思维，分清轻重缓急，抓主要矛盾和矛盾的主要方面，解决主要问题，治标又治本。当前的形势和任务是制定政策的核心根据。当前改革的主要矛盾与主要任务是打破利益固化藩篱，解决好改革存量和增量的关系，打造共建共治共享的社会共同体，优化结构、功能、资源，让其发挥更好的效力。改革解决矛盾，在改

---

① 杨桂华：《习近平新时代中国特色社会主义思想的理论特征》，《理论与现代化》2017 年第 6 期。

革进程中也会产生新的矛盾，这是具有规律性的认识，要以最小的代价获得最大的利益。

（五）提升顶层设计能力有助于控制预期：预测未来，提升决策者和执行者的目标感，增强决策者和执行者的信心

凡事预则立不预则废，要谋定而后动，没有目标感的行动是盲目的。正如马克思和恩格斯所指出："历史不过是追求着自己目的的人的活动而已。"① 作为历史活动主体的人能够通过对历史和现实的把握，通过顶层设计规划自己的未来，创造属于自己的历史。

第二节　顶层设计能力的内涵

顶层设计能力是把方向、定原则、谋全局的一种思维能力，可以从战略谋划力、目标建构能力、党的决策能力三个方面进行结构和功能性分析。战略谋划力主要是讲战略的理念蓝图，目标建构能力主要是实现战略的制度建构、组织建构和价值建构的能力，而党的决策能力则是实现战略和目标的战略决策能力。战略谋划力起到把关定向的作用，确保方向的正确性，确保目标建构的合理性和决策的实践可行性。其中，战略谋划力是顶层设计的前提，目标建构能力是顶层设计的关键，党的决策能力是顶层设计的重点，决策要根据战略和目标来做出判断。这三方面的构建建立在对规律的认识、把握和深化的基础之上。

一　战略谋划力

顶层设计是从战略高度筹划全局，要具备顶层设计能力首先要有战略谋划力。战略谋划是一个认识和谋划全局的大问题。习近平同志强调："我们的战略谋划力和战役执行力都要强，同时二者要有机有效结合"②。战略谋划力是指执政党在治国理政中把方向、谋大局、定政策、促改革的

---

① 《马克思恩格斯文集》第一卷，人民出版社，2009，第 295 页。
② 《稳中有进，彰显战略谋划力》，《人民日报》2014 年 7 月 23 日。

能力。"战略"一词最早源于战争，后来从战争领域应用到各个领域，如国家战略、管理战略等。战略是管方向、管长远、管全局的谋划或谋略。战略谋划需要战略认知，认知力是主观见之于客观的能动反映，水平高的认知力更能把握事物本质。越能把握事物规律，制定的战略越具有可行性和实践性。战略认知力是对战略整体的全局的认识，能够把握大局、预测趋势。从历史来看，中国共产党从革命、建设到改革，一路走来，能够从胜利走向新的胜利，很重要的一点就是具有超强的战略谋划力，能够观大势、谋大局，制定符合人类社会历史发展规律的战略规划，并通过超强的战略领导力去实现一个又一个战略目标。"战略问题是一个政党、一个国家的根本性问题。战略上判断得准确，战略上谋划得科学，战略上赢得主动，党和人民事业就大有希望。"[1]

（一）中国共产党的历史使命赋予了战略谋划力的驱动力量

战略谋划力是一种以战略思维为基础，运用战略眼光、依托战略定力，对国家治理的全局性、长期性和根本性的重大问题进行谋划的思维活动能力，从治国理政的角度看，反映的是执政党的执政能力。2017 年，习近平同志在"7·26"重要讲话中强调，"全党要提高战略思维能力，不断增强工作的原则性、系统性、预见性、创造性"。战略思维是战略思维能力的前提和基础，战略思维能力是战略思维的运用和表现，战略思维要求有大局意思、前瞻意识、战略管控力。战略谋划力涉及谁来谋划、谋划什么和如何谋划等系统性问题，这些因素构成战略谋划力的"四梁八柱"。

以问题为导向，提前谋划是我们党治国理政的重要经验。中国共产党是一个使命型政党。以毛泽东同志为主要代表的中国共产党人回答了"什么是中国革命，怎样进行革命"这一重大命题，成功进行了新民主主义革命，进行了社会主义探索和建设；以邓小平同志为主要代表的中国共产党人紧紧围绕"什么是社会主义、怎样建设社会主义"，坚持解放思想、实事求是，比较系统地初步回答了在经济文化落后的国家如何建设、巩固和发

展社会主义的一系列问题，成功开辟了中国特色社会主义道路；以江泽民同志为主要代表的中国共产党人进一步回答了"什么是社会主义、怎样建设社会主义"的问题，紧紧围绕"建设一个什么样的党、怎样建设这个党"这一重大课题，全面推进党的建设伟大工程；以胡锦涛同志为主要代表的中国共产党人创造性地回答了"实现什么样的发展、怎样发展"一系列重大问题；以习近平同志为主要代表的中国共产党人在新的历史起点上，系统回答了"新时代坚持和发展什么样的中国特色社会主义、怎样坚持和发展中国特色社会主义，建设什么样的社会主义现代化强国、怎样建设社会主义现代化强国，建设什么样的长期执政的马克思主义政党、怎样建设长期执政的马克思主义政党"等重大时代课题。中国共产党总是根据时代的发展和人民的需要，把握时代脉搏，解答时代问题，制定一系列符合国情和民意的路线方针政策，通过基本理论、基本路线、基本方略解决党和国家的实际问题，实现了革命、建设和改革的不断胜利。由此可以看出，中国共产党能够取得辉煌的成就，离不开超强的战略认知力和战略谋划力。

（二）战略谋划力建立在对规律的科学把握基础之上

战略思维是一种科学思维，战略谋划是战略思维能力的核心。十八届中央政治局第十一次和第二十次集体学习的历史唯物主义和辩证唯物主义都强调了战略思维的重要性，把保持战略定力作为领导尤其高级领导必备的重要能力。战略谋划力的提升要求必须清醒地认识国情、大势和规律。要"提高战略思维能力"[1]、增强"战略定力"[2]，这是从哲学维度和世界观方法论的高度强调战略思维、战略定力的重要性。习近平同志强调要加强战略谋划[3]。如全面建成小康社会的七大战略[4]，实际上就是战略思维的一种具体展现。

---

[1] 习近平：《推动全党学习和掌握历史唯物主义 更好认识规律更加能动地推进工作》，《人民日报》2013年12月5日。

[2] 习近平：《坚持运用辩证唯物主义世界观方法论 提高解决我国改革发展基本问题本领》，《人民日报》2015年1月25日。

[3] 《中国共产党第十九届中央委员会第四次全体会议文件汇编》，人民出版社，2019，第2页。

[4] 科教兴国战略、人才强国战略、创新驱动发展战略、乡村振兴战略、区域协调发展战略、可持续发展战略、军民融合发展战略。见党的十九大报告《决胜全面建成小康社会 夺取新时代中国特色社会主义伟大胜利》。

对战略谋划力的规律性把握体现在三个方面。一是纵向战略，强调历史过程维度。在战略谋划力上，中国共产党坚持把马克思主义原理与中国实际相结合，取得了革命、建设、改革的成功，走出了一条中国特色社会主义道路。当前，中国共产党在战略方向上始终坚持和发展中国特色社会主义。二是横向战略，强调系统结构维度。"四个全面"战略布局和"五位一体"总体布局，是坚持和发展中国特色社会主义、推进国家治理体系和治理能力现代化的战略抓手和空间布局。三是社会历史发展动力论。中国共产党始终坚持马克思主义"人民群众是历史的创造者"这一观点，坚持围绕以人民为中心的理念来制定发展战略。

（三）战略谋划力要有历史思维

总结历史是为了开创未来。邓小平同志1988年在会见捷克斯洛伐克总统胡萨克时，曾谦虚地说："近十年来的成功也是集体搞成的。我个人做了一点事，但不能说都是我发明的。其实很多事是别人发明的，群众发明的，我只不过把它们概括起来，提出了方针政策。"[①] 这是历史的智慧。邓小平同志具有超高的战略认知力，他说："一九七八年我们党的十一届三中全会对过去作了系统的总结，提出了一系列新的方针政策。中心点是从以阶级斗争为纲转到以发展生产力为中心，从封闭转到开放，从固守成规转到各方面的改革。"[②] 邓小平同志提出了改革开放的两大理论基石，一是社会主义初级阶段理论，当前我国处于社会主义初级阶段的高质量发展阶段；二是中国特色社会主义理论，定位为我国当前实行的是社会主义初级阶段的中国特色社会主义。要坚持"一个中心、两个基本点"基本路线，邓小平同志强调："基本路线要管一百年，动摇不得。"[③]

正是中国共产党具有强大的战略谋划力，才能够使国家和民族不论处在逆境还是顺境中，都能把握住发展的大势，运用规律性的战略认知和谋划，解决现实问题，取得重大成就。中国共产党的战略目标制定之后，几乎都实现了，有的还超前实现了，因此可以说，中国共产党通过超强的战

---

① 《邓小平文选》第三卷，人民出版社，1993，第272页。
② 《邓小平文选》第三卷，人民出版社，1993，第269页。
③ 《邓小平文选》第三卷，人民出版社，1993，第270~271页。

略认知力和战略谋划力制定的战略具有可操作性和实践性，它根植于国情等现实和时代条件，根植于人民的需要。

使命引领未来，初心体现担当。中国共产党是马克思主义使命型政党，既有共产主义远大理想，也有中国特色社会主义共同理想，根据理想提出极具感召力的奋斗目标，如中国梦、"两个一百年"奋斗目标，并为之努力。"中国共产党在不同的历史时期，总是善于根据民众的意愿和事业发展的需要，提出富有感召力的奋斗目标，从而唤起民众与执政党并肩奋战，这已经成为中共的一项重要的领导艺术。"[1] 党的十九届五中全会制定了未来五年规划和十五年远景目标。富有感召力的战略目标是方向、是灯塔，还是凝聚人民团结奋斗的美好愿景，是我们的奋斗目标。

二　目标建构能力

顶层设计能力的第二层面是目标建构能力，就是对战略谋划力的进一步实施。目标建构能力主要包括制度建构能力、组织建构能力、价值建构能力。"国家的使命就是通过公共权力将人与资源组合在特定的秩序范围内，形成保障人的生存与发展的共同体。将人与资源组合为特定程序中的组织体系、价值体系和制度体系，成为支撑一个国家生存与发展的内在结构。"[2] "用制度建设统一党的执政能力与先进性建设"，在价值、组织和制度三个方面实现自我建设和发展。[3] 目标建构需要从价值、组织和制度三个方面进行，在三者的关系中，制度建构是规范、组织建构是保障、价值建构是引领。

（一）制度建构能力

顶层设计目标的实现依赖于制度这个载体。"制度是一个社会的博弈规则，或者更规范一点说，它们是一些人为设计的、形塑人们互动关系的约束。"[4] 制

---

① 《通向中国梦的大布局——〈习近平时代〉选载》，《学习时报》2016 年 4 月 21 日。

② 林尚立：《当代中国政治：基础与发展》，中国大百科全书出版社，2017，第 268 页。

③ 林尚立：《加强党的执政能力建设》，重庆出版社，2009，第 69 页。

④ 〔美〕道格拉斯·C. 诺思：《制度、制度变迁与经济绩效》，杭行译，格致出版社、上海三联书店、上海人民出版社，2014，第 4 页。

度构建能力是指执政者对国家制度进行价值规范：对体制机制进行理性设计的能力。制度是一种人们有目的建构的存在物，是建立在历史和现实的基础上的理性选择。"制度化是组织和程序获得价值观和稳定性的一种进程。"①

1. 制度构建的目标理念是制度构建能力的核心要素

党的十八大以来，我们党把制度构建摆到更加突出的位置。党的十八届三中全会和党的十九届四中全会都强调要"构建系统完备、科学规范、运行有效的制度体系"。党的十八届三中全会提出的全面深化改革总目标是"完善和发展中国特色社会主义制度、推进国家治理体系和治理能力现代化"，党的十九届四中全会主题是"坚持和完善中国特色社会主义制度、推进国家治理体系和治理能力现代化"，从"完善和发展"到"坚持和完善"，一词之差，意义重大。"坚持和完善"，包含着"坚持和巩固"与"完善和发展"两层含义，既强调坚持和巩固在实践中形成的显著优势，又强调需要不断在当前和未来完善和发展，"坚持和完善"体现了历史的继承性和延续性。

党的十九届四中全会指出，"坚持和完善支撑中国特色社会主义制度的根本制度、基本制度、重要制度"。这三种制度的建构具有举足轻重的作用。坚持根本制度、基本制度、重要制度相衔接，不但顶层之间要打破壁垒、相互协调，而且基层之间要相互交流、互动沟通、协调推进，顶层设计与分层对接，相互贯通，避免信息孤岛现象。新时代提升制度建构能力，重要的是构建中国特色社会主义制度。

2. 制度构建能力提升的目的是通过持续提供制度供给，降低治理的制度成本，更好把制度优势转化为治理效能

从历史来看，"国家兴衰与国家治理能力密切相关，而国家治理能力实则就是国家制度的供给能力"②。制度的有效供给能够减少制度成本、改革成本，增加制度的红利，提升治理的效能。制度变迁与社会发展之间是

---

① 〔美〕塞缪尔·P.亨廷顿：《变化社会中的政治秩序》，王冠华、刘为等译，上海世纪出版集团，2008，第10页。
② 燕继荣：《国家治理及其改革》，北京大学出版社，2015，第56页。

互动的过程，制度用久了会出现流弊，这不是因为制度不好，而是因为随着时代的变迁，出现了新的事物，原有的制度需要与时俱进，及时调整以适应现实发展的需要。制度供给不足容易导致国家落后。福山的《落后之源》一书中对美国和拉丁美洲两个不同地区的治理进行了比较，认为拉丁美洲落后的主要原因是制度，制度有效供给不足是核心问题。

制度现代化是国家现代化的重要内容。现代化包括物质的现代化、思想的现代化和制度的现代化。从这个意义上讲，制度现代化是现代化的重要内容。制度建构、制度建构能力要与国家战略目标相适应，国家制度、治理体系和治理能力也是如此，建党一百年的时候要与全面建成小康社会相适应，2035年时要与基本现代化国家相适应，到新中国成立一百年时与现代化国家相适应。从三者自身来说，国家制度、治理体系和治理能力是三位一体的，三者相互支撑、相互配合、相互促进、相互匹配。制度建构需要目标建构，习近平同志指出："从形成更加成熟更加定型的制度看，我国社会主义实践的前半程已经走过了，前半程我们的主要历史任务是建立社会主义基本制度，并在这个基础上进行改革，现在已经有了很好的基础。后半程，我们的主要历史任务是完善和发展中国特色社会主义制度。"①

钱穆讲："政治制度，必然得自根自生。纵使有些可以从国外移来，也必然先与其本国传统，有一番融合媾通，才能真实发生相当的作用。否则无生命的政治，无配合的制度，决然无法长成。换言之，制度必须与人事相配合。"② 一方面，政治制度要自生，或者形成内生性增长；另一方面，制度必须具有系统性，各种制度相互配合，否则无法形成合力，进而导致失去其制度生命力。"原来任何一种制度，就其积极作用一方面而言，都有待于时间经验的积累，而为'尝试错误'的结果。……每个王朝殆曾惩前毖后下过一番因时制宜的工夫"。③ 制度会因时而变、因势而变、因事而变，有时候也会因人而变，所以制度要与人事相配合。钱穆认为："制

---

① 中共中央文献研究室编《习近平关于全面深化改革论述摘编》，中央文献出版社，2014，第27页。
② 钱穆：《中国历代政治得失》，九州出版社，2012，序言，第1页。
③ 王亚南：《中国官僚政治研究》，商务印书馆，2005，第58页。

度的背后，都应有理论和思想，一切制度绝不会凭空无端地产生。若我们忽略了中国以往现实的政治制度，而来空谈中国人以往的政治思想，也决无是处。"①

制度构建的目的要求达成共识，进而获得制度的认同，这对推进国家治理现代化意义重大而深远。习近平同志强调："治理国家，制度是起根本性、全局性、长远性作用的。"② 稳定的制度能够为经济社会的发展提供价值规范和可循规章。制度不稳，治理的根基则不牢。在国家治理中，制度建设分量更重，运用制度建设解决发展与安全问题成为当前国家治理的大事，要在制度建设的基础上，把制度优势转化为治理效能，转化为治国理政的重要抓手。

（二）组织建构能力

组织建构能力是对组织体系、组织运行系统进行建构的能力，主要包括组织体系建构和组织体系运行两大部分。组织是制度实施的重要载体，运用组织能力把制度建构转化为效能。组织的建构需要制度，组织和制度都要有其核心价值。价值建构能力和组织建构能力合力解决的是凝心聚力的问题。组织建构能力提升的一个重要目标是组织能力现代化，组织建构为组织能力现代化提供了前提和基础。组织建构能力不是个人能力，而是要发挥团队的整体能力，需要提升组织的竞争力。本部分的研究主要涉及的是国家治理的主体党和政府的组织建构能力。

组织建构具有其目的性。组织建构能力提升的一个重要目的是增强组织力，组织力从某种意义上讲具有推动集体行动、实现共同目标的能力。詹姆斯·穆尼认为"组织是特定人群为了共同目标而联合起来、一起努力实现目标的形式"③。以中国共产党为例，党的宗旨是全心全意为人民服务，中国共产党属于政治组织、正式组织、政党组织，其合法性建立在党性和人民性一致的基础之上。中国共产党的组织力是依靠其强大的组织带

---

① 钱穆：《中国历代政治得失》，九州出版社，2012，第49页。
② 中共中央文献研究室编《习近平关于协调推进"四个全面"战略布局论述摘编》，中央文献出版社，2015，第79页。
③ 《弄清了这五个问题，你就读懂了"组织力"》，《当代党员》2018年第16期。

领全国人民实现战略目标的能力。

1. 组织建构能力是对组织结构和组织功能的建构

从结构上看，主要是组织体系的建设，其目标是建构"系统完备、科学规范、运行高效"的组织体系。从功能上看，主要是增强组织的整合、协调、维护利益和实现目标四大功能。其他还包括组织路线、组织原则、组织体制、组织形式、组织纪律等，以实现结构优化和功能提升。

组织体系建设需要优化组织体系的结构和功能。有了组织体系，还要呈现组织体系内部之间有机的联系，能够有效运转发生"化学反应"，形成 1 + 1 > 2 的整体效能。"完成组织架构重建、实现机构职能调整，只是解决了'面'上的问题，真正要发生'化学反应'，还有大量工作要做"。[1] 组织重建和职能调整不是物理重组，而是"化学反应"。党的总揽全局、协调各方实际上就蕴含组织的整合和协调两大功能。比较而言，总揽全局是整合各方资源，协调各方是协调各方力量，总的原则是集中力量办大事。要降低组织体系运行成本，通过组织的力量，化制度优势为治理效能。组织是制度的制定者，也是制度的执行者，还是制度的坚持和完善者，同时组织是制度和价值的实践载体。在社会主义市场经济条件下，可通过组织的力量减少交易成本和执行阻力。党的十九届四中全会强调："优化政府组织结构……形成高效率组织体系"[2]"完善党领导军队的组织体系。"[3] 把制度和组织优势化为治理效能，关键是要架构好党的组织、理顺党政关系、做好党组织和党员的教育与管理工作。

组织体系建构是组织建构能力的核心内容。习近平同志指出，应"以组织体系建设为重点"[4]。国家主要包括党、政、军、群四位一体的组织体系。国家通过组织建构形成组织体系，进而运用组织体系提升组织建构能力。组织建构能力和组织体系建设是相辅相成、相互促进的辩证关系。国

---

[1] 习近平：《习近平谈治国理政》第三卷，外文出版社，2020，第 106 页。

[2] 《中国共产党第十九届中央委员会第四次全体会议文件汇编》，人民出版社，2019，第 36 ~ 37 页。

[3] 《中国共产党第十九届中央委员会第四次全体会议文件汇编》，人民出版社，2019，第 56 页。

[4] 中共中央文献研究室编《十九大以来重要文献选编》（上），中央文献出版社，2019，第 560 页。

家按照权力构成主要分为单一制国家和联邦制国家（还有邦联制等），我国宪法规定我国是单一制国家。我国组织体系建构的最高权威是《中华人民共和国宪法》，党的组织体系建构的权威来自宪法和党章。党的全面领导的实施要靠坚强的组织体系来实现，其中组织体系建构是关键。我国宪法主要规定了人大、政府、政协、公检法几个核心组织的建构，还包括社会组织的建构，党章规定了党的组织体系建构。对于我国来说，处理好政党与政府、政府与市场、国家与社会的关系十分重要。具体来说，我国的组织体系主要包括以下组织——中国共产党、人大、政府、政协、监察机关、审判机关、检察机关、武装力量、人民团体、企事业单位、基层群众自治组织、社会组织等①，实际上涵盖了立法、司法、行政、监察、检察等组织。

2. 组织建构能力提升的目的是解决现实问题

组织建构能力应根据时代发展和现实需要而提升。具体组织的生存和发展与时代的要求休戚相关，要根据时代的需要不断地调整、优化组织的结构和功能，动态地看待组织的存在和发展。当前党组织自身不断发展壮大，政府组织体系得到不断完善，社会组织得到不断发展，个人权利得到不断提升。总之，党的领导能力和执政水平在不断提升，经济社会也在不断进步。

组织通过利益获得来建构，并且以利益持续增加来维持，同时需要信仰价值来凝聚。中国共产党的组织建构能力较强，新时代党的建设总要求包括"六大建设"②，组织建设是其中之一。培养组织观念、规范组织程序、增强组织纪律都是组织建构能力提升所需要解决的内容。

中国共产党组织的形成过程不完全是内生的，还有外力的推动，建党在实践上受到苏联的影响，理论上接受了马克思列宁主义。亨廷顿认为"改革只有在组织起来之时才能实现"。③ 亨廷顿在面对农村改革的时候强

① 《中国共产党第十九届中央委员会第四次全体会议文件汇编》，人民出版社，2019，第25页。
② "六大建设"即：政治建设、思想建设、组织建设、作风建设、纪律建设、制度建设。
③ 〔美〕塞缪尔·P.亨廷顿：《变化社会中的政治秩序》，王冠华、刘为等译，上海世纪出版集团，2008，第327页。

调组织的作用，同时认为有效的组织要由有效的政党来建立。组织能够凝心聚力，其中中国共产党作为领导组织，必须确保党在各种组织中发挥领导作用。没有中国共产党就没有新中国，"建党、建军进而建国，是中国共产党领导人民革命和建设国家的基本行动议程，革命胜利后……形成了治党、治军与治国的三者有机统一"。① 因此，党政军合一的政权组织形式适合中国发展道路。在革命、建设、改革的过程中，几乎在党政军合一的情况下发展就会稳定，一旦党政军产生长时间的分离，就难以形成集体的行动，容易出现不稳定。因此，党的领导地位和党中央权威是维持社会稳定的重要保障之一。

中国共产党重视政党自身组织建构能力。新时代党的建设以政治建设为统领，政治建设的实施需要组织建设有力，"党的力量来自组织"②，组织能让力量倍增，组织内部和组织之间的分工能够提高效率，使组织内部或外部发生"化学反应"，让整体效能大于部分效能之和。"共产党国家在建立政治秩序方面的相对成功，在很大程度上就是由于它们自觉地把建立政治组织一事摆在优先地位。"③ 这是亨廷顿在研究了苏联、中国、朝鲜等国家之后得出的结论。

以党的组织推动军队、社会和国家建设。不论组织结构怎么变迁、主要任务怎么改变，党的领导地位始终不能变。军队是以党的组织为核心建构和组织起来的；社会改造是通过党的组织撬动社会的全面改造，使整个社会以党的基层组织为重点进行全面调整、再造和整合。对于整个国家建设，一方面针对党的组织保持其纯洁性和先进性；另一方面在没有党员的各领域和地区发展党员、建立支部，重视党员发展的质量和数量，以党的建设推动国家建设，其目的是建立以党组织为核心的社会和国家组织体系④。

---

① 林尚立：《当代中国政治：基础与发展》，中国大百科全书出版社，2017，第 241 页。
② 《中共中央关于加强党的政治建设的意见》，人民出版社，2019，第 12 页。
③ 〔美〕塞缪尔·P. 亨廷顿：《变化社会中的政治秩序》，王冠华、刘为等译，上海世纪出版集团，2008，第 334 页。
④ 林尚立：《当代中国政治：基础与发展》，中国大百科全书出版社，2017，第 242~243 页。

（三）价值建构能力

价值建构能力就是指价值主体通过自我认知，追寻人类生活的意义、构建真善美的价值体系的能力，概言之就是塑造人的世界观、人生观和价值观的能力。其目的对社会来说是社会的和谐，人与人之间和谐相处，使社会具有凝聚力；对个人来说，就是赋予个人以精神的家园。"一个国家必须具有凝聚国家力量、保障公民国家认同的核心价值理念。"① 世界的发展需要科技的力量，也需要文明的力量，需要价值观的精神支撑。一个国家的建构和发展离不开两大力量，一个是硬性的强制体系，另一个是价值认同的软实力体系。强制体系包括军队、法律等，而认同体系主要是文化的力量、价值观的认同。

价值建构能力是对价值体系的系统建构。可以从广义和狭义两个视角来进行考量。一是从意识形态的视角看，意识形态决定着价值的发展方向和价值核心，具有引领性的作用，这是狭义的价值建构；二是广义的价值建构能力，主要是指文化建设，因为文化的核心是价值。价值建构一方面来自国家的需要，国家的需要主要是从意识形态建设上考虑的，要培养公民的爱国主义情操；另一方面来自民众的需求，民众的需求是从个体权利的视角上考虑的，国民教育就是去完成这项工作的。作为一个社会的人，需要价值观的引领。

1. 加强思想整合和引领，增进社会的国家认同

一是思想分化问题。世界多极化、文化多样化、价值多元化是社会发展的趋势。这主要体现在社会思潮的多样性上，思潮之间的竞争就是价值之间的竞争，如果这个阵地我们自己不去占领，就会被别的思潮所占领，如果我们自身的价值观研究不能坚持马克思主义立场，研究不够深入，不具有说服力，那就无法担当价值引领的大任，轻则导致价值观混乱，重则导致亡党亡国。

二是思想西化问题。中国近代以来的历史几乎是一部中西交流史。一

---

① 任剑涛：《为政之道：1978—2008 中国改革开放的理论综观》，中山大学出版社，2008，第 147 页。

方面受到西方列强的欺辱，另一方面又不断地学习西方的先进科技。现代化从西方开始，但并不意味着首先实现现代化的国家的价值具有优先性，我国学习西方的东西很多，但是不能绝对西化，从而迷失自我，现代化不等于西方化。

三是思想整合和思潮引领的问题。思想分化、西化会给思想引领带来困难。思想整合和思潮引领并不是说除了作为意识形态的马克思主义，其他思潮都是错误的，要辩证地看待其他思想，好的吸收，坏的批判、否定，对多样化的思潮要具有批判性。思想整合和思潮引领是解决思想分化、西化问题的前提，解决思想分化、西化问题是思想整合和思潮引领的目的。近几年，人民论坛几乎每年都进行社会十大思潮的调查，思潮的排名几乎每年都不一样，这能显示出思潮的多元多样多变性。思潮是相对理论化的民众诉求，反映了社会现实，思想的多元多样多变是对社会快速发展、人们思想快速变化的反映。

四是党的信仰与民众的国家认同问题。从党自身的角度看，从哲学维度深入研究习近平同志关于宣传思想价值论，有利于共产党人坚定政治立场、增强政治自信。马克思主义的世界观确定了我们必须坚持以人民为中心的价值取向，坚持以人民为中心的发展思想。丢掉了这个马克思主义根本的价值立场，就丢掉了中国共产党人的根本，就会忘记初心、忘记使命，忘记我们中国共产党人从哪里出发。从群众的视角看，思想分化的倾向不利于爱国主义教育。从哲学维度研究习近平同志关于宣传思想价值论的目的是提升公民对社会主义核心价值观的认同，凝聚共识、凝聚人心，动员民众参与到新时代中国特色社会主义建设中。

2. 中国共产党依靠强大的价值建构能力获得广大民众支持

革命战争时代，阶级斗争是革命的直接动力，以阶级斗争赢取多数，依靠人民战争取得了新民主主义革命的胜利。新中国成立后，中国共产党带领人民进行社会主义改造，进行现代化建设，建立了以公有制经济为基础的社会主义制度，确立了社会主义事业的领导力量和指导思想。毛泽东同志在《中华人民共和国第一届全国人民代表大会第一次会议开幕词》中深刻指出："领导我们事业的核心力量是中国共产党，指导我们思想的理论基础是马克思列宁主义。"

中国共产党一直以来都高度重视价值建构的作用。民主革命时期以马克思列宁主义的信仰力量凝聚人心；新中国成立后高度重视意识形态建设，高扬马克思列宁主义的旗帜；改革开放后一段时间，有些人借反思"文革"失误而否定中国共产党的领导、否定社会主义制度、否定马克思列宁主义，再加上西方后现代主义、虚无主义等思想影响，进而产生了"去意识形态化"思潮，对意识形态的建设造成冲击，导致西化分化严重，对党的意识形态工作、价值建构造成了很大影响。当前，意识形态工作不再藏着掖着，而应旗帜鲜明，要大张旗鼓讲意识形态，把意识形态作为党的一项极端重要的工作来抓。中国共产党重视从思想上建党，并以政治建设为统领。不论是强调思想上入党，还是以政治建设为统领，都强调政治站位的重要性。价值、立场问题是第一位的，站在什么价值立场就会做什么样的决策。改革开放以来，价值观经历了破与立结合、解构与重构同时发生的过程，"改革开放以来中国社会价值观的变迁，从价值取向上看，发生了从一元价值观向多元价值观、整体价值观向个体价值观、神圣价值观向世俗价值观、精神价值观向物质价值观的转变"。① 在现代化过程中的社会转型是其重要背景，从以阶级斗争为纲转移到重视生产力发展，从社会主义计划经济转向社会主义市场经济。因此，基于现实需要的价值建构能力的提升迫在眉睫。

3. 价值观的建构要符合社会主义制度的内在要求

"社会主义核心价值观是当代中国精神的集中体现，凝结着全体人民共同的价值追求。"② 社会主义核心价值观不仅仅是国家的意识形态，还是全体人民的共同价值，国家意志和人民意志在核心价值观中得到体现。毛泽东同志在《实践论》中深刻指出，要改造人的主观世界和客观世界，实践、认识、再实践、再认识，循环往复以至无穷，因此要在实践和认识的互动中不断丰富、发展和建构社会主义核心价值观。核心价值观比核心价

---

① 廖小平：《论改革开放以来核心价值的解构与建构》，《伦理学研究》2015 年第 3 期。

② 习近平：《决胜全面建成小康社会 夺取新时代中国特色社会主义伟大胜利》，人民出版社，2017，第 42 页。

值体系更简洁易懂，更加凝练和集中。要使核心价值观成为共同价值，画出最大同心圆，一是要吸收人类创造的一切优秀文明成果，价值建构要具有开放的、与时俱进的态度；二是要有价值自信，要在"干中学"，在实践中不断对社会主义核心价值观进行建构和凝练，使其不断升华，成为国家的兴国之魂，也成为公民的认同基础。此外，社会主义核心价值观的建构要有包容性，要坚持马克思主义意识形态一元性和保持社会思潮多样性的辩证统一。社会主义核心价值观承接的是中华优秀传统文化，同时吸纳了人类优秀文明成果，是全国人民的最大共识，其本身就是一个极具包容性的价值观。只有一种声音的社会不是一个健康的社会。构建社会主义核心价值观，也要允许有异质思维，尊重异质思维。求同存异是中国共产党坚持的原则，思想观念的价值，只有在竞争中才会彰显，只有在实践中才能检验。"在一个多元社会，尊重不同的声音和意见，既是尊重公民的表达权，也是纾解社会焦虑、疏导矛盾冲突的必然要求。"① 毛泽东同志说："让人讲话，天不会塌下来。"② 邓小平同志说过："七嘴八舌并不可怕，最可怕的是鸦雀无声。"③ 集体的失语很可能就意味着无声的反抗。尊重异质思维，并不是否定同质思维。对于多元多样多变的社会思潮，要动态分析、正面引导。要以主导扩大共识，以共识巩固主导，"在尊重差异中扩大社会认同，在包容多样中形成思想共识"。④ 因此，必须坚持用社会主义核心价值观引领社会思潮，尊重差异、包容多样，整合社会意识，达成思想共识。

总之，价值建构能力的提升要建立在人类基本价值的基础上，要与世界文明对话，创造人类文明新形态。把社会主义核心价值观融入国民教育和精神文明建设全过程，使之成为人民的一种自觉追求，并贯穿到现代化建设的全过程。当前价值观越来越凝练，这既说明了体系建设和国家意识形态的重要性，也说明了价值观对全党全社会团结奋斗的基础性作用。

---

① 《执政者当以包容心对待"异质思维"》，《人民日报》2011年4月28日。
② 《毛泽东著作选读》（下册），人民出版社，1986，第838页。
③ 《执政者当以包容心对待"异质思维"》，《人民日报》2011年4月28日。
④ 中共中央文献研究室编《十八大以来重要文献选编》（上），中央文献出版社，2014，第582页。

三 党的决策能力

决策是对未来的实践目标、方向、原则、途径做出的决定和判断，并在实施中根据现实进行调整的动态过程。决策既是一种选择，也是一种规范；既强调结果，也重视过程。决策能力就是决策者面对错综复杂局面和瞬间万变形势，具有的参与决策活动、善于做出正确抉择的能力。决策能力是领导者的基本能力，党的决策能力是党的执政能力的重要体现。

没有决策能力的现代化就没有国家治理的现代化。中国之所以能够在全球化的时代、在现代化的进程中、在世界百年未有之大变局背景下，取得较好的成绩，解决发展和安全两件大事，主要原因就是实行了改革开放的伟大决策。中国能够做出正确的战略决策，原因在于中国共产党的领导，在于好的中央政治局、好的中央政治局常委能够审时度势，具有高超的决策能力。万里同志指出："在一切失误中，决策的失误是最大的失误。"[①] 党的决策能力取决于党做决策的科学化、民主化、法治化水平。中国共产党的决策是党的领导、人民当家作主、全面依法治国的高度统一。在当前的决策过程中，群众的政治参与度更高，汇聚民意程度更强；决策更加注重专业性，专家参与机制和智库建设初见成效。决策的法治化、民主性、公开性、回应性更强，极大地避免了暗箱操作，提升了群众的认可度。比较而言，我国的决策经历了从经验决策到更加注重科学决策、从个人决策到更加注重民主决策、从魅力型决策到更加注重法理型决策的三大转变。

中国改革成功的一个重要原因是决策的正确性。决策正确性主要来自三大决策能力，一是科学决策能力，二是民主决策能力，三是依法决策能力。

（一）科学决策能力

改革的决策是一个逐步深化认识的过程，从经验决策向科学决策转

---

① 万里：《决策民主化和科学化是政治体制改革的一个重要课题——在全国软科学研究工作座谈会上的讲话》，《人民日报》1986 年 8 月 15 日。

变是一个必然的历史过程。科学是研究规律的学问。科学决策是把握决策的规律，采取实事求是的科学方法，在充分掌握信息的基础上，运用当前先进的科技手段对决策做出全面系统的调查、分析、研究，对决策做出综合考量，进而做出最优方案的选择。什么是科学决策能力？通常而言，所谓政府的科学决策能力，是指政府科学地制定和有效实施公共政策的本领和力量，即政府审时度势适应经济社会发展的需要，协调各方利益群体的关系，前瞻性地制定出符合国情、社情的公共政策，进而建立起有效的政策实施系统、组织实施政策，达到社会发展目标的本领①。从农业社会、工业社会转型为信息社会，决策的条件也出现了几大变化趋势：一是决策对象复杂化，二是决策信息爆炸式增长，三是决策目标长期化，四是决策风险在增大。受种种决策条件的影响，经验决策的弊端逐渐显露出来，难以适应改革决策的需要，科学决策成为必然的选择。"中国共产党在各个阶段推进决策科学化既有共性又有特点：共性方面是都提倡调查研究，强调决策咨询；个性方面有的阶段突出提倡决策论证，有的阶段突出加强决策信息支撑，有的阶段突出强调智库建设。"②

科学决策能力是一个组织的重要能力，也是领导必备的重要素质。科学决策能力的提升需要科学思维、科学程序、科学技术三大要素。

1. 科学思维

从科学思维能力的维度看，中国共产党决策的理论依据是马克思主义的世界观和方法论。邓小平同志讲："我坚信，世界上赞成马克思主义的人会多起来的，因为马克思主义是科学。"③ 习近平同志指出："马克思主义是科学的理论，创造性地揭示了人类社会发展规律。"④ 实事求是，一切从实际出发，具体问题具体分析是决策的灵魂。科学决策要求在尊重客观规律的基础上，发挥人的主动性和创新性。一方面，要善于总结，总结经

① 王思斌：《社会政策时代与政府社会政策能力建设》，《中国社会科学》2004 年第 6 期。
② 沈传亮：《改革开放以来中国共产党决策科学化演进与展望》，《中共中央党校学报》2018 年第 2 期。
③ 《邓小平文选》第三卷，人民出版社，1993，第 382 页。
④ 习近平：《在纪念马克思诞辰 200 周年大会上的讲话》，新华网，2018 年 5 月 4 日，ht-tp://www.xinhuanet.com/politics/2018－05/04/c_1122783997.htm。

验和教训，把握历史发展大势。改革开放正是在总结新中国成立后的经验和教训、反思苏联模式弊端的基础上，做出的历史性决策。另一方面，决策要具有创新精神。创新是一个民族进步的灵魂。中国共产党具有超强的创新能力，这是成功的一个重要原因，"持续成功的组织会比其他组织更具创新精神"①。党的十七大报告指出，"要把改革创新精神贯彻到治国理政各个环节，毫不动摇地坚持改革方向，提高决策的科学性，增强改革措施的协调性"。党的十九大报告中"创新"一词出现 50 多次，强调创新是发展的第一动力，是五大发展理念之首，要实施创新驱动战略，加快建设创新型国家。

2. 科学程序

从决策结构看，中国共产党是决策结构的核心，一元化领导是其本质，体现为一元主导、多元参与的决策结构。一方面坚持党的全面领导，其要求是总揽全局、协调各方；另一方面坚持党的长期执政，其执政方式是全面依法治国。全面依法治国基本方略同依法执政基本方式结合起来，领导方式与执政方式相配合。中国共产党是一个政治组织，首要属性是政治属性。中国共产党是使命型政党，有为人民谋幸福的初心，有实现民族复兴的使命。党要更好地发挥把关定向的作用，需要在决策上解决好党政关系、党际关系、党群关系、党军关系等。这需要科学的决策程序作为保障。

从决策议程上看，科学决策的前提是发现问题。问题是应然和实然之间的差距，找准主要问题或主要矛盾是决策的前提。如何找准问题？调查研究。党和国家领导人高度重视调查研究在决策中的作用。毛泽东同志指出"没有调查就没有发言权"②，"调查就是解决问题"③。陈云同志曾说："领导机关制定政策，要用百分之九十以上时间作调查研究工作，最后讨论作决定用不到百分之十的时间就够了。"④ 习近平同志指出："没有调查

---

① 〔美〕詹姆斯·G. 马奇：《决策是如何产生的》，王元歌、章爱民译，机械工业出版社，2013，第 27 页。
② 《毛泽东选集》第一卷，人民出版社，1991，第 109 页。
③ 《毛泽东选集》第一卷，人民出版社，1991，第 110 页。
④ 《陈云文集》第三卷，人民出版社，1995，第 189 页。

就没有发言权，更没有决策权"①，"不调研不决策，先调研后决策"。② 大兴调研之风是中国共产党的一个好传统，调查研究是作决策的前提和基础，调查研究就是从实际出发，研究事物或问题的规律。科学决策要找出主要矛盾。改革开放初期的主要矛盾③的主要方面是落后的社会生产力，找准了问题进行决策取得了改革开放的巨大成就。不论是 1978 年的改革开放还是当前的全面深化改革，都要以解决生产力和生产关系这对基本矛盾为根本。决策以解放和发展生产力为主要目的，要解决生产力和生产关系的矛盾，在生产力基础上调整生产关系，不能过于强调生产关系，单纯用生产关系来解决生产力的问题。

3. 科学技术

在信息社会，决策需要依靠充足的、真实的信息。信息的搜集需要科学技术提供支撑，避免信息失真、信息过滤、信息不对称、信息反馈不及时、信息盲区等现象发生。最高决策层具有最高的信息获得权，但是不可能获得所有的信息。在信息调查的时候除了要让掌握信息的主管部门、自身的归口部门发挥作用，还需要授予调查机构进行信息选择与过滤的权力，然而信息经过层层的选择、过滤、汇总，到中心决策层时信息容易失真，或者说并不一定符合原意。因此，单靠委托调研不能解决所有问题，委托调研后，中央决策层亲自调研也是一个重要的手段。决策层难以把所有信息都掌握，因此要注重民主基础上的集中，能够抓大放小，在决策制定过程中，"确定目标、价值准则和方案择优是领导者必须亲自研究和处理的"④。单纯依靠技术不是科学决策，还要发挥民主的作用，解决好技术与民主之间的关系。

改革决策要有时间表和路线图。决策要有美好愿景和心理预期。有目标才会有预期，才会有美好愿景，才能凝聚社会共识和力量。改革开放新时期，邓小平同志的"三步走"战略、全面深化改革的战略都是有时间

---

① 2013 年 7 月 23 日，习近平在湖北省武汉市召开部分省市负责人座谈会上的讲话。
② 《习近平党校十九讲》，中共中央党校出版社，2014，第 262～263 页。
③ 人民日益增长的物质文化需要同落后的社会生产之间的矛盾。
④ 夏禹龙、刘吉、冯之浚、张念椿：《论决策科学化》，《中国社会科学》1982 年第 3 期。

表、路线图和施工图的。以当前的全面深化改革为例，全面深化改革战略决策是有指导思想、有目标、有方向、有针对性、有方法的改革。党的十九大报告明确把坚持全面深化改革作为治国理政的基本方略之一，并深刻指出，"只有社会主义才能救中国，只有改革开放才能发展中国、发展社会主义、发展马克思主义。必须坚持和完善中国特色社会主义制度，不断推进国家治理体系和治理能力现代化，坚决破除一切不合时宜的思想观念和体制机制弊端，突破利益固化的藩篱，吸收人类文明有益成果，构建系统完备、科学规范、运行有效的制度体系，充分发挥我国社会主义制度优越性"。改革必须走中国特色社会主义道路；马克思主义是改革的指导思想；改革目标是"坚持和完善中国特色社会主义制度，不断推进国家治理体系和治理能力现代化"；改革目的是发挥制度优越性，化显著优势为治理效能。从改革开放到全面深化改革，经历了从渐进决策到整体决策，从"经济先行、政治渐进"到整体性、全方位改革，从经济重点突破突进到整体推进的转变，突出特征是更加注重系统性、整体性、协同性。

（二）民主决策能力

紧紧依靠人民进行改革，人民群众是历史的创造者。决策要汇聚民意，这就需要决策民主化。人民当家作主是民主的基本内涵。决策民主化是把握决策的人民立场，决策是集体智慧的结晶。从国家的角度看，是要发挥人民群众的智慧，体现人民当家作主的权利；从党自身的角度看，是要发挥全体党员的集体智慧，体现党员的权利；同时还要发挥专家学者的智慧；重要的是能够倾听民意表达。发挥各方智慧是民主真谛。充分表达民意，发挥开门决策的优势，让群众"闯进来"表达民意、把民众请进来集体协商、决策者走出去调查民意。民主的方式有很多种，如人民民主专政是一种新型民主，要实行全过程人民民主、民主集中制，注重选举民主、协商民主、党际民主等。

1. 民主集中制是决策的主要原则

民主集中制是我国权力使用的方式，目的是使权力的有效集中与分散相统一，即集权与分权的协调。一方面，权力集中可以集中力量办大事，能够总揽全局、协调各方；另一方面，分权能够调动地方和基层的积极性、主动性和创造性，激发中央和地方两方面的发展活力。民主与集中是辩证统一的，要多谋善断，绝不能多谋寡断、优柔寡断。一方面要避免权力过度集中化，搞一言堂、家长制和武断拍板；另一方面也要避免极端民主化，极端民主化会导致议而不决、议而难决的局面。民主基础上的权力集中不是家长制，在遇到紧急问题时还要当机立断，当机立断一是指的时间紧迫，二是需要以把握规律为前提。中国的决策体制属于基于民主基础的集中决策体制，这一点与集中力量办大事的制度优势是相辅相成的。

2. 协商民主是民主决策的重要形式

协商民主包括党内协商、党政协商、党际协商、党群协商等。中国没有反对党，党际协商是中国一大政治特色。在中国政党制度下，一党执政、多党合作，强调政治协商、协商民主，"加强（中国共产党）同民主党派合作共事，健全有关重大问题决策前协商的制度"[①]。在实践中，特别注重基层协商。与选举民主相比较，协商民主更多体现的是协商主体之间的平等，协商于事前和事中。评价一个国家的制度是否民主、有效，很重要一条就是"国家决策能够实现科学化、民主化"[②]。可通过协商民主来发挥存量民主优势，提升增量民主和存量民主的质量。

3. 民主决策能力要求要站在人民立场做决策

习近平同志强调党员和领导干部要始终心中有民，"想问题、作决策、办事情都要想一想是不是站在人民的立场上，是不是有助于解决群众的难题，是不是有利于增进人民福祉"[③]。政治协商、统一战线等是协商民主的好形式。协商民主要求众人的事情众人商量，众人的事情众人干。

习近平同志指出："今天，全面深化改革处于攻坚期和深水区，我们

---

① 《中共中央关于加强党的执政能力建设的决定》，2004 年 9 月 19 日中国共产党第十六届中央委员会第四次全体会议通过。

② 中共中央文献研究室编《十八大以来重要文献选编》（中），中央文献出版社，2016，第60 页。

③ 《习近平在中央党校（国家行政学院）中青年干部培训班开班式上发表重要讲话》，新华网，2019 年 3 月 1 日。

需要最大限度地凝聚改革共识"①。凝聚共识的过程既是民主决策的过程，也是凝心聚心的过程。通过民主程序做出的决策才是人民所期望的决策，人民才能够为了这个决策更好地去付出努力。在从管理型社会、服务型社会到治理型社会的转变过程中，要更加注重互动、协商，"在中国社会主义制度下，有事好商量、众人的事情由众人商量，找到全社会意愿和要求的最大公约数，是人民民主的真谛"，② 也是全面深化改革达成改革共识的真谛。如此方能发挥人民的积极性、主动性和创造性，凝聚改革共识方能形成合力，确保改革最终取得成功。

（三）依法决策能力

1. 法治是现代治理的基本方式

改革需要法律保驾护航，改革的决策需要合法性、法律权威。依法决策包括两点，一是要依法进行决策；二是要使党的决策体现在法律中。一方面党领导人民制定法律，党制定政策必须符合法律；另一方面把决策变成政策，形成制度权威，应用于社会分配。"一项政策的实质在于通过其本身不让一部分人享有某些东西而允许另一部分人占有它们……一项政策包含着一系列分配价值的决定和行动。"③ 为一个社会制定权威性政策主要涉及政策、权威、社会三个概念，制定的政策通过法律和制度确认从而具有权威性，能够成为社会遵守的规范，让社会运行有序。依法决策能力简言之就是决策主体按照法律规范、法律程序进行决策的能力。依法决策能力"是指享有决策权的个人或组织，为了实现特定的目标，按照一定的原则，在系统分析众多条件的基础上，进行方案设计、评价和筛选的创造性思维活动的能力"④。

---

① 《凝聚改革共识 形成改革合力》，《光明日报》2017 年 4 月 19 日。
② 中共中央文献研究室编《十八大以来重要文献选编》（中），中央文献出版社，2016，第73 页。
③ 〔美〕戴维·伊斯顿：《政治体系——政治学状况研究》，马清槐译，商务印书馆，1993，第123 页。
④ 宁夏司法厅、中共宁夏区委党校、宁夏社会科学院、宁夏依法治区协调小组办公室等编《权依法使 提高领导干部法治思维和依法办事能力读本》，宁夏人民出版社，2016，第139 页。

2. 依法决策能力的提升为全面依法治国的治国方略提供决策保障

"推动党的主张和重大决策转化为法律法规、政策政令和社会共识，确保党的理论和路线方针政策的贯彻落实。"① 决策法治化既保证了政策制定的权威性，又保证了决策实施的合法性。决策法治化要求"善于使党的主张通过法定程序成为国家意志"②，"把发展改革决策同立法决策更好结合起来"③。党的十八届三中全会提出的"全面深化改革"和党的十八届四中全会提出的"全面依法治国"是改革决策和立法决策的"姊妹篇"；党的十九届二中全会提出修改宪法的建议，党的十九届三中全会的主题是党和国家机构改革，党的十九届四中全会重点研究制度建设和能力建设。党的十九大之后的一系列决策基于宪法先行的前提，具有了法律的依据。习近平同志指出，"党的十八届四中全会通过了全面推进依法治国的决定，与党的十八届三中全会通过的全面深化改革的决定形成了姊妹篇"。④ 决策的科学性与决策的合法性是一种辩证关系。从改革开放40多年的历史视野来看，中国的改革开放经历了从自明性改革、辩护性改革到法理型改革的过程。

胡乔木同志说："被认为必须做出决定的重要问题，都要通过会议和法定程序集体决策。"⑤ 根据重要程度由不同会议依法决策，"党的路线、方针、政策和党务工作的决策，视其重要程度，分别由中央政治局常委会议、中央政治局会议、中央工作会议、中央委员会全体会议、党的全国代表会议和全国代表大会作出。"⑥ 从这段论述中可以看出，中央政治局常委会具有党内最高决策权。邓小平同志曾指出："中国问题的关键在于共产

① 《中国共产党党组工作条例》。
② 中共中央文献研究室编《十八大以来重要文献选编》（中），中央文献出版社，2016，第54页。
③ 中共中央文献研究室编《十八大以来重要文献选编》（中），中央文献出版社，2016，第56页。
④ 习近平：《全面推进依法治国也需要深化改革》，新华网，2014年10月27日。
⑤ 胡乔木：《中国领导层怎样决策》，载《胡乔木文集》第二卷，人民出版社，1993，第271页。
⑥ 胡乔木：《中国领导层怎样决策》，载《胡乔木文集》第二卷，人民出版社，1993，第271页。

党要有一个好的政治局，特别是好的政治局常委会……最关紧要的是有一个团结的领导核心。"①

3. 决策方式法治化能力的重要体现是党的治理从领导小组治国到委员会治国

李侃如认为中国政治决策的最高层是几个领导小组。小组政治在中国共产党的决策中具有重要的位置，以改革为例，有全面深化改革领导小组②（2013年成立，习近平同志任组长）。2018年3月中共中央根据《深化党和国家机构改革方案》，将中央全面深化改革领导小组改成中国共产党中央全面深化改革委员会（习近平同志担任主任），成为中共中央直属的决策议事协调机构。比较而言，领导小组具有灵活性，领导小组是为了解决党和国家的重大事业而组建的具有临时或过渡性质的决策议事协调机构，委员会则是更具稳定性的和法律权威的决策议事协调机构。当前，在决策上以党中央决策为核心，领导小组和委员会同时存在。

4. 依法决策实际上就是决策法治化、程序化

要做到程序合法，信息公开，接受监督。"党组做出重大决策，一般应当经过调查研究、征求意见、充分酝酿等程序，按照规则由集体讨论和决定。"③ 程序合法不能简单地等同于程序科学，科学的不一定合法，最好的是既科学又合法。权力要在法律的权威和框架下运行。党的十九大报告指出："健全依法决策机制，构建决策科学、执行坚决、监督有力的权力运行机制。"决策能力要通过决策机制来贯彻实施。党的十九届四中全会进一步强调："健全决策机制，加强重大决策的调查研究、科学论证、风险评估，强化决策执行、评估、监督。"

5. 科学与价值是决策的两个视角

从科学与价值的维度来看，决策民主化是一种价值理性，决策的科学化、法治化则属于工具理性（科学理性）。"完善重大决策的规则和程序，

---

① 《邓小平文选》第三卷，人民出版社，1993，第365页。
② 全面深化改革领导小组是全面深化改革的最高领导和决策机构，负责改革总体设计、统筹协调、整体推进、督促落实。
③ 《中国共产党党组工作条例》。

通过多种渠道和形式广泛集中民智，使决策真正建立在科学、民主的基础之上。对涉及经济社会发展全局的重大事项，要广泛征询意见，充分进行协商和协调；对专业性、技术性较强的重大事项，要认真进行专家论证、技术咨询、决策评估；对同群众利益密切相关的重大事项，要实行公示、听证等制度，扩大人民群众的参与度。建立决策失误责任追究制度，健全纠错改正机制。有组织地广泛联系专家学者，建立多种形式的决策咨询机制和信息支持系统。"[1] 中国共产党在改革开放的历史进程中，充分发挥科学决策能力、民主决策能力和依法决策能力，完善和规范党的决策能力，为改革开放的实践提供了决策保障，为改革开放的成功提供了正确方向。改革开放是在实践中产生的，又在实践中不断发展。改革开放的成功为全面深化改革提供了重要经验，同时也为全面深化改革提供了合法性依据。

总之，顶层设计能力是国家治理能力的重要组成部分。顶层设计能力的提升为制度执行或制度执行力提供了可靠依据，是前提和基础。顶层设计能力是解决全面深化改革所遇到问题的必要条件，但不是充分条件，不能简单认为，单靠好的顶层设计就能解决所有问题。

第三节　顶层设计能力的制约因素

考察顶层设计能力的提升路径，需要分析顶层设计能力提升的制约因素，进而探讨顶层设计能力提升的实现路径。影响顶层设计能力提升的制约因素主要包括顶层设计环境因素、顶层设计主体因素、顶层设计对象因素、顶层设计方法因素等。

一　顶层设计环境因素

顶层设计环境是指一个国家的政治体制、政治文化、社会发展阶段及历史传统差异等综合影响因素。社会发展阶段是国家治理顶层设计的重要依据，历史地来看，我国属于后发国家，后发国家的顶层设计具有赶超的

---

[1] 《中共中央关于加强党的执政能力建设的决定》，2004年9月19日中国共产党第十六届中央委员会第四次全体会议通过。

特征。顶层设计是国家、社会发展到一定阶段的产物。社会主义建设时期，属于实践探索阶段，没有太多治理经验，顶层设计在整体上是一种指导性的设计，如毛泽东的《论十大关系》，就是对社会主义建设中的十大重要关系进行了系统的论述，成为国家经济建设的指导性文献。改革开放初期面临两方面问题，一方面要突破既有的高度计划经济的弊端；另一方面要打破"两个凡是"的僵化思想观念。针对这两大问题，需要实事求是，解决中国向何处去的方向问题，在社会主义体制内发展市场经济，解决社会主义与市场经济相结合的问题。这是前人未走过的路，改革初期没有什么经验可谈，所以"摸着石头过河"成为主要方式。但是改革从来没有否定顶层设计的作用，党在很多领域进行着顶层设计，如所有制改革、产业政策制定、就业政策制定等。在全面深化改革时期，中国已经走过了 40 多年的改革开放历程，已经积累了经验、总结了规律，因此系统性改革提上日程，要破除不合时宜的思想观念、体制机制弊端和利益固化藩篱，这时对国家制度、国家治理体系进行系统性设计成为迫在眉睫的工作。

新中国成立后实行民主集中制原则，顶层设计的最高权力在党中央，这一方面来自马克思主义原理，另一方面来自苏联的民主集中制实践，同时还来自中国的历史文化传统。因此民主集中制指导下的顶层设计具有历史的必然性。中央全面深化改革领导小组（后改为中央全面深化改革委员会）就是最高的改革顶层设计主体。历史传统具有两面性，可以说是一把双刃剑，假如顶层设计的目的与优秀历史传统及社会发展现实相契合，则促进顶层设计的实施，反之则会阻碍顶层设计的实施。

顶层设计受政治体制的约束和影响。政治体制不同，权力分配和运作方式也不同，顶层设计的方式也会不尽相同。按政权的组织形式分，有议会制和人民代表大会制等。人民代表大会制度是我国的根本政治制度，要坚持党的领导、人民当家作主和依法治国的有机统一。党和国家机构在组织原则上是民主集中制。

政治文化影响着顶层设计的观念。政治文化是"一个国家中的阶级、团体和个人，在长期的社会历史文化传统的影响下形成的某种特定的政治价值观念、政治心理和政治行为模式"。① 政治观念、政治心理和政治行为影响顶层设计主体的决策取向。政治文化的核心是政治价值，政治价值偏好对顶层设计具有选择导向功能。简言之，政治文化不同，政治取向就会不一样，顶层设计的结果也会不一样。有一元主导、多元共存的政治文化和没有主导的多元文化之分。前者在顶层设计上容易达成共识和认同，而后者则相对较难。政治文化会受到本国历史文化传统的影响，也会受到外来文化的影响，同时还会受宗教的影响，民族国家还会受到民族主义思想的影响。如美国文化人类学家鲁思·本尼迪克特的著作《菊与刀》就是从文化的角度探讨日本民族性格对社会发展的影响。良好的政治文化能够为顶层设计提供先进的文化和强大的精神支撑。

顶层设计时要考虑一个国家所处历史阶段的世情、国情、党情、民情。从世情看，党的十九大报告深刻指出，"世界正处于大发展大变革大调整时期，和平与发展仍然是时代主题。世界多极化、经济全球化、社会信息化、文化多样化深入发展，全球治理体系和国际秩序变革加速推进，各国相互联系和依存日益加深，国际力量对比更趋平衡，和平发展大势不可逆转。同时，世界面临的不稳定性不确定性突出，世界经济增长动能不足，贫富分化日益严重，地区热点问题此起彼伏，恐怖主义、网络安全、重大传染性疾病、气候变化等非传统安全威胁持续蔓延，人类面临许多共同挑战"。② 当今世界正处于百年未有之大变局中，风险和机遇并存，要深刻统筹国内国际两个大局。从国情看，一是我国处于并将长期处于社会主义初级阶段，二是中国共产党的领导是保障，三是改革进入深水区和攻坚期。从党情看，一是从强人政治转型为常人政治，二是党自身面临"四大危险"，三是党面临外部环境"四大考验"。从民情看，人民的需求从日益增长的物质文化需要转变为日益增长的美好生活需要，人民的需要越来越多样多元多变，需要的质量更高。这些因素对顶层设计提出了新的挑战，也是影响和制约顶层设计的重要因素。

---

① 王惠岩主编、韩冬雪副主编《政治学原理》，高等教育出版社，1999，第231页。
② 习近平：《决胜全面建成小康社会 夺取新时代中国特色社会主义伟大胜利》，人民出版社，2017，第58页。

二　顶层设计主体因素

顶层设计主体主要是党和政府，最核心的决策主体是党中央。"能做顶层设计的一定是领导者、决策者，他们是主导一个事物发展的领导力量和决策力量"[1]。有学者认为，就"现在的中国来说，所有改革的关键就是确立改革的主体，就是谁来改革"[2]。党和政府就是改革的主体，其作为顶层设计者既是改革的推动者，也是自我改革者，只有顶层设计与顶层推动一体化改革才会成功。顶层设计主体要具有长远的战略思维，战略谋划要有历史使命感和政治责任感，并要有高度的政治权威性。目前，主体因素对于顶层设计的影响与制约主要体现在主体的权威性有待提升这一方面。权威与服从是一体两面，没有权威难以立信，改革难以从顶层推动。

从历史来看，顶层设计主体的权威性建立在两个方面的基础上。其一是历史中顶层设计正确所获得的实践成绩，其二则是顶层设计通过立法成为国家制度或者法律。2004年6月，时任外交部部长李肇星在参加里根总统的葬礼后，与戈尔巴乔夫同坐一航班，李肇星问戈尔巴乔夫苏联解体的主要原因是什么，或者说苏联改革失败的主要原因是什么。当时戈尔巴乔夫的回答是："我们那里没有个邓小平。"[3] 熊玠也在《习近平时代》一书中认为，苏联改革失败，是因为没有邓小平。其原因，一是邓小平具有改革的政治勇气和智慧，二是邓小平具有个人权威。当前的"两个维护"[4]"两个确立"[5] 是推动全面深化改革顶层设计的重要保障。

从时代背景看，当前国家治理中的顶层设计面临主体权威弱化的现实问题。众所周知，市场经济在为人们带来巨大经济利益的同时，也对人们的原有信仰造成了冲击。信仰危机对传统权威带来巨大的挑战，在国家治

---

[1]　曾迪琰：《解析顶层设计》，东方出版社，2016，第5页。

[2]　郑永年：《新加坡模式对中国的借鉴意义》，《IT时代周刊》2014年第22期。

[3]　李肇星：《说不尽的外交》，中信出版社，2014，第72页。

[4]　"两个维护"，即：坚决维护习近平总书记党中央的核心、全党的核心地位，坚决维护党中央权威和集中统一领导。

[5]　"两个确立"，即：确立习近平同志党中央的核心、全党的核心地位，确立习近平新时代中国特色社会主义思想的指导地位。

理上强人政治的时代也已远去，这是权威弱化的又一原因。与此同时，经济社会高速发展中的腐败问题导致社会对顶层设计主体的不信任，腐败会让党和政府陷入"塔西佗陷阱"，致使作为顶层设计主体的党和政府的正面形象和公信力受损。而顶层设计决策协调议事机构不健全、权力的有效集中能力有待提高，以及存在上下级组织间信息传递的失效、失序和失真问题，更使得政府的权威和公信力受到挑战。再者，在传统到现代的历史进程中，旧的思想观念未退去，新的思想观念未形成，导致了思想上"过渡人"的形成。实际上，顶层设计主体权威弱化的问题，已经成为影响和制约新时代顶层设计能力提升的关键因素。

三　顶层设计对象因素

有顶层设计就有顶层设计的内容或者顶层设计的对象，"凡是需要系统化和系统工程化的事物都是顶层设计的工作对象"①。党的十八届三中全会强调改革的系统性、整体性和协同性，这是顶层设计对象具有的三大特征。

从顶层设计内容上看，邓小平同志的"8·18"讲话是党和国家领导制度改革的纲领性文件，是对党和国家领导制度改革的顶层设计。党的十八届三中全会是对全面深化改革的顶层设计，缓解了改革设计的碎片化、局部化和部门化等问题，尤其是在治理中各自为政的地方主义问题。党的十八届四中全会是对全面依法治国的顶层设计。党的十九届三中全会提出的党和国家机构改革是对党和国家机构职能体系的顶层设计。党的十九届四中全会对中国特色社会主义制度和国家治理现代化做出顶层设计，从制度的顶层设计层次来看，党的十九届四中全会做的制度顶层设计是一次制度设计的系统集成。党的十九届五中全会是对未来五年经济社会发展的顶层设计。之所以说这几次全会是顶层设计，是因为作为顶层设计的对象，它们具有系统性、整体性和协同性三大特征。

顶层设计内容对顶层设计的制约主要从设计对象的复杂性、系统性、

---

① 曾迪琰：《解析顶层设计》，东方出版社，2016，第129页。

长远度来考量。顶层设计的层次性越高、关涉的领域越广、对系统性的要求越高，顶层设计的难度就越大。对某一领域的顶层设计相对于全局的顶层设计，难度就会降低一些。顶层设计对象对顶层设计能力的影响体现在以下几个方面。一是顶层设计内容的复杂程度。从改革开放初期到全面深化改革，从全面深化改革的战略目标到国家总体战略目标，顶层设计的复杂程度越来越高，对顶层设计的系统性要求越来越严，对改革共识、改革配套、顶层推动、持续改革等改革的质量要求越来越高。二是顶层设计内容的系统化程度。全面深化改革的领域涉及五位一体、党的建设、军队、"一国两制"、大国外交、国家安全观等，整体改革的宏观性更强。三是顶层设计的时间跨度。如每年的中央一号文件，主要是一年的顶层设计，而五年规划则是涉及五年的国家顶层设计，同时还有远景目标，以及新中国成立百年的奋斗目标。顶层设计不是一劳永逸的，既是一个结果，也是一个过程，在顶层设计的实施过程中会随着实践的变化有所调整。

顶层设计要为全面深化改革进行定位、定标、定法、定思。以全面深化改革为例，顶层设计最大的依据是社会主义初级阶段；顶层设计的目标是全面建成小康社会、基本实现现代化和建成现代化强国；顶层设计的方法是通过落实战略布局推动总体布局，系统整体解决问题；顶层设计的指导思想是马克思主义，是发展着的马克思主义，是中国化马克思主义的最新成果习近平新时代中国特色社会主义思想。

利益固化的藩篱是改革遇到的绊脚石，不能让既得利益者持续获得不公正的利益。破除既得利益固化藩篱，一方面要注意既得利益者对顶层设计的干涉，另一方面要注意既得利益者利用自身优势持续获得不公平的利益，影响社会公平。既得利益具有相对性，在改革开放初期较少存在利益集团，即便是有，也是改革的形象，这些利益集团为了正常利益而发展时，对社会发展有正面的促进作用。在改革开放的进程中，形成了新的利益既得者，当前的全面深化改革需要解决利益既得者成为利益固化藩篱的问题。利益既得者具有排他性，自己得到的多，他人就得不到或者得到的少，原因在于资源的有限性。历史总是以退步的形式展现其进步的一面，不论怎么改革，总会有利益受损者、有政策的反对者，要以最小的代价获得最大的进步，但是要照顾到最少受惠者的利益，不能为了整体过度损害部分人的利益，要有个度，尤其是改革不能有长期的利益受损者。

四 顶层设计方法因素

中国的赶超式发展需要发挥集中力量办大事的制度优势，需要治理效能的支撑。中国集中力量办大事需要决策权在党中央，而目标导向式的发展模式对顶层设计的方法提出了更高的要求。

1. 科学的理性思维

顶层设计是理性设计，理性包括科学理性和价值理性。比较而言，科学理性讲客观性，价值理性具有更多的主观性，顶层设计需要主观思维和客观实际相符合。主观和客观的符合程度越高、抓主要矛盾的水平越高，顶层设计水平就越高。要讲事实，一切从实际出发，否则就会犯错误，"大跃进"有个口号——"人有多大胆，地有多大产"，实际上就违反了事物发展的规律，是一种主观意志决定论。顶层设计有定性设计和定量设计之分。以"十三五"规划为例，其中既有定性顶层设计，也有定量顶层设计。顶层设计的最终形成须经历两个过程，"其一是顶层设计的制定过程，此时的成果只表现为这项工作的组织领导者对顶层设计所涉及事物的制作决策；其二是由对顶层设计成果进行最终决策的决策机构及人员决定该项顶层设计的过程"。[①]

2. 掌握信息的能力

信息获得不畅是对顶层设计的一大阻碍，信息时代如何解决信息公开、信息分层、信息壁垒、信息过滤、信息失真、信息不对称、信息授权等问题，对顶层设计来说至关重要。顶层设计需要现代信息技术做支撑。信息不对称是顶层设计的大敌。中国的顶层设计是金字塔式的科层制，党中央是最高的顶层设计主体，具有最高的信息获得权。民主集中制决定了

---

① 曾迪琰：《解析顶层设计》，东方出版社，2016，第27页。

信息由下到上、由体制外向体制内集中。从整个国家来看，中央最高决策层的信息来源最广、渠道最多，要避免信息不及时、信息过滤、信息失真的现象，这是决策需要注意的问题。从体制内外来看，体制内掌握的信息要多于体制外。同时还有其他因素的影响。

3. 系统性是顶层设计的重要属性

全面深化改革、全面依法治国、深化党和国家机构改革都是系统工程。顶层设计具有先导性、预见性，顶层设计既可以是目标，也可以是一种规范。顶层设计具有整体性特征，在党的十八届三中全会第二次全体会议上，习近平同志明确指出，这"不是推进一个领域改革，也不是推进几个领域改革，而是推进所有领域改革"[①]。

从纵向看，顶层设计是自上而下的形式。中央的权威性起到重要作用，顶层设计不能搞"一刀切"。顶层设计是大原则，地方政府依据中央的大政方针，并根据自身情况进行机构改革。中央顶层设计的原则性与地方改革的灵活性相结合是顶层设计能够落地生根的重要原因。

从"中心—边缘"维度看，我国的改革经历了从边缘改革到中心改革，又从中心改革到边缘改革的过程，并形成了两者双向互动式改革。边缘改革从基层探索开始，是中央给政策、地方搞试点，摸着石头过河，经过试点推广，中央认可，自下而上，逐步渐进改革开放。全面深化改革是在改革开放30多年的实践和经验总结基础上做出的决策，这次的改革是中心改革，强调的是顶层设计，通过中央权威，自上而下，从中央到地方进行整体改革。

从分解式改革到整体性改革。"苏联和东欧是综合式的改革，中国则是分解式的改革。"[②] 我国改革的顶层设计逻辑是从经济改革、政治改革到社会改革。这只是相比较而言的。改革初期实行"经济先行，政治渐进"的策略，原因在于政治体制改革与经济体制改革相比有些敏感，虽然敏感，但政治体制改革势在必行。改革开放后政治体制改革的重要文献是

---

① 中共中央文献研究室编《十八大以来重要文献选编》（上），中央文献出版社，2014，第547页。

② 郑永年：《中国改革路线图》，东方出版社，2016，第23页。

1980 年邓小平的《党和国家领导制度的改革》讲话，我们常称之为"8·18讲话"，这是有关政治体制改革的重要文献。经济体制改革要与政治体制改革相配合，中国共产党要保持全面领导和长期执政必须进行政治体制改革，当前社会的公平正义也需要政治体制改革来调整。

从集体因素看，顶层设计集体要发扬民主和团结的精神，凝聚社会共识，汇聚集体智慧。中央政治局、中央政治局常委会是做好顶层设计的重要保障，还要吸收人大、政协等集体的智慧成果，我国的领导小组决策也是一个好的制度。顶层设计是协商的结果，更是集体智慧的结晶。

总之，改革顶层设计的目标是"完善和发展中国特色社会主义制度、推进国家治理体系和治理能力现代化"，"坚持方向不变、道路不偏、力度不减，推动新时代改革开放走得更稳、走得更远"。① 顶层设计的目的是满足人民日益增长的美好生活需要。因此，顶层设计要有科学的哲学思维和方法、现代信息技术、系统论和系统工程学知识、结构优化理论、民主团结精神等。

第四节　顶层设计能力建设的实现路径

顶层设计是一个系统的宏大工程，是现代化进程的需要。做好顶层设计，需要厘清顶层设计的实现逻辑。顶层设计要立足现实，符合经济社会发展规律，坚持问题导向，进行理性设计。简言之，顶层设计是建立在立足现实、把握规律、找准问题基础之上的理性选择。

一　立足现实是总依据

顶层设计需要观察时代、解读时代、引领时代。哲学是思想中所把握到的时代，要运用理论思维把准时代的脉搏。正如恩格斯所指出："我们只能在我们时代的条件下进行认识，而且这些条件达到什么程度，我们便认识到什么程度。"② 只有体现时代性、把握规律性，才能做出富有创造性

---

① 习近平：《在庆祝改革开放四十周年大会上的讲话》，新华网，2018 年 12 月 18 日，http://www.xinhuanet.com/2018 – 12/18/c_1123872025.htm。

② 《马克思恩格斯全集》第二十卷，人民出版社，1995，第 585 页。

的顶层设计。国家治理的顶层设计建立在社会现实基础之上。顶层设计的内容主要包括两个方面：一是制度体系建设，完善中国特色社会主义制度，"制度优势是一个国家的最大优势，制度竞争是国家间最根本的竞争。制度稳则国家稳"①；二是能力建设，重在推进国家治理能力现代化。

（一）社会主义初级阶段是建设中国特色社会主义的总依据，也是顶层设计的总依据

习近平同志指出："强调总依据，是因为社会主义初级阶段是当代中国的最大国情、最大实际。我们在任何情况下都要牢牢把握这个最大国情，推进任何方面的改革发展都要牢牢立足这个最大实际。"②邓小平同志指出"基本路线要管一百年，动摇不得"③，初级阶段的基本路线要管一百年，说明顶层设计要一切从实际出发。毛泽东同志指出："马克思主义叫我们看问题不要从抽象的定义出发，而要从客观存在的事实出发，从分析这些事实中找出方针、政策、办法来。"④物质决定意识，客观存在决定主观意识，制定政策必须从实际出发，实事求是。习近平同志指出："坚持实事求是，就要清醒认识和正确把握我国仍处于并将长期处于社会主义初级阶段这个基本国情。我们推进改革发展、制定方针政策，都要牢牢立足社会主义初级阶段这个最大实际，都要充分体现这个基本国情的必然要求，坚持一切从这个基本国情出发。"⑤

顶层设计要明确我国在世界上所处的位置，这个定位就是我国是世界上最大的发展中国家。虽然我国 GDP 高居世界第二，但是"中国是一个人口众多的发展中国家，我们人均年收入是 3 万元人民币，但是有 6 亿人每个月的收入也就 1000 元"⑥。要认识到我国 GDP 排名靠前，但人均 GDP 排

① 习近平：《坚持和完善中国特色社会主义制度、推进国家治理体系和治理能力现代化》，《求是》2020 年第 1 期。
② 习近平：《习近平谈治国理政》第一卷，外文出版社，2018，第 10 页。
③ 《邓小平文选》第三卷，人民出版社，1993，第 370~371 页。
④ 《毛泽东选集》第三卷，人民出版社，1991，第 853 页。
⑤ 中共中央文献研究室编《十八大以来重要文献选编》（上），中央文献出版社，2014，第 696 页。
⑥ 国务院总理李克强回答中外记者提问（实录全文），新华网，2020 年 5 月 28 日，http://news.youth.cn/sz/202005/t20200528_12347406.htm。

在中位的现实。我国是发展中国家，虽然在某些领域已经跃居世界前列，但是从总体上看人民的生活水平与发达国家相比较，还有差距。

顶层设计要以解决社会基本矛盾和主要矛盾为导向。找出矛盾、分析矛盾、解决矛盾是顶层设计的抓手。一是抓基本矛盾，二是抓主要矛盾。基本矛盾是一个或多个社会形态共同存在的，主要矛盾是一个社会形态之内的一个阶段的主要矛盾，社会主要矛盾是由社会基本矛盾运动演化而来的，社会主要矛盾依靠基本矛盾来解决。习近平同志强调："把社会基本矛盾作为一个整体来观察，才能全面把握整个社会的基本面貌和发展方向。"①

（二）顶层设计要从世情、国情、党情整体把握总依据

从世情看，当今世界正经历百年未有之大变局，世界力量发生了转移，世界冷战思维、霸权主义横行，充满了不确定性，对我国现代化建设有重大影响。从国情看，大国治理面临着中央与地方关系、国企与民企关系、经济发展与生态保护关系等问题；大国铸魂面临着中国人精神家园的构建问题。从党情看，中国共产党大党执政，面临着内部"四大危险"、外部"四大考验"的现实问题。总之，面对实现中华民族伟大复兴、把新时代改革开放推向前、防范和化解重大风险的任务，需要顶层设计，加强制度和能力建设，运用制度威力应对风险挑战、推进改革、实现复兴。

二 把握规律是前提

把握规律是顶层设计的基本前提。顶层设计要解决好认识与实践的关系，将感性认识上升到理性认识。毛泽东同志强调要总结经验，把经验上升为理论，其《实践论》就是辩证认识论的典范。顶层设计是在不断深化对规律认识和把握的前提下，做出的科学决策与谋划。习近平同志指出："马克思主义哲学深刻揭示了客观世界特别是人类社会发展的一般规律，在当今时代依然有着强大的生命力，依然是指导我们共产党人前进的强大思想武器。"②

---

① 习近平：《推动全党学习和掌握历史唯物主义》，新华网，2013 年 12 月 4 日，http://www.xinhuanet.com/politics/2013‐12/04/c_118421164.htm。

② 2013 年 12 月 3 日，习近平在主持中共中央政治局第十一次集体学习时发表的讲话。

（一）把握从特殊到普遍的认识规律

我们讲认识规律，一般主要包括共产党执政、社会主义建设、人类社会发展三大规律。在共产党执政规律上，习近平同志指出："党和人民事业发展到什么阶段，党的建设就要推进到什么阶段。这是加强党的建设必须把握的基本规律。"① 在社会主义建设规律上，辩证把握生产力与生产关系、经济基础与上层建筑的关系是认识把握社会主义建设规律的"总钥匙"和"总开关"。在人类社会发展规律上，习近平同志指出："马克思、恩格斯关于资本主义社会基本矛盾的分析没有过时，关于资本主义必然消亡、社会主义必然胜利的历史唯物主义观点也没有过时。这是社会历史发展不可逆转的总趋势"。②

（二）把握从普遍到特殊的规律性认识

从执政视角看，我们的认识主要包括执政、共产党执政、中国共产党执政三大规律。要把握执政规律的普遍性，也要认识到执政规律的特殊性。执政规律是世界上不论资本主义国家还是社会主义国家执政者所共有的规律；共产党执政规律主要是指社会主义国家共产党作为执政党的执政规律；中国共产党执政规律是指在我国处于执政地位的中国共产党的执政规律。中国共产党执政规律既有执政规律的一般特征和共产党执政规律的普遍特征，又有自身执政的特殊性。

（三）把握好经济规律、自然规律和社会规律之间的关系

2014 年 7 月 29 日，中共中央政治局召开会议提出"发展必须是遵循经济规律的科学发展，必须是遵循自然规律的可持续发展，必须是遵循社会规律的包容性发展"。三大规律是对生产力与生产关系、人与自然关系、人与社会关系的一种科学性的认识。要在处理各种关系的过程中把握各种规律。

（四）认识历史发展的规律

马克思和恩格斯曾经说过："我们仅仅知道一门唯一的科学，即历史

---

① 中共中央党史和文献研究室编《十八大以来重要文献选编》（下），中央文献出版社，2018，第 355 页。
② 中共中央党史和文献研究院编《十九大以来重要文献选编》（上），中共文献出版社，2018，第 721 页。

科学"①。习近平同志指出："历史发展有其规律，但人在其中不是完全消极被动的。"② 既要尊重历史规律，又要发挥人的主观能动性。改革开放取得的辉煌成就是在尊重历史规律基础上，中国共产党带领全国人民团结奋斗的结果，是发挥人民群众的能动性、积极性和创造性取得的成就。人既是历史的剧作者，又是历史的剧中人。人们创造历史"是在直接碰到的、既定的、从过去承继下来的条件下创造"。③ 因此，要基于现实把握好现代化建设的一般规律、普遍规律和特殊规律的关系。

中国的国家治理具有其自身的内在逻辑与实现路径。做好顶层设计、掌握规律需要辩证把握实践和认识的关系。实践是理论之源，时代是思想之母，要在实践中认识问题、分析问题、解决问题。毛泽东同志在《实践论》中阐明的"实践、认识、再实践、再认识"的辩证认识发展规律，是中国共产党人在实践中认识世界和改造世界的方法论。毛泽东同志指出："马克思列宁主义并没有结束真理，而是在实践中不断地开辟认识真理的道路。"④ 实践发展永无止境，理论创新永无止境。当前，中国共产党越来越重视加深对规律的认识，通过顶层设计的方式，解决改革等各方面的问题，避免犯颠覆性、方向性的错误。

三 问题导向是抓手

顶层设计要有的放矢，要以问题为导向。问题导向是以问题为抓手的工作导向，是发现问题、解决问题的手段和方法，是马克思主义世界观和方法论的重要体现。认识世界和改造世界是人类的两大活动。人认识世界和改造世界的活动就是一个不断发现问题、分析问题和解决问题的过程。问题导向首先要有问题意识，问题意识是一个哲学范畴，强调人的主观能动性、目的性和前瞻性。马克思深刻指出："问题就是公开的、无畏的、左右一切个人的时代声音。问题就是时代的口号，它是表现自己精神状态

---

① 《马克思恩格斯选集》第一卷，人民出版社，2012，第 146 页。说明：这是手稿中删去的字。
② 中共中央党史和文献研究院编《十九大以来重要文献选编》（上），中央文献出版社，2019，第 721 页。
③ 《马克思恩格斯选集》第一卷，人民出版社，1995，第 585 页。
④ 《毛泽东选集》第一卷，人民出版社，1991，第 296 页。

的最实际的呼声。"① 马克思的这句话蕴含着强烈的问题意识和问题导向，马克思主义哲学解决的是重大时代课题。

（一）问题导向是问题意识的具体运用

作为马克思主义政党，中国共产党特别重视问题意识和问题导向。党和国家事业的每一次发展都与实践中遇到并解决的重大问题密切相关。以习近平同志为核心的党中央，能够把准时代脉搏，注重问题导向，抓主要矛盾、正视面临的问题和矛盾、找准问题，并以问题为导向，运用矛盾分析的方法解决当前面临的各种问题。习近平同志强调："问题是事物矛盾的表现形式，我们强调增强问题意识、坚持问题导向，就是承认矛盾的普遍性、客观性，就是要善于把认识和化解矛盾作为打开工作局面的突破口。"② "我们党领导人民干革命、搞建设、抓改革，从来都是为了解决中国的现实问题。"③ 习近平同志的解决思路是运用问题导向，"找出主要矛盾—分析主要矛盾—解决主要矛盾"，只有解决了主要问题，才能解决现实问题。世界是一个矛盾体，改革就是不断发现矛盾、解决矛盾的过程。一方面，矛盾不是麻烦，不能回避，也无法回避；另一方面，矛盾的解决是一个过程，一个矛盾解决了，下一个矛盾又来了。所以说，从整体来看，矛盾难以一劳永逸地解决。解决矛盾需要从整体上进行把握，抓住主要矛盾，系统协调地解决问题。

（二）顶层设计要敢于面对矛盾，善于找准矛盾，勇于解决矛盾

党的十九大指出要"破除一切不合时宜的思想观念和体制机制弊端，突破利益固化的藩篱"。现实来看，这为问题导向下的顶层设计提供了思路和方向，具体而言有三个方面。

1. 顶层设计要破除不合时宜的思想观念

思想是行动的先导，只有解放思想才能更好地实事求是。"冲破思想观念的障碍、突破利益固化的藩篱，解放思想是首要的。"④ 改革要破除消

---

① 《马克思恩格斯全集》第四十卷，人民出版社，1982，第 289～290 页。
② 习近平：《辩证唯物主义是中国共产党人的世界观和方法论》，《求是》2019 年第 1 期。
③ 习近平：《辩证唯物主义是中国共产党人的世界观和方法论》，《求是》2019 年第 1 期。
④ 中共中央文献研究室编《十八大以来重要文献选编》（上），中央文献出版社，2014，第509 页。

极、保守、落后的思想，如果思想不够解放，就难以做到实事求是。学习能力不够，缺乏新知识，难免会产生本领恐慌，导致"新办法不会用、老办法不管用、硬办法不敢用、软办法不顶用"。① 缺乏斗争精神和斗争本领是难以战胜改革中的艰难险阻的。因此，要在解放思想中实现新的发展，在改革实践中解决新的问题。

2. 顶层设计要破除体制机制弊端

当前我国体制机制存在弊端，导致党和国家机构设置和职能同"四个全面"战略布局、"五位一体"总体布局、实现国家治理体系和治理能力现代化的要求还不完全适应。这是进行党和国家机构改革的主要原因。体制机制存在的弊端，一方面是党政机构的设置不健全，另一方面是党政机构的运作方式不合理。机构不健全和功能不合理会阻碍全面深化改革的顺利进行，需要优化其结构和功能。

3. 顶层设计要破除利益固化的藩篱

利益固化对制度的制定、执行都有毁灭性的打击。对党和国家影响最大的是政治利益集团，"党内不能存在形形色色的政治利益集团，也不能存在党内同党外相互勾结、权钱交易的政治利益集团"。② 在改革过程中，要触动既得利益集团的利益，会引起既得利益集团的阻挠。在制度或政策制定上，既得利益集团会运用自身的影响制定有利于自身利益的政策、制度；在制度执行上会出现"中梗阻"现象，导致制度无法贯彻执行，上有政策，下有对策，下级对政策选择性地执行，如执行中少作为、不作为、懒作为。历史上，有很多改革是失败的，其中很重要的一个原因是既得利益集团的阻碍。当前的改革进入深水区和攻坚期，好改的和容易改的都改了，剩下的都是难啃的硬骨头，打破利益固化的藩篱是解除改革阻力的重中之重。

（三）在改革的问题导向上，要解决几个问题

一是解决改与不改的关系。改什么？为什么改？怎么改？该改的坚决

① 习近平在中央党校建校 80 周年庆祝大会暨 2013 年春季学期开学典礼上的讲话，2013 年 3 月 1 日。

② 习近平在中共十八届五中全会第二次全体会议上的讲话，2015 年 10 月 29 日。

改，不该改的坚决不改，把握好破与立的关系，不立不破，先立后破，坚持底线思维，稳中求进，要有勇于斗争的精神。二是正确认识确定性与不确定性之间的关系，在不确定性的世界中把握好确定性的事。三是改革受益者问题，在改革过程中，有改革绝对受损与相对受损之分，"改革不能有绝对受损阶层"①；有即期利益受损与长期利益受损之分，改革绝对不能有长期利益受损阶层。

四 路径选择是关键

改革经历从经验探索到规律总结②、从摸着石头过河到顶层设计③的过程，应始终坚持问题导向，始终坚持正确的改革方向。顶层设计是一种理性选择，理性选择须基于中国的实际，坚持正确的改革路径。顶层设计要一脉相承，坚持稳中求进。一是改革开放前后一脉相承，"不能用改革开放后的历史时期否定改革开放前的历史时期，也不能用改革开放前的历史时期否定改革开放后的历史时期"。④ 历史不能割裂，改革开放前的历史时期是实行改革开放的前提和基础，否定了前者就会否定执政的合法性，否定了后者就会否定改革的有效性。二是不走老路和邪路，只能走中国特色社会主义道路。

（一）顶层设计要找准路径

运用马克思主义立场观点方法指导顶层设计。在立场上，"始终把人民立场作为根本立场"⑤。在观点上，"实事求是，是马克思主义的根本观点"。⑥ 在方法上，立足人民立场，围绕实事求是根本观点，运用矛盾分析方法，联系、全面、发展地看待这个世界、看待顶层设计。其基本逻辑是

---

① 杨帆：《改革不能有绝对受损阶层》，《环球时报》2014 年 10 月 28 日。
② 比较而言，前期改革经验较少，重在经验探索，改革到了一定阶段，有了经验，就需要进行规律总结，指导新的实践，并进一步探索。
③ 并不是说改革开放初期没有顶层设计，也不是说全面深化改革没有摸着石头过河，两者不是对立的关系，而是比较而言，是随着改革成熟度的提高，或者是说随着改革不同阶段的变化而提出较为注重的改革实现方式。
④ 习近平：《习近平谈治国理政》第一卷，外文出版社，2018，第 23 页。
⑤ 中共中央党史和文献研究研究编《十九大以来重要文献选编》（上），中央文献出版社，2019，第 429 页。
⑥ 习近平：《习近平谈治国理政》第一卷，外文出版社，2018，第 25 页。

指导思想（价值取向）—理性选择—制度设计，顶层设计要把价值取向作为其前提，赋予理性选择基本遵循，赋予制度设计灵魂。解决制度变迁过程中制度建构问题，需要进行制度设计、价值建构、组织建构，为改革、发展、稳定提供有效的制度供给，运用制度威力，形成持续的制度红利，缓解制度应用于实践中的边际效应递减，通过帕累托积累接近帕累托最优。

1. 顶层设计的路径选择要基于现实

马克思主义研究的逻辑起点是"现实的人及其历史发展"。人们创造历史必须基于其所处的现实和时代，邓小平同志指出："我们的现代化建设，必须从中国的实际出发。"[①] 我们干革命、搞建设、抓改革从来都是坚持历史唯物主义和辩证唯物主义的原则，习近平同志强调的"两个不能否定"和"坚持和发展中国特色社会主义"，从国史的角度强调建设和改革的继承性和连续性、强调实践和理论的一脉相承，从大历史观来看，就是强调历史的连续性和阶段性。继承与传承是辩证统一的关系，历史、现实、未来是相通的。我们总是在现实的时代条件下进行理性选择和设计，通过对时代的把握，进而解决"现实的人及其历史发展"的人类性问题。我们既不能冒进，超越现时代发展的要求，提出不切实际的目标和理想；也不能保守，开历史的倒车。因此，顶层设计要打开时空思维，注重历史选择。

改革进入深水区和攻坚期，作为理性选择的决策者，必须要有鲜明的历史使命感和政治责任感。集中全党全社会智慧，以壮士断腕、刮骨疗毒的巨大勇气和决心，解决利益藩篱、利益固化问题，胆子大、步子稳，推动制度的自我完善与发展。从某种程度上讲，任何一种制度的设计都是为了解决现实发展的问题，为了维护政权的长治久安。为了谁的问题是制度设计的价值所在。

2. 顶层设计强调的是在规律的基础上进行路径选择

顶层设计者要坚持新发展理念和坚持以人民为中心的立场。众所周

---

① 《邓小平文选》第三卷，人民出版社，1993，第3页。

知，中国共产党是使命型政党，是有鲜明的政治立场和历史使命，因此，我们的理论要强调对世界的可知性，强调对规律的把握，强调人的理性作用。这个理性的人是在马克思主义指导下的人，是有鲜明的立场、观点和方法的基于现实的理性人，不是西方理论中自利的经济人。西方以自利的经济人为基础的理性选择理论，其理论基础是个人原子主义。我国强调个人的权利，更强调集体主义原则，允许一部分人先富起来，先富带后富，最终达到共同富裕，共同富裕就是集体主义的鲜明体现。后发国家可以根据自己的国情和现代化发展的规律进行顶层设计，解决现代化过程中遇到的问题，否则会犯颠覆性错误。

3. 顶层设计要处理好法治与改革的关系

当前学界对我国的改革有很多描述，如从分解式改革到整体性改革，从摸着石头过河到顶层设计，从经济改革、社会改革到政治改革等。实际上，顶层设计重要的内容就是解决改革中的变与不变。要解决好变与不变的关系，关键是要解决好法治与改革的关系。全面依法治国是全面深化改革的姊妹篇。习近平同志指出："全面深化改革需要法治保障，全面推进依法治国也需要深化改革。"[1] 改革过程中要依法决策，以法治引领改革，并为改革提供保障。以改革促进法治建设，促进法治的完善。以法治促进制度更加成熟定型，"坚持改革决策与立法决策相衔接，不断提高改革决策的科学性"[2]。

习近平同志指出，要"努力以法治凝聚改革共识"[3]。任何改革都要做到有法律的依据，不能违法改革，要通过法治来凝聚共识，获得改革认同，创造良好的改革环境，规范发展行为、促进矛盾化解，要让法治为改革保驾护航。当法治阻碍了改革的前进时，要努力对法治进行科学合理的修订和完善，来保障改革的顺利进行。

法治实际上就是通过规范人民的行为和活动来促进社会的有序发展。

---

[1] 习近平：《全面推进依法治国也需要深化改革》，新华网，2014 年 10 月 27 日，http://www.xinhuanet.com/politics/2014-10/27/c_1112998021.htm。

[2] 习近平：《论坚持全面深化改革》，中央文献出版社，2018，第 522 页。

[3] 《习近平主持中共中央政治局第四次集体学习》，新华社北京 2013 年 2 月 24 日电。

改革没有天然的合法性，其合法性来自法治的有效性，来自顶层设计的正确性，来自对人民美好生活的贡献度。法治既是改革的手段，又是改革所追求的目标。改革是实现全面依法治国的手段，但是改革不一定是法治的目的，不能为了改革而改革。在打破利益藩篱、解决利益既得者问题时，改革用的就是法治手段，但是从国家治理的角度来说，建设法治国家、法治政府、法治社会则是改革所要追求的目标。所以说，辩证来看，改革离不开法治，法治离不开改革，法治强调治理的合法性，改革强调治理的有效性，两者相互依存、相辅相成，改革和法治是辩证统一的关系。

（二）顶层设计既要有改革的精神，又要有法治的思维

习近平同志强调，"任何组织或者个人都不得有超越宪法法律的特权"。[①] 要处理好政策与法治的关系，中国改革开放初期是政策先行，法律跟进。但是进入全面深化改革阶段，则需要两者的互动，不能用政策代替法律，政策的创新、突破需要法律的支持。"可以考量制定一部《改革促进法》，意在解决改革和现存法律之间的矛盾，把腐败和改革的试错区分开来，把领导干部的责任和改革试错区分开来。"[②] 要保持政治正确、法治标准。有效的权力集中不等于集权主义，要辩证地看待集权与分权，不能一概而论，改革必须要有中央权威，权力的有效集中、选择性的权力集中是改革的一个必要选择。

总之，顶层设计能力的提升要立足现实，以社会主义初级阶段为总依据，在把握规律的基础上，找准主要矛盾和主要问题，以问题为导向、以解决矛盾为突破口，理性选择适合经济社会发展的顶层设计。当前，高质量发展成为顶层设计的重要内容。

① 习近平：《任何组织或个人都不得有超越宪法法律的特权》，新华网，2015 年 7 月 31 日，http://www.xinhuanet.com/politics/2015-07/31/c_128079501.htm。
② 郑永年：《中国政治的顶层设计问题》，《联合早报》2012 年 8 月 28 日。

| 第三章 |

提升制度执行能力

党的十八届三中全会把"完善和发展中国特色社会主义制度，推进国家治理体系和治理能力现代化"确定为全面深化改革的总目标。习近平同志曾经指出："我们的国家治理体系和治理能力总体上是好的，是有独特优势的，是适应我国国情和发展要求的。同时，我们在国家治理体系和治理能力方面还有许多亟待改进的地方，在提高国家治理能力上需要下更大力气。"① 制度执行能力是国家治理能力现代化的关键制约因素，推进国家治理能力现代化，需要不断提高国家的制度执行能力。换言之，一个国家的制度执行能力是一个国家治理能力的关键，国家治理体系和治理能力是一个国家制度和制度执行能力的集中体现。

第一节　制度执行能力概述

制度是人类社会特有的现象，我国古代典籍中所指的制度，其内涵主要涉及规则、约束与管理的意思，比如《易经》曰："天地节而四时成。节以制度，不伤财，不害民。"《礼记》则云："故天子有田以处其子孙，诸侯有国以处其子孙，大夫有采以处其子孙，是谓制度。"② 在西方，关于

---

① 参见《习近平在省部级主要领导干部学习贯彻十八届三中全会精神全面深化改革专题研讨班开班式上发表重要讲话》，2014 年 2 月 17 日。
② 易宪容：《先秦儒家制度思想及现代转化——与现代制度经济学比较研究》，《齐鲁学刊》1995 年第 5 期。

制度的研究著作可谓不胜枚举，经济史学家道格拉斯·C. 诺思（Douglass C. North）认为制度是由人们设定的决定社会关系的游戏规则，可以分为法律、法规、条约、协议等正式制度，也包括行为准则、习俗、禁忌等非正式制度。① 综合来看，学术界关于制度的研究成果较为丰硕，为本书的研究提供了多个维度的参考与启发。

一 研究背景

党的十九大提出了国家制度建设和治理能力建设的目标，即到 2035 年我国"各方面制度更加完善，国家治理体系和治理能力现代化基本实现"。毋庸赘言，我国的国家治理体系与治理能力具有独特的优势，但也存在需要改进的地方，其中国家制度执行能力不足便是一个重要表现。实际上，世界银行在《2020 年的中国》的报告中对中国的制度建设情况进行了阐述，并指出当前中国并不缺少制度和规则，而是存在制度执行不力的问题。比如，"在一些关键领域，纸上的法规远不同于具体实施的法规"。② 现代国家建构理论特别强调国家建构的效能问题。国家治理的有效程度，很大程度上取决于一个国家的制度执行能力，鉴此，提升国家的制度执行力就成为现代国家建构中重要的议题之一。

改革开放以来，中国的经济建设取得了巨大的成就。然而，与此同时中国的经济社会转型与发展面临着前所未有的复杂局面，局部性的改革方案已难以适应经济社会发展的现实需要。因此，基于政府—市场—社会这样一个更加宏观的层面，即从国家治理的整体性、系统性、协同性出发，推进国家治理的全面深化改革势在必行。鉴此，党的十八届三中全会做出了推进国家治理现代化的重大论断，而提升国家治理能力也成为国家治理现代化的重要旨归和题中应有之义。

党的十八大以来，我们把制度建设摆到更加突出的位置。党的十八届三中全会提出全面深化改革总目标——"完善和发展中国特色社会主义制

---

① 〔美〕道格拉斯·C. 诺思：《制度、制度变迁与经济绩效》，杭行译，格致出版社、上海三联书店、上海人民出版社，2008。
② 李光宇：《论正式制度与非正式制度的差异与链接》，《法制与社会发展》2009 年第 3 期。

度、推进国家治理体系和治理能力现代化"，而党的十九届四中全会则更加突出制度建设，这是对中国特色社会主义制度的一次系统化集成，强调坚持和完善党的领导，更加强调系统性、整体性、协同性。实际上，党的十八届三中全会和党的十九届四中全会都强调要构建系统完备、科学规范、运行有效的制度体系。其中，制度体系运行的有效性建立在制度有效执行的基础之上，在这个意义上提升制度执行能力对于巩固和发展中国特色社会主义、提升国家治理能力意义重大而深远。

二　提升制度执行能力的意义

2014 年 2 月 17 日，习近平同志在省部级主要领导干部学习贯彻党的十八届三中全会精神全面深化改革专题研讨班开班仪式上，就全面深化改革总目标发表重要讲话："必须适应国家现代化总体进程，提高党科学执政、民主执政、依法执政水平。"① 由此可见，制度执行能力，是国家治理能力的基本要素。

国家治理能力是指以党和政府为主体的多元化主体运用法律和制度管理国家各方面事务的能力。就其结构层面而言，顶层设计能力、制度执行能力和社会动员能力是构成国家治理能力的三个方面。其中，顶层设计能力的目的在于制度建构，制度执行能力的目的在于提升国家治理主体执行、解释和决策的能力，社会动员能力的目的在于提升民众的归属感和认同感。新时代，对于推进国家治理现代化而言，提升制度执行能力意义重大。

（一）加强党的执政能力建设

党的执政能力，即党科学执政、民主执政、依法执政的水平。现代化的历史进程表明，政党是各个国家现代化建设的领导力量。从中国现代化建设的现实来看，中国共产党担负着国家制度设计、建构和发展的历史使命和政治责任。从 1921 年中国共产党成立到 1949 年中华人民共和国成立，中国共产党在组织建设、民主政权统治地区的治理方面积累了丰富的经

---

① 参见《习近平在省部级主要领导干部学习贯彻十八届三中全会精神全面深化改革专题研讨班开班式上发表重要讲话》，2014 年 2 月 17 日。

验。新中国成立后，中国共产党自身的组织制度不断完善，且领导中国人民建构起国家治理的制度体系。党的十一届三中全会以来，中国国家治理的制度体系更加成熟和完善，中国取得了举世瞩目的伟大成就，这是中国共产党制度创新的本质体现。2004 年党的十六届四中全会发布了《中共中央关于加强党的执政能力建设的决定》，首次对党的执政能力做出了明确界定，"党提出和运用正确的理论、路线、方针、政策和策略，领导制定和实施宪法和法律，采取科学的领导制度和领导方式，动员和组织人民依法管理国家和社会事务、经济和文化事业，有效治党治国治军，建设社会主义现代化国家的本领。"① 党的十九大报告提出，要"全面推进党的政治建设、思想建设、组织建设、作风建设、纪律建设，把制度建设贯穿其中，深入推进反腐败斗争，不断提高党的建设质量"②。由此可见，新时代全面从严治党要把制度建设贯穿其中，有效提升制度执行能力是加强党的执政能力建设的关键一环。

（二）增强国家机构履职能力

党的十九届四中全会从中华民族伟大复兴的角度对新时代全面深化改革提出了更加明确具体的顶层设计和总体规划。众所周知，中国国家机构的组织设计有其特殊性，我国宪法第三十条将我国行政区域划分为省（自治区、直辖市）、自治州（县、自治县、市）、乡（民族乡、镇）二级结构。这意味着提高国家治理的效能，不能仅靠国家元首或政府首脑个人的能力。在中国这样一个超大型的国家，国家治理的现代化离不开一大批治党治国治军等各方面领导人才和集体组织的推进。必须通过一整套国家制度的运行，来完成管理国家各项事务。③

制度建设是一个国家长治久安的基石。而提高制度执行能力能够将国家的制度优势转化为治理效能。党的十九届四中全会指出，"到二〇三五

---

① 《中共中央关于加强党的执政能力建设的决定》，2004 年 9 月 19 日中国共产党第十六届中央委员会第四次全体会议通过。
② 习近平：《决胜全面建成小康社会 夺取新时代中国特色社会主义伟大胜利》，人民出版社，2017，第 79 页。
③ 胡鞍钢等：《中国国家治理现代化》，中国人民大学出版社，2014，第 87 页。

年，各方面制度更加完善，基本实现国家治理体系和治理能力现代化；到新中国成立一百年时，全面实现国家治理体系和治理能力现代化，使中国特色社会主义制度更加巩固、优越性充分展现。"习近平同志曾经指出，要"尽快把党和国家机关、企事业单位、人民团体、社会组织等的工作能力都提高起来，国家治理体系才能更加有效地运转"。① 由此可见，提升国家机构的履职能力也是制度执行能力的重要方面，提升国家机构的履职能力是将我国国家治理的制度优势转化为治理效能的关键环节。

（三）增强人民群众参与国家管理的能力

《中华人民共和国宪法》第二条规定，中华人民共和国的一切权力属于人民。中国是人民民主专政的社会主义国家，社会主义民主是维护人民利益的最真实、最广泛、最有效的民主，具有深刻的历史逻辑、理论逻辑和现实逻辑。其中，就社会主义民主而言，坚持党的领导、人民当家作主和依法治国的有机统一，既是认识社会主义民主的内在逻辑，也是建设社会主义民主的重要路径。人民当家作主是社会主义民主政治的本质特征，实现人民群众参与国家事务管理，要充分发挥社会主义协商民主的重要作用。党的十九大报告提出，"要推动协商民主广泛、多层、制度化发展……保证人民在日常政治生活中有广泛持续深入参与的权利"②。由此可见，实现人民当家作主是社会主义民主政治的本质特征，而推进社会主义民主政治建设须臾不能离开制度建设，良好的制度建设能力特别是制度执行能力是实现党的领导、人民当家作主和依法治国有机统一的重要载体和实现方式。提升制度执行能力能够强化人民群众参与国家管理的能力，确保社会主义民主政治建设沿着正确的道路前进。

综上所述，提升制度执行能力是党、国家和社会各项事务治理制度化、规范化和程序化的重要载体和实现路径。其中制度化是制度执行能力的宗旨和旨归，是制度价值的实现；规范化是指行为的规范，特别是指按

---

① 《习近平在省部级主要领导干部学习贯彻十八届三中全会精神全面深化改革专题研讨班开班式上发表重要讲话》，2014 年 2 月 17 日。

② 习近平：《决胜全面建成小康社会 夺取新时代中国特色社会主义伟大胜利》，人民出版社，2017，第 48 页。

照制度规则行事，不能突破规则的限制和束缚，主要体现的就是权力运行规范化的基本理念和思维；程序化是指符合程序正义的基本要求，程序化是治理法治化的基本要求，也是实现国家治理法治化的内在价值诉求。本质上，国家治理的制度化、规范化和程序化既是提升国家治理能力的现实要求，又是提升制度执行能力的重要标志。

第二节　制度执行能力的内涵

人的本质是社会关系的总和，制度是调整社会关系的载体。本质上，制度是一个关乎共同体如何生存和发展的问题。历史来看，"传统政治学中的制度研究集中关注法律理论、立法以及政治制度等规范问题。而'新制度主义'把制度研究应用于国际关系和政治学，代表了一种向政治学原初基础的回归"。[①] 新制度主义者 W. 理查德·斯科特认为，制度由规制性要素、规范性要素和文化－认知性要素所构成。[②] 其中，规制性要素主要是指规则设定、监督和奖惩活动；规范性要素是指制度执行场域内行动者所偏好的信念和价值规范；文化－认知性要素则塑造了制度行动者"关于社会实在的性质的共同理解，以及建构意义的认知框架"，[③]这给制度研究提供了重要启示。可见，既有研究不仅视制度为规则，还将制度视为共有信念或价值规范的自我维持系统。从既有研究成果出发，结合当代中国国家治理的实践，我们认为制度是指在一定场域内，作为兼具规则和规范属性的客体，通过与制度主体在行为方式和心理信念等方面的持续互动，"嵌入"主体内部，从而实现秩序维持和价值塑造的一个自我维持系统。从制度的内涵出发，本书研究认为制度执行能力是一个系统化的结构，由规则执行能力、规范建构能力和价值塑造能力三个部分构成，这三个部分形成了层层递进的内在逻辑关系。

---

① 杨龙：《新政治经济学导论》，中国人民大学出版社，2010，第 128 页。
② 〔美〕W. 理查德·斯科特：《制度与组织：思想观念与物质利益》，姚伟、王黎芳译，中国人民大学出版社，2010，第 56 页。
③ 〔美〕W. 理查德·斯科特：《制度与组织：思想观念与物质利益》，姚伟、王黎芳译，中国人民大学出版社，2010，第 65 页。

制度的构成要素是解读制度执行力的逻辑起点。就制度执行力而言，这一概念最早应用于行政法学领域，罗豪才指出，"行政行为的执行力是指行政行为的内容如果是命令相对人为一定行为或不为一定行为，则相对人必须执行"。① 起初，执行力概念主要应用在工商企业管理领域，主要涉及企业执行战略规划与目标的技术支撑能力。后来，执行力的概念被引入公共管理领域，而政府执行力是指行政组织在行政决策、规划、指令以及日常管理运作方面的执行能力、执行力量与执行效力。② "能力"一词从语义上看是使能结构，即使主体能做什么。鉴此，我们认为制度执行能力是指主体执行制度时的"执行力量"或者"执行力度"，即制度执行主体执行某一具体制度时的执行力量的大小程度。实际上，制度构成要素框定了制度执行能力研究的边界和范围。进而言之，在推进国家治理现代化的历史背景下，制度执行能力的内涵，具体应该包括规则执行能力、规范建构能力和价值塑造能力。

一 规则执行能力

规则执行能力是指参与国家治理的多元化主体对规则的执行力度或执行力量。道格拉斯·C. 诺思认为"制度是社会中的游戏规则，正式来说制度是人为设计的、用于人际互动的约束条件"。③ 从规则执行的实现路径来看，其往往运用惩罚与激励的方式，确保制度的规制性要素得以贯彻落实。惩罚机制是制度制定者劝说、强制、操纵制度受动者遵守制度的方式，其提升规则执行能力的内在逻辑在于"如果你不遵守制度，那么就要受到惩罚"，从而确保制度得到遵守。此外，激励机制也是重要的外部控制手段，激励是一方给予另一方在物资上或精神上的利益，以实现前者预设的目标。综合来看，规则执行能力强调的是制度场域内，各行为体对于制度的规制性要素（规则）的执行力度，其侧重于从社会行为而非心理认

---

① 罗豪才：《行政法学》，中国政法大学出版社，1989，第137页。
② 莫勇波、张定安：《制度执行力：概念辨析及构建要素》，《中国行政管理》2011年第11期。
③ Douglass C. North. Institution，*Institutional Change and Economic Performance*. Cambridge University Press，1990，p. 3.

同的角度关注制度执行能力。

权力强制是确保规则得以执行的外在驱动力量。现有研究指出,制度规则本身的合法性、主体的认同及权力强制性共同构成了制度权威的现实基础,制度权威的建构是一个由认同走向权力强制的动态化过程。在社会行动的场域中,权力代表着"在一种社会关系中哪怕是遇到反对也能贯彻自己意志的机会,不管这种机会建立在何种基础之上"[1]。规则是制度构成的最基础部分,而规则执行能力即使用规则约束社会个体行为的能力,代表制度执行的最基础形态。从社会行为的角度看,制度特有的激励与约束机制构成了行为体外在行为的内在驱动要素。

如前文所述,本书研究认为制度执行能力由规则执行能力、规范建构能力和价值塑造能力三个有机部分构成。其中,规则执行能力居于基础性地位,而且规则执行能力的强弱直接决定于制度执行主体对激励与约束机制的重视与执行程度。实际上,制度执行主体对制度执行的激励与约束机制的战略认知状态决定着规则执行能力的强弱。一般而言,以党和政府为主体的制度执行者如果高度重视制度执行的激励与约束机制,那么规则执行的力度就较大,制度执行能力也越强,反之则不然。因此,对于任何一个国家而言,执政党与政府对于制度执行的激励与约束机制的重视与否直接决定了制度执行能力的高低。然而,也应该看到在制度执行的场域中,"惩罚与激励机制与其说是一种确保制度得到遵守的积极手段,不如说是一种出于对制度认同不足而采取的消极保障机制,目的就是为了保障制度得到遵守"[2]。然而,权力使用的程度越是强烈、认同越是不足,反过来又要使用更多的权力,因此权力的使用存在边际效用递减的困境。所以,提升制度执行能力还需要重视规范建构能力与价值塑造能力的真正提升,以此形成合力共同促进国家治理能力提升。

二 规范建构能力

规范建构能力是国家治理的各项主体将制度承载的规范性要素内化为

---

[1] 〔德〕马克斯·韦伯:《经济与社会》(上卷),林荣远译,商务印书馆,2004,第81页。
[2] 程同顺、邢西敬:《合法性、认同和权力强制:制度权威建构的逻辑》,《上海行政学院学报》2016年第5期。

社会行动的能力或者力量。如果说规则执行能力侧重于对行为体外在行为的规制，那么规范建构能力强调的就是对行为体内在心理观念等要素的内化能力。制度的规范性要素，在国家治理中承担着说明性和评价性功能。其中，说明性功能是指法规制度要向制度场域内的行为体说明"可以做什么、应该做什么、禁止做什么"等内容；而评价性功能是指经法律专门授权的国家机关、组织及其成员对社会成员的行为进行评价，体现的是行为与后果之间的对应关系。因此，高效的制度执行能力意味着，党和政府等国家治理主体通过制度执行的过程，有效发挥制度的说明性和评价性功能，从思想观念、心理认知、社会风尚和精神态度层面进行引领与建构，进而依靠各项法规制度规制、引导与规范多元化的社会力量，使其有效参与国家治理与建设的进程，通过制度实现国家和社会力量的持续互动与有机融合。

马克思主义理论认为生产力的发展程度决定制度的演进历程。随着人类社会生产力的由低到高发展，人类社会生活的制度体系也日益复杂和精密，制度的发展和完善实际上也经历了由简单到复杂的历史发展进程。从人类社会生活的角度看，制度的最初形态表现为保护安全的活动和程序不断被重复，进而成为共同体成员习惯性的行为方式。从最初形态看，制度是内生自发的，当"它们以一种经常反复的、共同的活动为前提，不管其原始的意义是什么，通过实际的练习、流传、遗传而变成轻而易举和自然而然的——变成不言而喻的"[①]，此即为制度的最初形态。由此可见，一个共同体内部最初形态的制度，大多是自发演进且具有高度的认同性的，为共同体内部社会成员所共同认可，因而也具有高度权威性。

随着交往范围的扩大和生产力的不断发展，原有共同体内部原生的内生性制度规则已经不能满足现实需要，引入外在制度便成为必然选择，这既是人类共同体理性的选择，又是生产力发展和交往扩大的必然要求。相对于自发产生的内生性制度而言，外来制度"是由一个主体设计出来并强加于共同体的。这种主体高踞于共同体之上，具有政治意图和实施强制的

---

① 〔德〕斐迪南·滕尼斯：《共同体与社会》，林荣远译，商务印书馆，1999，第 301 页。

权力。外在制度总是隐含着自上而下的等级制，而内在制度则是被横向地运用于平等主体之间，对于违反外在制度的行为所施加的惩罚永远是正式的惩罚，并且往往借助于运用暴力"①。

从制度演进的历史进程看，当生产力快速发展，内生自发的用以规范人们社会行为的风俗习惯、规则制度不能及时产生时，社会秩序会面临失序的挑战，这就需要引入外在制度②。在这里，外在制度是相对于共同体内部内生自发的规则秩序而言的。相对于内生自发制度，"外来制度是人为设计，并从外部强加于共同体的，并没有完全内化于人们的心理"③。而从国家治理的角度看，制度的功能在于规范社会秩序并对社会资源进行权威性的分配。

党的十八届三中全会通过了《中共中央关于全面深化改革若干重大问题的决定》，这是推进国家制度和国家治理体系建设的一个重大系统性工程。从国家制度建设的层面而言，其不仅涉及经济发展层面，还涉及政治建设层面；不仅关乎社会治理，更关乎中国特色社会主义文化建设；不仅关涉政府、市场与社会边界的调整，更关涉民生、民主与法治建设。因此，必须通过良好的制度执行能力，将国家制度和国家治理体系的优势转化为治理效能，即"构建系统完备、科学规范、运行有效的制度体系，加强系统治理、依法治理、综合治理、源头治理，把我国制度优势更好转化为国家治埋效能"。④

三 价值塑造能力

价值塑造能力是指将制度的规则、规范等客体要素成功嵌入制度执行者的认知和心理当中，将制度的价值规范因素内化到执行者的自我意识

---

① 〔德〕柯武刚、史漫飞：《制度经济学：社会秩序与公共政策》，韩朝华译，商务印书馆，2004，第130页。
② 〔法〕爱弥儿·涂尔干：《宗教生活的基本形式》第二卷，渠东等译，上海人民出版社，2006，第98~285页。
③ 程同顺、邢西敬：《合法性、认同和权力强制：制度权威建构的逻辑》，《上海行政学院学报》2016年第5期。
④ 詹成付：《党的十九届四中全会决定对我国制度建设的贡献》，《红旗文稿》2019年第24期。

中，使得执行者建构起制度的"意义"，增强认同感，进而采取社会行动，维护制度尊严。如果制度执行者都没有建构起对制度的认同，那么制度执行一定没有力度，制度会形同虚设，权威也很难建立。价值塑造能力是指将制度的文化 – 认知性要素内化为人们社会行为的内在结构性力量的能力。认同意味着人们对于制度的权利义务规则、价值规范等要素，经过个体理性的判断和价值选择过程，形成心理的认同感和价值归属感。制度认同强调自我与制度规则、规范的同一性，将自我特质与制度属性在认知层面上划归一类。在行动层面上，制度认同表现为对制度的遵守和服从。

高效的制度执行能力意味着制度（规则）承载的价值性要素得到制度受动者的心理认同，制度内含的规范性要素被相关主体视为具有"意义"的个体偏好或价值观念。因此，规范建构能力势必与心理认同结合在一起，或者说二者是一枚硬币的两个面。林德布洛姆认为，制度认同建立在训导与说服的基础之上，"权威的象征并非枪杆，而是词语。最常见的政府行为是交谈、写作、倾听和阅读"。① 正因如此，制度执行在价值建构过程中发挥着不可或缺的重要作用，"制度是秩序和价值的自我维持系统，客体要素通过和主体的持续互动，'嵌入'到主体的行为和心理当中。客体'嵌入'到主体当中，意味着主体需要通过认知环节，将制度所承载的价值观念和文化因素'内化'到自我意识当中"。② 反过来讲，如果缺少制度执行的桥梁和纽带，即缺少制度"意义"的建构过程，那么制度在社会生活中的作用将形同虚设，因而也难以承载起制度应该发挥的社会功效。

制度价值准则的建构力是价值塑造能力的基础。众所周知，作为一种社会现象的制度，其范畴具体包括实质与形式两个层面。形式层面即制度的物质载体，通常是指规则，而规则承载的价值规范则是制度的实质，制度是形式与实质或者说是规则与价值准则的统一体。既有研究指出，规则与价值互为表里，"一个社会为什么要制定和实施这样的而不是别的政治制度……

---

① 〔美〕查尔斯·林德布洛姆：《政治与市场》，王逸舟译，上海三联书店，1992，第49页。
② 程同顺、邢西敬：《合法性、认同和权力强制：制度权威建构的逻辑》，《上海行政学院学报》2016 年第 5 期。

凡此种种皆由人们的价值准则决定。这些价值准则是政策、制度与法律的根，而后者只是前者的藤蔓和枝叶"。① 制度（规则）的价值建构能力是指为特定历史时期的制度，确定价值规范和价值准则的战略设计能力和执行能力的总和。其中，价值规范的战略设计能力是基础和前提，更是关键和核心。当前，党情、国情、世情、社情不断变化，但价值规范始终是要重视的因素。党的十九大报告提出了当前社会主要矛盾已经转化的重大论断，并提出了一系列治国理政的新理念、新思想和新战略，本质上体现出国家制度建构中的价值准则的建构能力。

增进制度价值的认同能力是规范建构能力的关键。以法治建设为例，自清末以来，中国法律制度体系的建设与变迁很大程度上是以"变法"的方式强力推进的，"这种法律制度颁布以后，由于与中国人的习惯背离较大或没有系统的习惯惯例的辅助，不易甚至根本不为人们所接受，不能成为他们的行动规范……结果是国家制定法的普遍无力和无效"。②

综上所述，提升制度执行能力的目的在于最大限度确保中国特色社会主义制度优越性的彰显。习近平同志指出，"评价一个国家政治制度是不是民主的、有效的，主要看国家领导层能否依法有序更替，全体人民能否依法管理国家事务和社会事务、管理经济和文化事业，人民群众能否畅通表达利益要求，社会各方面能否有效参与国家政治生活，国家决策能否实现科学化、民主化，各方面人才能否通过公平竞争进入国家领导和管理体系，执政党能否依照宪法法律规定实现对国家事务的领导，权力运用能否得到有效制约和监督"。③ 由此可见，提升制度执行能力的目的在于，通过制度建设中合法性导向、效率导向、效能导向、责任导向等内容的建设，推动多元化的社会力量参与国家治理，并将制度承载的价值规范内化为多元主体的行动指导，从而实现国家与社会的良性互动。

---

① 陈晏清、王新生：《政治哲学的当代复兴及其意义》，《哲学研究》2005 年第 6 期。
② 苏力：《法治及其本土资源》，北京大学出版社，2015，第 14 页。
③ 中共中央文献研究室编《十八大以来重要文献选编》（中），中央文献出版社，2016，第60～61 页。

第三节　制度执行能力的评估

众所周知，制度不是一个抽象的概念，而是规制与引导现实政治的一种结构性力量。一个国家的治理样态如何，不仅需要对现象进行描述，更需要对现象背后的制度因素进行探讨。现实来看，"国家是目前人类政治社会活动中最重要的政治共同体，国家的治理理所当然地成为研究治理的首要问题。如何对一个国家的治理水平进行测量也自然成为学者们最为关注的问题之一"。① 其中，制度是国家治理的结构性力量，对制度执行能力的评估自然也应该是国家治理能力研究的题中应有之义。

一　制度执行能力评估的理念

制度执行能力是指主体执行制度（规则）以实现制度效能的能力。制度执行能力与制度有效性是一枚硬币的两个侧面，不同的学者对于制度有效性的认知各不相同，有学者从制度建构的质量标志、制度供给的认同状况和制度的恰适性三个方面阐述制度有效性。② 一般认为，制度执行效果是制度执行能力的切实体现，制度执行效果是指制度承载的规范性要素的实现，这就需要建构制度执行能力的评估框架，推进制度执行。理论上来说，制度以及治理评估是一个复杂的过程，"作为对一个国家政治—社会宏观面貌的评价，它不仅涉及技术上的度量问题，而且首先需要回答这种评价是否有公认的普适价值，这是治理评估之意义和基础所在"③，确定科学的评估理念是对制度执行能力评估的前提和基础。

评价理念是主导评估的"指挥棒"。"有什么样的评价，就有什么样的政府行为"④，对于国家治理而言亦是如此。新时代，推进国家治理现代化

---

① 马德勇、张蕾：《测量治理：国外的研究及其对中国的启示》，《公共管理学报》2008 年第 4 期。
② 秦国民、秦舒展：《推进国家治理能力现代化重在提高制度执行力》，《中国行政管理》2016 年第 9 期。
③ 褚松燕：《我国公共治理评估之核心要素》，《中国行政管理》2008 年第 9 期。
④ 郑方辉、张兴：《独立第三方评政府整体绩效："广东试验"审视》，《学术研究》2014 年第 8 期。

与全面深化改革，彰显着评估理念的重要性。关于治理现代化评估的价值标准，世界银行提出的治理指标（WGI）主要包含政治稳定性、腐败控制、表达权与诸问题、治理绩效、法治水平、监督质量等六个主要指标[①]。中央编译局和清华大学从人类发展、社会公平、公共服务等六个方面提出了"中国社会治理评价指标体系"[②]。对于制度建设而言，我国学者俞可平和徐勇都提出了制度化、民主化、法治化、高效化和协调化五大标准。

党的十八届三中全会提出了"推进国家治理体系和治理能力现代化"的重大命题。2014 年 2 月 17 日，习近平同志在省部级主要领导干部学习贯彻十八届三中全会精神全面深化改革专题研讨班开班仪式上，就全面深化改革总目标发表重要讲话指出，"必须适应国家现代化总体进程，提高党科学执政、民主执政、依法执政水平，提高国家机构履职能力，提高人民群众依法管理国家事务、经济社会文化事务、自身事务的能力，实现党、国家社会各项事务治理制度化、规范化、程序化，不断提高运用中国特色社会主义制度有效治理国家的能力"。[③] 中国国家治理现代化的研究，要契合中国特色社会主义制度的内在价值属性。制度执行能力的评估理念与指标，要结合中国特色社会主义制度的内在属性及党和国家领导人的讲话精神。鉴此，本书认为制度执行能力的评估理念主要体现在以下三个方面。

（一）党的治理的制度化

国家治理能力从根本上来讲，是党领导人民运用各项制度有效治理国家的力量。自 1921 年起，经过 28 年艰苦卓绝的斗争，"中国共产党建立了一整套的组织制度，从 1949 年成立新中国之后，又不断发展成一整套执政党的治理制度体系。"[④] 可以认为，制度执行能力是国家治理能力的重要内容，而党的制度执行能力更是建构国家治理能力的元能力。需要特别指

---

① 周红云：《国际治理评估指标体系研究述评》，《经济社会体制比较》2008 年第 6 期。
② "中国社会管理评价体系"课题组：《中国社会治理评价指标体系》，《中国治理评论》2012 年第 2 期。
③ 参见《习近平在省部级主要领导干部学习贯彻十八届三中全会精神全面深化改革专题研讨班开班式上发表重要讲话》，2014 年 2 月 17 日。
④ 胡鞍钢等：《中国国家治理现代化》，中国人民大学出版社，2014，第 91 页。

出，党的十六届四中全会发布了《中共中央关于加强党的执政能力建设的
决定》，该决定对党的执政能力做出了明确界定，其中包括，"党动员和组
织人民依法管理国家和社会事务、经济和文化事业，有效治党治国治军，
建设社会主义现代化国家的本领"①。党的治理的制度化是决定国家治理现
代化的核心变量。由此可见，党的治理的制度化，不仅是提升党的执政能
力的切实需要，更是推进国家治理能力现代化的题中应有之义。要从党的
历史使命和政治责任的高度，认识并推动党的治理的制度化，提升国家治
理的制度执行能力。

（二）国家机构履职的制度化

国家机构履职的制度化是国家治理能力的重要体现，更是推进国家治
理现代化的题中应有之义。提升制度执行能力，需要各级各类国家机构把
宪法、法律、行政法规、部门规章、地方性法规等正式制度规则作为国家
治理的制度来源。在各级党政组织层面，组织运作要建立在制度权威的基
础上，提升组织运作的法理基础，以此实现政府归位。国家治理现代化需
要科学界定政府、市场与社会的边界，其中政府是连接市场与社会的桥梁
和纽带。在政企关系中，要让市场发挥配置资源的决定性作用，激发市场
的可持续发展能力，从而为国家的持久繁荣奠定坚实基础，这就需要政府
既积极有为又守住自身权力的边界。在政社关系中，要推进对政治问题的
社会化处理，既要维护党和政府的政治权威，又要维护社会的多元化，这
就需要持续推进国家机构履职的制度化建设。

（三）人民群众管理国家事务、经济社会文化事务、自身事务的制度化

制度化的本质是制度价值观念的外化和实化，通过制度实施，让制度
落地生根，并取得应有的实效。制度执行能力在"顶层设计—制度执行—
社会动员"的国家治理能力结构中扮演着"传动者"的角色，制度执行的
重要意义在于对利益格局进行调整、对社会关系进行调节、对社会秩序进
行建设，并推动公共管理的完善与公共利益的实现。因此，评估的理念在

---

① 《中共中央关于加强党的执政能力建设的决定》，2004 年 9 月 19 日中国共产党第十六届中
央委员会第四次全体会议通过。

于在社会层面通过普法强化规则观念、法律意识，逐步消除潜规则，树立制度权威。由此可见，正确处理好党的领导、人民当家作主和依法治国之间的关系，既是确保社会主义民主政治正确发展的道路，也是制度执行能力评估的理念要求。

二 制度执行能力评估的对象

制度执行能力的评估对象就是影响和制约制度执行能力的各项关键变量。具体而言，如果将制度执行能力视为自变量，那么其评估对象则是影响执行能力的各项因变量，正是这些关键变量决定着制度的各项基础性要素——规则、规范和文化 – 认知性要素——的实现程度。从构成要素层面看，制度执行能力的评估对象实际上指的是制度执行能力的各项子能力，它们既是制度执行能力的子能力，又是决定制度执行能力的关键变量。

我国学者李文彬、陈晓运从价值塑造能力、资源集聚能力、流程创新能力、问题回应能力等方面对政府治理能力的评估对象进行了分析。[①] 从治理现代化的角度看，制度执行能力是国家治理能力的重要体现。因此，借鉴学界已有的研究成果，结合制度执行的现实因素，本书研究认为制度执行能力主要包括以下几个方面，它们既是决定制度执行能力的关键变量，也是制度执行能力的子能力，具体如下。

（一）价值引领能力

价值引领是指党员和各级政府的工作人员，联合制度执行场域内的各种社会力量、不同主体，在制度执行场域内宣传与弘扬新时代国家治理制度蕴含的内在价值规范，使国家制度的价值性要素深入人心。现实来看，制度执行意味着"要将制度的规则、规范等客体要素成功'嵌入'到制度执行者的认知和心理当中，将制度的价值规范因素'内化'到执行者的自我意识中"[②]。显然，这个过程需要党和政府发挥价值引领作用。制度执行能力中的价值塑造能力主要体现为两个层面：一方面，以党和政府为主要

---

① 李文彬、陈晓运：《政府治理能力现代化的评估框架》，《中国行政管理》2015 年第 5 期。
② 程同顺、邢西敬：《合法性、认同和权力强制：制度权威建构的逻辑》，《上海行政学院学报》2016 年第 5 期。

代表的组织及其个体人员对于制度价值的塑造能力，主要涉及意愿、资源和手段等要素；另一方面是社会层面，以社会、市场和公民为代表的制度受动者对于制度的规范性要素的内化程度，即用价值规范引领或规范社会行为的实效性，并且二者之间要形成有机互动关系。

（二）机制建构能力

制度执行机制是指制度执行系统的组织或部门之间相互作用的过程和方式，制度执行机制的建构能力是决定制度执行能力的关键变量。现有研究指出，制度执行的元机制，即制度执行的基本性机制，是"相关组织在执行制度时必须或必然需要遵循的执行流程、执行规则、执行制约的总称"[1]。实际上，元机制的建构能力，是其执行规则、执行流程、资源配置、评价机制（奖惩机制）的设计环节的统筹和设计，并形成"闭环效应"的能力。制度执行机制贯穿制度的施动者与受动者互动的全过程，并以动态的方式决定着制度执行的实际效果。

（三）资源统筹能力

现有研究指出，社会资源统筹能力是地方政府治理能力，也是制度执行能力的关键因素。[2] 新时代，国家治理的制度执行能力，其资源不仅包括公共资源，还应该包括社会资源，这就需要利用社会动员能力，引导、规制与吸引各类社会组织、社会团体、公民个人等社会力量参与国家建设与治理。新时代，提升国家制度执行能力，不仅需要政府组织运作模式的改革与政府治理体制机制的创新，也需要各级党委政府学会培育、引导与规制社会力量参与国家治理，特别是参与到制度执行的过程中，提升新时代党委政府的制度执行能力。

（四）社会整合能力

社会整合能力是指以执政党为政治统领，通过价值观与信念、组织与制度、权利与利益等纽带或桥梁，将社会各个机构、系统、要素整合进执

---

① 徐育才、莫勇波、刘国刚：《政府制度执行力与执行元机制之间的逻辑关系》，《佛山科学技术学院学报》（社会科学版）2018 年第 1 期。

② Gargan J. J., "Consideration of Local Government Capacity", *Public Administration Review*, 1981, 41 (6): 649–658.

政党的系统内部，形成党、国家、社会在价值观、组织与利益层面的耦合。国家治理能力具有多元结构，其由顶层设计能力、制度执行能力与社会动员能力构成，其中制度执行能力发挥着传达、解释和执行决策的功能。中国国家治理的制度优势，要转化为治理效能，就需要各级党组织具有强大的社会整合能力，从而为国家治理的制度化建立桥梁与纽带，以此提升国家治理能力。

（五）系统反馈能力

众所周知，政治系统理论将系统论应用于政治分析领域，意图为复杂多变的现实政治提供一个高度灵活的分析框架。美国学者戴维·伊斯顿吸收了控制论的理论内核，并将其应用到现实政治体系的分析中。他认为："政治系统的运作流程表现为：输入—反映—输出—反馈四个环节，其中反馈再次进入政治系统，从而形成以反馈为回路的系统循环。"[①] 实际上，良好的制度执行能力也需要以反馈为回路形成一个封闭式的循环系统。一个机制健全的制度执行系统，一定具有完善的关于制度执行的反馈回路，其能够将制度执行的效能实时反馈到决策系统内部。

综上所述，本书将制度执行能力评估的对象界定为制度执行的子能力，它们是决定制度执行能力的关键变量。实际上，从公共治理的维度来讲，对制度执行能力评估对象的分析，主体主要涉及国家治理现代化进程中的政党和政府，其着眼点主要涉及决定制度执行的各项制约因素，其着力点则主要关乎制度执行的实际效能。鉴此，本书主要从党和政府的价值引领能力、执行机制建构能力、资源统筹与社会整合能力、系统反馈能力等方面论述，阐述制约制度执行能力的各项关键变量。

三 制度执行能力的评估内容与指标

制度执行能力是指制度的"执行力量"或者"执行力度"，即制度执行主体执行某一具体制度时执行力量的大小程度。如前文所述，新制度主义理论认为制度通常由规制性要素、规范性要素和文化－认知性要素构

---

① 程同顺、邢西敬：《从政治系统论认识国家治理现代化》，《行政论坛》2017 年第 3 期。

成，良好的制度执行能力意味着在一个特定的制度场域内，通过执行规则、执行机制等的建构，使制度的各项要素都能运转起来，发挥其规制社会行为、建构社会规范、塑造价值意义的功能。所以，这决定了制度执行能力的评价内容是复杂多样的。

（一）制度执行能力的评估内容

1. 行为规制性

新制度主义者 W. 理查德·斯科特认为，规制性要素（规则）是制度构成的基础性要素，制度执行的首要内容便是规则的执行[①]。国家治理体系集中体现为制度体系，而规则是构成治理体系的基本单位，推进国家治理体系现代化，基础在于实现规则建构与执行的现代化。如果将制度执行聚焦为规则执行，那么制度执行的过程就可以分解为规则设立和监督他人遵守，如有必要还要实施奖惩机制，其目的在于以此影响将来人们的社会行为。经济史学家诺思认为，制度完全类似于竞技体育运动的比赛规则，"制度运行的实质内容之一，就是确保违反规则与律令会付出沉重代价，以及受到严厉的惩罚。"[②] 据此，制度的执行意在制约、规制与调节人的社会行为。相对于私人组织，国家往往更可能使用强制机制，依托规制性权力来推进制度层面的改革与创新，即国家更擅长采用强制性权力推进制度（规则）执行，并以此规制人们的社会行为。鉴此，制度执行能力评价的内容，首先指的便是一项制度能否有效规制人们的社会行为。

从制度执行的过程来看，党和政府作为国家治理制度的供给方，各级地方党政组织作为中央在地方的代理人和制度施动者，负责制度实施各个环节的分解和细化，而社会、企业、各类组织和公民个人则是制度受动者。实际上，制度执行意味着以党和政府为主体的各级各类组织与工作人员，通过制度供给与执行将各项制度规则落地生根，而作为制度受动者的社会、企业、各类组织和公民个人，同时也是制度终端执行者。从制度执

---

① 〔美〕W. 理查德·斯科特：《制度与组织：思想观念与物质利益》，姚伟、王黎芳译，中国人民大学出版社，2010，第 56 页。

② North D. C. , *Institutions*, *Institutional Change and Economic Performance*, Cambridge：CambridgePress, 1990. p. 4.

行的效果来看，行为规制是一种强制机制，强调由制度供给方推动，主要关注中间层级地方政府作为执行者的执行行为与情境，重视制度制定方与执行者之间的组织协调与控制关系。从现实来看，考虑到中国政府治理特有的层级安排特征，即从中央到基层的多层级执行链条，要特别重视规制性要素执行中上下级组织间的信息控制能力，以及监督和控制系统的科学性、系统性与反馈性，确保制度的规制性要素能够成为规制社会力量的基础性要素。

2. 规范建构性

新制度主义者认为制度的构成要素，不仅包括约束、规制和调节行为的规则，还包括说明性、评价性和义务性的维度。换言之，制度还是一种规范性的规则系统，"规范系统包括了价值观和规范。所谓价值观，是指行动者所偏好的观点或者所需要的、有价值的观念，以及用来比较和评价现存结构或行为的各种标准"。[①] 在这个意义上，制度执行能力强调的是制度施动者所偏好的观点或观念，被受动者所接受、认同并内化用以指导其行为的内在规范。既有研究认为，公共行政领域的一些重大问题往往是与公共管理者的信念、价值和习惯有关的[②]，而良好的制度执行能力意味着国家作为制度施动者，其所主张与偏好的观念能够内化为各级行政组织的信念与价值，即公共行政的精神。显然，制度执行能力评价的内容，应该包括制度所承载的信念或观念的建构效能。

现有研究已经指出，有效的组织与动员是中国共产党的力量之源[③]。实际上，无论是组织还是动员，都建立在党提出的各项规章制度取得人民群众的信任和支持的基础上。换言之，在中国共产党领导人民进行革命、建设和改革的伟大历程中，其出台的各项规章制度无不体现出规范建构的力量，这种规范性认同是一个有机体系，其中既包括全心全意为人民服务

① 〔美〕W. 理查德·斯科特：《制度与组织：思想观念与物质利益》，姚伟、王黎芳译，中国人民大学出版社，2010，第 63 页。
② 〔美〕塞缪尔·P. 亨廷顿：《变化社会中的政治秩序》，王冠华、刘为等译，上海世纪出版集团，2008，第 336 页。
③ 〔美〕塞缪尔·P. 亨廷顿：《变化社会中的政治秩序》，王冠华、刘为等译，上海世纪出版集团，2008，第 336 页。

的宗旨意识，也包括为中华民族谋复兴的时代使命意识。党的十九大报告做出我国社会主要矛盾转化的重要论断，新时代社会主要矛盾的转化，对国家治理的制度体系建设有着重大影响。通过推动更加平衡、更充分的发展提升人民的幸福感、尊严感和获得感成为国家制度体系建设的重心和方向。

众所周知，公共管理追求有效率地、有效能地、公平地做事，公共行政精神反映着公共行政官员的行为规范与信念，同样反映了公共组织的行为操守。制度的规范性要素，则构成公共行政精神的物质载体，在这个意义上，制度的执行意味着制度执行者对于制度的规范性要素（即价值观）的认同和坚守，并在此基础上推动制度落地生根。新时代社会主要矛盾的转化，加上全面深化改革总目标的提出，意味着制度执行的目标、过程与评价方法、标准和方式都发生了历史性变迁。新时代优良的国家治理意味着多元化的治理主体能够以制度体系为载体，将国家治理的顶层设计内化为内心的观念或共有信念，以此有效对社会进行动员，建构国家与社会的双强型关系模式。

3. 价值塑造性

如前文所述，组织社会学中的新制度主义学派，将文化－认知性要素视为制度的基础性要素。这类新制度主义者认为，认知是外部世界刺激与个人机体反应的中介，而基于认知的意义才是社会行动的内在驱动力，即在这种认知范式中，作为被创造者的人的所作所为，在很大程度上是此人对其所处环境的反应。研究者理解或阐述任何行动，都不仅需要考虑社会行动的客观要件，还要分析行动者对行动的主观理解。在韦伯看来，无论是正式确立的宪法或规则，抑或是宗教信仰、道德规范、风俗习惯、伦理约束等非正式的能够给人的行为以规约的社会文化形式，都属于制度。韦伯认为社会的人会赋予事件以意义，"当且仅当行动个体把一种主观意义赋予其行为时，行动才是社会的。个体并非仅仅对刺激做出机械的反应；相反，他们会先理解他们，然后才决定做出反应。如果研究者不考虑对社会行动具有的协调作用的意义，就不可能理解社会行为"。[①]

---

① 〔美〕W. 理查德·斯科特：《制度与组织：思想观念与物质利益》，姚伟、王黎芳译，中国人民大学出版社，2010，第18页。

（二）制度执行能力的评估指标

基于以上分析，本书认为对于制度执行能力的考核指标，可从以下几个方面进行评估。一是定性指标和定量指标，如规范化水平、多样性等指标属于定性指标，而覆盖率、发生率等属于定量指标。二是主观与客观指标，比如认同度、满意度属于主观指标，而利用率、解决率等则属于客观指标。三是投入性、过程性、产出性与效果性指标，如资源可得性、主体多样性等属于投入性指标，违法行为发生率、流程的创新性等属于过程性指标，社会组织成立的便利性、社会参与渠道的畅通性等属于产出性指标，问题的解决率、协同有效性等属于效果性指标。四是单一指标与复合指标，像资源利用率、参与治理实现率等属于单一性指标，认同度属于复合性指标。

表 3 – 1 制度执行能力评估要素

内容	评估指标				
	价值塑造能力	机制建构能力	资源统筹能力	社会整合能力	执行反馈能力
行为规制性	规则执行的覆盖率；制度价值的实现程度	执行规则的可操作性；执行流程的科学性；激励与制约机制的完善度	人才、信息等战略性资源的筹集	市场、社会力量对规则的认同度；社会诸领域覆盖率	规则执行问题的解决率
规范建构性	执行者身份认同度；市场、社会对制度价值的认同度	决策机制的民主实现程度；制度执行观测与识别机制的多样性、有效性	基于身份认同的资源筹集手段的多样性和过程的系统性	价值宣传的媒体覆盖率；社会多元主体认同度与有效性	行政违法行为发生率
价值塑造性	法治社会建设水平	制度执行评价机制的运行度与有效性	市场、社会对法治社会建设理念的认同度	认同度；法治社会覆盖率	社会脆弱问题回应的有效性；社会需求表达渠道畅通性

对于转型国家而言，现代化的剖析不能仅仅定位于规范性分析，更应从经验性层面展开分析。而这种新的制度框架的制定和执行能力决定着国家治理的效能。从制度运用能力的视角观察国家治理能力现代化，起码要处理好两个方面：作为制度运用者，即制度施动者的主体性因素，以及制

度施动者和受动者的主体间性因素。此外，就评估主体而言，一是专家评价法，依托国内外专家展开访谈或者问卷调查，获得评价信息。二是特殊人物评价法，对政界、商界和实业界重要人物进行访谈。

众所周知，现代化是指由传统迈向现代的中间阶段，具有过程性和过渡性的意涵。现代化本身蕴含着社会进化的思想观，在这个意义上，现代化还指涉由低级向高级迈进的历史过程。从处于现代化转型期的国家的视角来看，提出现代化诉求的转型国家对于现代性有着高度的认同，"现代性是指欧洲启蒙运动所倡导的自由、理性、个人权利等核心价值观和以此为基础建立的市场经济、民主政体和民族国家等一整套制度，即现代文明秩序"。① 现代化是向现代文明秩序转型的过程，现代文明秩序是一种共同价值，现代化涉及文化和社会层面的、长期的变迁过程，其中制度制定及其执行发挥着载体和桥梁的作用。

第四节　制度执行能力建设的实现路径

国家治理体系和治理能力是一个国家制度及其执行能力的集中体现。制度是指公共权力机关为实现公共利益和有效治理，通过一定的程序输出的公共政策体系，以达到分配社会资源、规范社会行为、调整社会利益和满足价值诉求的目的。国家制度的执行能力是一个系统性工程，受多种因素的影响和制约。习近平同志曾指出："现在，我们有法规制度不够健全、不够完善的问题，但更值得注意的是已有的法规制度并没有严格得到执行。"② 只有深入分析制约制度执行能力的关键因素，才能有效提升制度执行能力。

一　制度建设是基础

制度建设是衡量一个国家治理能力的重要依据。制度建设的科学化，构成了国家治理能力现代化的基础和保障。习近平同志指出："制定出一

① 秦晓：《当代中国问题：现代化还是现代性》，社会科学文献出版社，2009，第6页。
② 《习近平关于严明党的纪律和规矩论述摘编》，中央文献出版社，2016，第89页。

个好文件，只是万里长征走完了第一步，关键还在于落实文件"。① 从现实来看，我国制度执行过程中存在一些不容忽视的弊端，诸如制度走样、制度变形、制度空转和制度失败等问题，阻碍了国家治理现代化目标的实现。究其原因，制度建设的科学性与合法性等问题是导致制度低效甚至失效的重要根源。

制度本身的科学性水平会影响制度规则执行能力的提升。科学的制度建立在对制度执行的客观规律认识的基础上，制度建设只有遵循客观规律，才能全面、有效地解决经济社会发展中的现实问题，推进国家治理现代化。一方面，制度规则的合法性不足。邓小平同志在《党和国家领导制度的改革》一文中指出，"党和国家的各种制度究竟好不好，完善不完善，必须用是否有利于实现这三条来检验"。② 当前，部分地方政府特别是基层政府制定的各项规则制度，并未体现出实现公共利益最大化的价值诉求，也并未将目标聚焦于解决新时代社会的主要矛盾，制度规则面临合法性困境。另一方面，制度运行机制不健全，"一些制度缺乏针对性和可操作性，过于原则、宽泛，缺少具体操作措施；一些制度缺乏系统性和配套性，不能有效发挥作用；一些制度重实体、轻程序"③，增加了制度执行的难度。

新时代，提升制度执行能力要注重加强制度建设的科学性。制度建设要建立在对客观规律正确认识的基础上，当前"制度建设反映客观规律不够，难以全面有效地解决问题"④，需要引起高度重视。具体而言，要重点做好以下三个方面的工作。

（一）要以人民为中心推进制度建设，彰显新时代党和政府的使命意识和政治责任

党的十九届四中全会在推进国家治理体系和治理能力现代化方面，提出了一系列重要论断和目标。其中，关于制度建设和治理能力建设的目标

---

① 〔美〕德隆·阿西莫格鲁、詹姆斯·A. 罗宾逊：《国家为什么会失败》，李增刚译，湖南科学技术出版社，2016，第 78~81 页。
② 《邓小平文选》第二卷，人民出版社，1994，第 323 页。
③ 齐卫平、姜裕富：《提升制度执行力问题的思考——基于党的建设科学化实践的视角》，《长白学刊》2014 年第 1 期。
④ 中共中央文献研究室编《十六大以来重要文献选编》（中），中央文献出版社，2011，第 3 页。

是，到 2035 年各方面制度更加完善，基本实现国家治理体系和治理能力现代化。新时代国家治理体系即制度体系的建设要以解决社会主要矛盾为载体，制度（规则）要体现坚持以人民为中心的发展理念，着眼于新时代社会主要矛盾的解决，把增强人民的幸福感、获得感和尊严感作为增进制度规则合法性的重要旨归。另外要注重制度的配套与衔接，要"落实制度的工作机制和配套措施，加强相关制度的协调衔接，确保制度得到有效贯彻执行"①。

（二）要提高制度的可操作性

我国政策执行的一个关键特征，是由中央政府负责政策的顶层设计和总体规划，然后由中间层级的地方政府对中央政策逐级分解下达，而后由基层政府负责具体贯彻落实。这一政府治理体制的安排，决定了国家治理中任何一项法规制度的实施，涉及不同层级政府之间的协调与合作。因此，要不断完善制度的实施标准与程序，加强制度执行的可操作性，根据制度执行所涉及的地方政府层级，细化规定职权和事权，明确责任，减少制度执行中地方政府自由裁量的空间，确保制度实体性规范与程序性规范的衔接，提升制度执行能力。

（三）要强化规则系统的耦合性

当前，我国已进入改革攻坚期，各种社会矛盾集中、交织、叠加在一起，对制度建设的系统性与结构性提出了新的要求。然而，面对新形势、新问题，制度建设的理念与方式都存在滞后问题，再加上制度建设缺少系统性和配套性，极容易致使国家治理的效能被严重削弱。现实来看，推进国家治理体系和治理能力现代化是宏大的系统工程，"零打碎敲调整不行，碎片化修补也不行，必须是全面的系统的改革和改进，是各领域改革和改进的联动和集成"②。对此，要注重法规制度建设的配套与衔接，使制度建设进程契合现代国家建构的内在逻辑，推动制度建设与经济社会发展相协

---

① 中共中央文献研究室编《十七大以来重要文献选编》（上），中央文献出版社，2011，第583页。

② 中共中央文献研究室编《习近平关于协调推进"四个全面"战略布局论述摘编》，中央文献出版社，2015，第80页。

调，实现法规制度系统间相互配套、相互支撑和相互衔接，形成一个有机的制度体系。

当前，我国正处于社会转型期，对国家的制度建设提出了新的挑战。从制度执行能力角度看，制度建设质量决定着制度执行的效能，制度规则建设既不能裹步不前，也不能极端激进，而是要从合法性与科学性出发，统筹兼顾制度的规制性要素与规范性要素的理性建构，为提升制度执行能力奠定坚实基础。

二　主体认同是关键

制度蕴含着施动者所偏好的观念或者所需要的、有价值的观念。在这个意义上，制度执行或制度化意味着施动者将制度（规则）所承载的观念内化为认可的观念或规则。就国家治理的现代化转型而言，考察制度执行能力起码要关注两个层面的内容：作为制度施动者的主体性因素，以及制度施动者和受动者的主体间性因素。只有同时调动这两个方面的积极性，提升制度执行能力才成为可能。

"认同"从词源上讲具有同一性、趋同、相同等含义。从心理学上讲，"认同是一个过程，是一个将外在的理念、标准内化于心、外化于行的社会心理过程"[1]。在这个意义上，认同是人们意义与经验的来源，"认同是一种自我理性的运用和个性宣示"[2]，认同涉及价值认知、观念形态、意义建构等因素的选择与判断，进而决定社会行动。从理论来看，制度认同的本质是对法规制度（规则）所隐含的观念或者信念的认同。观念（信念）的认同是决定社会行为的结构性因素，建立在认同基础上的社会行为，代表着行为体将制度（规则）的价值观念成功内化到行为者的认知和心理结构之中，从而在其心理认知层面建构起意义的图谱。换言之，认同与意义共同构成了人们的社会行为，二者相互支撑、互相转化，共同为社会行动提供内在驱动力量。

---

① 李建华：《情感认同与价值观认同》，《光明日报》2018 年 5 月 28 日。
② 程同顺、邢西敬：《合法性、认同和权力强制：制度权威建构的逻辑》，《上海行政学院学报》2016 年第 5 期。

制度实施者对于制度的态度和认知在很大程度上决定着制度运用和处理的效果，也决定着制度运用效能的高低。制度施动者运用制度管理社会事务的行为带有很强的政治性，政治的代表性和回应性是这些行为的最终合法性来源。然而，仅从政治性视角观察制度运用，不足以反映出事情的全部，从社会行动的角度而言，制度施动者对制度的运用又是一种社会性行为，社会行动者赋予社会行为的意义才是决定社会行动的结构性因素，意义和价值认同才是行动的合法性所在。因此，制度施动者运用制度、规则开展的管理与服务行为，本质上是一种社会性行为，它"反映着公共行政官员的行为及引导其行为的价值观、行为规范和信念"。① 这种公共精神建立在对制度的价值观的认同基础之上。

制度执行者对国家制度的认同建立在良好的公共精神基础之上。理性的公共精神能够增进制度价值的认同，建构制度执行的意义。强调理性的公共精神并不是空洞的说教，而是有着深刻的社会转型层面的原因。传统社会是一个功能泛化的社会，金耀基将这种社会称为"功能普化"的社会，而王亚南在分析我国传统的官僚政治时指出，我国官僚统治阶层的成员，同时还是商人、高利贷者和地主，这种"四位一体"的身份模式便是传统社会功能泛化的典型体现。② 然而，现代社会则建立在分工和专业化基础之上，是一种高度的结构分殊性的社会。社会分工和专业化发展，赋予了公共管理者特殊的使命，基于专业和分工基础上的工作伦理意识、职业道德观念，要求制度实施者在运用国家制度管理和服务社会时，考虑的不是自己的收入、声望和权力，而是制度承载的价值规范。而制度的制定和运用在于设立通行的标准和惯例，并且公共行政人员要支持、宣传和实施这些标准，实现公民的最大利益。

中国特色社会主义进入了新时代，新时代社会主要矛盾的转化标志着国家治理新的历史方位，这对国家制度建设提出了新的要求。如果从制度建设与治理效能的关系来看，新时代国家制度建设对制度认同提出了新要

---

① 〔美〕乔治·弗雷德里克森：《公共行政的精神》，张成福等译，中国人民大学出版社，2013，第2页。

② 王亚南：《中国官僚政治研究》，商务印书馆，2010，第122页。

求。因此，践行"创新、协调、绿色、开放、共享"的新发展理念，是对以经济增长为中心的执政绩效内涵的深化。要增进对全面依法治国的认同，主体间性层面要以平等的法治精神为现代化的价值标尺。制度的运用涉及制度施动者和制度受动者之间的关系，因此制度的运用还要考虑主体间性方面。有权必有责、用权受监督、侵权要赔偿的现代行政理念，传递的是契约的观念。契约是民商法领域的一个重要概念，是一种受到法律调整的社会关系契约。契约是"一个或一系列被违反时法律给予救济或者被履行时法律以某种方式认定为义务的允诺。"[1] 韦伯认为中国传统社会的法律是"实质的伦理法"，法律在很大程度上只是一些伦理规范，由于不关注法律形式，政治权力垄断了法律的合法性来源。[2] 只有基于平等的法治精神，在制度的运用获得制度受动者支持和认可的状态下，制度运用的能力才能得到根本的提升。

三 机制优化是核心

机制泛指一个工作系统的组织或部分之间相互作用的方式和过程。改革开放初期，"机制"这个概念开始出现于社会科学研究领域。我国市场经济体制改革的推进，需要与之配套的机制。陈朝宗认为，"制度执行力差最重要的原因是：我们在制度建设中重视规范体系建设，不重视机制的设计。因此，要解决制度执行力差的问题就必须从重视机制设计入手"[3]。埃瑞克·S. 马斯金认为，机制设计是一种逆向思维，"我们先明确我们到底想要实现什么目标、什么结果，然后我们再反过头来思考什么样的制度或者说机制可以实现这些要达成的目标，我们应该怎么样来设计这些机制"[4]。实际上，对于目标的诠释又基于对现实问题的阐释，或者说只有基于对问题的解读，才能清晰勾勒制度执行的目标。

---

① 〔英〕P. S. 阿狄亚：《合同法导论》，赵旭东等译，法律出版社，2002，第 36 页。

② 孙立平：《传统与变迁：国外现代化及中国现代化问题研究》，黑龙江人民出版社，1992，第 137 页。

③ 陈朝宗：《机制设计：提升制度执行力的唯一路径》，《中共福建省委党校学报》2013 年第 7 期。

④ 汤维维：《机制的力量——埃瑞克·S. 马斯金教授访谈录》，《商学院》2008 年第 8 期。

鉴此，我们首先需要从制度执行现实问题出发。从治理中出现的制度执行不到位的现象看，引发制度执行力弱的原因主要有以下几个方面：一是制度执行的规则不健全，表现为执行规则缺失或者现有执行规则没有有效运行起来；二是执行流程不畅；三是监控机制不完善。既有研究认为，完美的机制设计有两个标准，首先是弹性激励机制，即"机制的设计要让制度执行者乐意去干自己所不愿意干的事，这表明机制系统对制度执行者形成了无形的监督、评价、激励和约束"①；其次，就是机制设计的连续性，这意味着机制能够在非人为操作的情况下自动连续发挥作用。

（一）优化执行规则的设计

执行规则是执行机制的核心部分，影响和制约着人的因素在制度执行中的作用。张文显认为，规则"是对一个事实状态赋予一种明确的具体后果的各种指示和规定。规则有较为严密的逻辑结构，包括'权利和义务规定'"②。在制度执行的语境中，执行规则以权力、义务与责任的方式规定着制度执行主体应该做什么、不能做什么，从而确保制度执行主体对各项法规制度的贯彻执行。当前，一方面要科学设计制度执行的规范性条款和具体要求，让制度执行对象清楚了解制度执行中的权利与义务，清楚自己必须做什么、禁止做什么、可以选择做什么等具体内容，"每一条规范性原则都必须准确无误、准确规范，才能真正指导制度执行主体及对象的行为"③；另一方面要完善制度执行的责任规定，应建立和完善制度执行的主体责任、考评和问责机制，发挥党员干部、媒体和群众的主体监督作用，切实提升制度执行能力。

（二）完善执行流程

流程或者工作流程是机制的题中应有之义，其作为机制的基本组成要素，从动态层面规定着机制呈现的过程和方式。随着工业化时代的来临，

---

① 陈朝宗：《机制设计：提升制度执行力的唯一路径》，《中共福建省委党校学报》2013 年第 7 期。

② 张文显：《规则·原则·概念——论法的模式》，《现代法学》1989 年第 3 期。

③ 秦国民、秦舒展：《推进国家治理能力现代化重在提高制度执行力》，《中国行政管理》2016 年第 9 期。

流程越来越成为决定技术创新和组织变革的革命性力量，马克斯·韦伯认为，科层制的目的在于使组织流程更加优化，使其"减少摩擦、降低人和物的成本，在严格的官僚主义治理中这一切都提高到最佳点"①。从公共治理效能层面来看，劳伦斯·R. 琼斯和弗雷德·汤普森指出，政府流程的优化改变而非固定现有流程，以过程而非以职能为基础进行组织设计，以改善服务质量为焦点，并减少循环时间和成本。鉴此，要对制度执行的流程进行明确规定，包括制度条款之间的协调、制度子系统之间的协调和执行主体间的沟通流程，特别是要对不同层级的地方政府的执行流程进行规范和明确，促使制度执行的各主体、各子系统相互配合、减少内耗，以制度流程的优化和创新提升制度执行的整体效应。

（三）优化监控机制

既有研究认为，"检查监控机制属于执行制约机制的重要组成部分，也是政府执行元机制的要素之一"②。从应然层面讲，现代政府治理应以公共利益最大化为价值导向，在这个过程中，地方的、部门的和公职人员的个人利益都要服从于公共利益。然而，现实中政府治理的参与主体往往具有各自的利益追求。实际上，如果缺少有效的检查监控机制，往往会诱发制度执行主体逃避执行、偏离执行和象征性执行等问题。鉴此，要优化制度执行的监控机制，要逐步完善媒体（包括自媒体）、社会、人民群众和智库等力量参与监控机制的程序，强化对制度执行过程的监督和控制，形成制度执行的全过程式监控，完善制度执行的纠偏机制，提升制度执行能力。

四　环境建设是保障

制度环境是指"一系列用来建立生产、交换与分配基础的政治、社会和法律基础规则。"③ 制度环境是历史长期积淀而成的，一般由政治、经

---

① 〔美〕文森特·奥斯特罗姆：《美国公共行政的思想危机》，毛寿龙译，上海三联书店，1999，第 37 页。

② 徐育才、莫勇波、刘国刚：《政府制度执行力与执行元机制之间的逻辑关系》，《佛山科技技术学院学报》（社会科学版）2018 年第 1 期。

③ 〔美〕罗纳德·H. 科斯等：《财产权利与制度变迁——产权学派与新制度学派译文集》，刘守英等译，格致出版社，2014，第 188 页。

济、社会、文化与法制环境等因素构成，其中文化属于"软环境"因素，是制约制度执行能力的重要因变量。认识制度环境是真正理解组织及组织中个体行为的前提和基础，因为"每个组织都存在于某一特定的并且必须适应的物质、科技、文化和社会环境中……所有组织的存在都有赖于其所处的更大体系的关系"。[①] 一个国家的历史文化、社会性质、经济发展水平决定着这个国家对制度和治理体系的选择。认同是制度执行的关键，不同环境成为认同的基础。当前，制度执行的环境建设问题需要面对如下层面状况。

（一）组织外情境是指组织所处的社会大环境

组织外情境包括经济环境、政治环境、社会环境、文化环境等诸多要素。其中，经济环境是根本性的，政治环境是发展的保障，社会环境是重要的交换媒介，文化环境则是组织行为的深层次结构性因素，正因如此，制度执行的环境建设便成为提升制度执行能力的重要保障。经济环境是根本性的决定要素，行政组织都是上层建筑的组成部分，都建立在一定的经济基础之上。经济环境是影响组织行为的结构性因素，能够从整体系统上为认识组织行为提供重要视角。组织行为要在社会环境中进行信息流的交换，社会环境的成熟程度成为衡量组织回应性与责任性的重要标准。在自媒体时代，回应社会环境的压力与否就成为衡量组织行为的重要标志。特别是面对不确定性因素逐步增多的社会环境，面对组织寻求稳定性的内在结构性特征与外部风险社会所特有的不确定性之间的矛盾和冲突，如何以确定性的行为应对不确定性的挑战，已经成为衡量组织能力的重要方面。组织与制度运作受制于环境的影响，良好的外部环境对于提升制度执行能力意义重大。

（二）优化制度执行的关键是要培育制度执行的文化

制度执行文化是指在国家机构与人员执行制度过程中所形成的对制度执行活动的观念态度、价值理念和精神意识的总和，其在制度执行中发挥

---

① 〔美〕W. 理查德·斯科特：《组织理论》（第4版），黄洋译，华夏出版社，2002，第116页。

着统摄作用，对于制度执行的导向、激励、整合与调适发挥着重要作用。制度执行文化对于制度执行而言，是一种看似无形但又无处不在的隐形力量，其能以一种润物细无声的方式影响人们对制度执行的认知力量，增进人们对制度的认同，并提高制度执行能力。

众所周知，一种文化的培育从来不是一蹴而就的事，尤其是制度执行文化，更是涉及人、制度与环境三者之间的复杂互动，涉及人的心理文化的重构、制度体系的新陈代谢、社会环境的重构与再造，因此，制度文化是一个历时性的过程，具体而言，培育制度文化需要做好以下几个方面的工作。

一是增强制度执行者的历史使命感和政治责任感。历史来看，党和国家在不同的历史阶段解决不同的问题，依据社会发展的变化而采取不同的策略。新时代，各级制度执行者要从世情、党情、国情和社情变迁的角度，深刻认识到提升制度执行能力是党和政府的历史使命和政治责任这一重大命题的历史意义和现实价值，以对国家和人民高度负责的态度，将国家治理的制度体系的价值内化于心、外化于行，推进国家治理现代化。

二是遵守党内法规意识的提升。中国共产党自成立之时便强调铁一般的纪律，如果说党的执政之基在人民，那么高度的组织性和纪律性则是党的力量之源。党内法规是保障，要以党内法规作为个人行为的行动指南，以此处理好个人与组织规则的关系，正确处理个人与组织、个人与同事、个人与领导、个人与社会的关系问题，将党内法规视为国家治理制度体系的"内核"，并严格遵守，以此提升制度执行能力。

三是法律意识的提升。应正确认识特权思想，特权思想并没有根除，还在部分人员中不同程度地存在。作为一种思想意识形态，短时间内完全根除特权意识是不现实的，但是也要在这方面出台完善的规则和制度，如果正面解决面临阻力，则可以通过完善媒体、社会监督机制，"倒逼"组织和人员消除特权思想，树立法律面前人人平等的基本格局。

四是要切实推进法治政府建设进程，以法治政府建设增强回应性。实际上，法治政府建设一手托起经济的高质量发展，为创新、协调、绿色、开放、共享的新发展理念实践提供制度保障；另一手夯实社会主义民主政治建设的制度基础，切实践行以人民为中心的发展思想，推动新时代主要矛盾的解决，推动国家治理体系和治理能力现代化。

综上所述，制度优势是一个国家核心竞争力的重要体现。习近平同志强调："治理国家，制度是起根本性、全局性、长远性作用的。"① 实际上，国家之间的竞争归根结底是制度与制度执行力的竞争。制度强则国家强，有效的制度能够为经济社会的发展提供价值规范和可循规章，民众的活动具有可预期性。制度不稳，治理的根基则不牢。从历史来看，新时代国家治理具有新的逻辑与路径，其中制度建设具有更为重要的地位。而就制度执行能力建设而言，在推进国家治理现代化的历史进程中，其担负着将中国特色社会主义制度优势转化为治理效能的使命，因此应该从党的历史使命与政治责任的高度出发，推进制度执行能力建设。

---

① 2014 年 2 月 17 日，习近平在省部级主要领导干部学习贯彻十八届三中全会精神全面深化改革专题研讨班上的讲话。

第四章

优化社会动员能力

党的十九大报告深刻指出，必须"不断增强政治领导力、思想引领力、群众组织力、社会号召力，确保我们党永葆旺盛生命力和强大战斗力。"[①] 一般来说，一个政党尤其是执政党的社会号召力，是其针对社会中不同群体、阶层和力量的社会动员能力。中国共产党在革命、建设和改革的进程中形成了强大社会动员能力，并成为其执政的一大优势。国家治理能力的力量之源来自社会，新时代，提升社会动员能力是推进国家治理能力现代化的重要方式。同时，社会动员能力是国家治理能力现代化的关键制约因素，"逆水行舟用力撑，一篙松劲退千寻"，面对逆风逆水的发展环境，推进国家治理能力现代化，需要不断提高国家的社会动员能力。

第一节　社会动员能力概述

一　研究背景与基本概念

党的十九大报告非常重视动员的作用，有多处强调了动员内容。一是"坚决打赢脱贫攻坚战……要动员全党全国全社会力量"[②]；二是"完善国

---

① 习近平：《决胜全面建成小康社会 夺取新时代中国特色社会主义伟大胜利》，人民出版社，2017，第16页。

② 习近平：《决胜全面建成小康社会 夺取新时代中国特色社会主义伟大胜利》，人民出版社，2017，第47页。

防动员体系，建设强大稳固的现代边海空防"①；三是"加强基层组织建设……团结动员群众"②；四是"增强群众工作本领……组织动员广大人民群众坚定不移跟党走"③。由此可见，中国共产党对动员群众、动员社会非常重视。从国家治理能力的视角看，讲社会动员，主要是讲社会动员能力，目的是让社会、民众一条心，打赢脱贫攻坚战、建设强大国防、加强基层组织力，让人民群众拥护中国共产党领导。

（一）研究背景

社会动员是国家治理的一个重要方式。S. N. 艾森斯塔德把社会动员作为现代化的第一个特征④。社会动员能力现代化为国家治理现代化提供支撑，同时也是国家治理现代化的重要表现与组成部分。在推进国家治理现代化背景中研究社会动员能力，就是要研究在现代化过程中我国社会凝聚力是如何形成的，研究社会资源汲取、积累、配置、协调的过程，解读党的全面领导能力和执政能力在社会认同方面的内在运作机制，强调社会如何参与国家建设。对于推进国家治理现代化而言，就是研究如何提升国民的国家归属感和凝聚力，使国民愿意参加中国特色社会主义现代化建设，实现国家与社会的良性互动。

从现实层面来看，中国共产党依靠强大的政治动员能力、社会动员能力取得革命、建设、改革的成功。从思想上和组织上动员是中国共产党长期坚持的重要方式。从我国国家治理的实践过程来看，我国的社会动员体现出两大特点，一是重视宣传，二是重视组织，宣传和组织合二为一、不可分割。比如，革命战争时期，中国共产党领导的人民军队是战斗队、宣传队、工作队。新中国成立后，宣传依靠组织的力量推进，组织依靠宣传获得认同。可通过动员解决认同问题，进而增强社会参与。2019 年的国庆

---

① 习近平：《决胜全面建成小康社会 夺取新时代中国特色社会主义伟大胜利》，人民出版社，2017，第 54 页。

② 习近平：《决胜全面建成小康社会 夺取新时代中国特色社会主义伟大胜利》，人民出版社，2017，第 65 页。

③ 习近平：《决胜全面建成小康社会 夺取新时代中国特色社会主义伟大胜利》，人民出版社，2017，第 69 页。

④ 〔以〕S. N. 艾森斯塔德：《现代化：抗拒与变迁》，张旅平等译，中国人民大学出版社，1998，第 2 页。

大阅兵振奋人心，一系列新中国成立 70 周年纪念活动，增进了全国各族人民的历史认同、文化认同、政治认同和情感认同，并在认同基础上加强了社会动员能力。

从理论层面来看，党的十八届三中全会上，"社会治理"的概念取代了"社会管理创新"的提法，第一次出现在党和国家的文献中，标志着党将创新社会治理体制置于国家发展战略的高度，社会治理及社会动员方面的研究逐步丰富和发展。当前，研究政治动员、社会动员、社会动员机制的学者相对较多，而从能力的视角研究社会动员的学者相对较少。当前我国正处于实现中华民族伟大复兴的关键期，党和国家提出了实现国家治理体系和能力现代化的战略目标，为提升社会动员能力指明了正确方向。

当前，学术界关于社会动员能力的研究主要分为以下几个层面。①从社会动员能力强度看，存在动员能力变强和变弱[1]两种观点。②从动员规模看，大规模动员在减少。吴忠民认为，随着改革开放和市场经济发展，大规模社会动员似乎在淡出中国社会。[2] 学界普遍认为，新时代单靠党和政府作为社会动员的主体，已经很难适应提升整体社会动员能力的需求，因此需要社会组织参与。③从社会动员目标和动员机制层面看，一是社会动员能力的目标是现代化，社会动员能力的提升需要发挥人民群众的力量[3]；二是社会动员机制需要创新研究。社会动员机制与当前社会动员能力的要求不匹配，会导致老办法不顶用、新办法不管用，对社会动员能力提升不利，对社会秩序构建也不利。应强调制度供给[4]，强调动力机制、运行机制、协调机制、保障机制的创新[5]。④从动员方式上看，动员方式也会影响动员能力，改革开放前传统媒体占主导地位，改革开放后一段时间，新媒体逐渐占领市场，占据了统治地位，科技的发展推动了传播路径的改变。

新时代，统筹推进"五位一体"总体布局，需要进一步提升党和国家

---

① 杨福忠：《从社会动员能力看当前国家同农民的关系》，《黑龙江社会科学》2001 年第 3 期。
② 吴忠民：《重新发现社会动员》，《理论前沿》2003 年第 21 期。
③ 丁元竹：《社会动员机制：国家治理体系的重要构成》，《国家治理》2015 年第 31 期。
④ 杨福忠：《从社会动员能力看当前国家同农民的关系》，《黑龙江社会科学》2001 年第 3 期。
⑤ 胡刚：《嬗变与转型：改革开放以来我国社会动员机制创新研究》，中国社会科学出版社，2017，第 17 ~ 18 页。

的社会动员能力。新时代社会主要矛盾发生转化，如何充分践行以人民为中心的发展思想和新发展理念，是国家建设中的重大命题。以社会动员能力的有效提升为基础，则是解决社会主要矛盾的一个重要方法。

（二）基本概念

1. 动员

动员作为一个军事用语，一般指的是战争动员，为了取得战争的胜利，需要动员民众参与到战争中，"在战时或国家发生其他紧急状况时，组织武装部队积极从事军事行动。就其全部范围来说，动员是指组织一国的全部资源支援军事行动"①。从军事学的角度讲，动员的核心是组织战备，为战争胜利提供基础。现代研究认为，动员指发动人们集体参加某项活动，核心是对资源有效的组织和整合，形成实现目标的一种合力。

现代汉语词典把动员解释为两种，一种解释是"国家把武装力量由和平状态转入战时状态，把所有的经济部门（工业、农业、运输业等）转入供应战争需要"②，另一种解释是"发动人参加某项活动"③。前者的解释是指战争动员或国防动员，后者的解释更具有一般意义，如动员捐款、动员社会抗洪救灾等。在革命战争时期，军事动员、政治动员、社会动员基本上是一体的，具有大致相同的政治功能，即为了取得革命战争的胜利而努力。在和平发展时期，军事动员与国防动员是一体的，更多的是基于社会动员基础的政治动员和国防动员，而单纯的军事动员则在逐渐减少。同时，在现代化进程中，出现了专业的功能性组织和广泛团结性组织。随着组织的广泛发展，出现了个人身份的模糊，因为可能同时加入几个组织，其身份不再过度依赖血缘和地缘的因素。④

有学者指出，就后发国家而言，政府必须承担的四项任务是动员、组

---

① 《简明大不列颠百科全书》第二卷，中国大百科全书出版社，1985，第 684 页。

② 中国社会科学院语言研究所词典编辑室编《现代汉语词典》第 6 版，商务印书馆，2012，第 313 页。

③ 中国社会科学院语言研究所词典编辑室编《现代汉语词典》第 6 版，商务印书馆，2012，第 313 页。

④ 〔以〕S. N. 艾森斯塔德：《现代化：抗拒与变迁》，张旅平等译，中国人民大学出版社，1988，第 12 页。

织、规范、协调。① 其基本逻辑是，动员资源是后发国家的一项重要任务，集中优势力量解决现代化难题，其原因在于一个国家的资源是有限的，需要组织优势资源解决发展问题。发展首要的是经济的发展，经济发展需要效率。在商品时代，市场经济是解决发展问题的重要方式，但市场具有逐利性和信息不对称性，因此市场的秩序需要规范。市场与政府之间既要有边界，也要能够实现功能互补，政府需要做好"放管服"的工作。发展的目的是实现人民的幸福，这需要社会分配的公平正义、需要协调不同利益群体之间的关系，解决可持续发展的问题。

2. 社会动员

学术界一般认为，多伊奇（K. W. Deutsch）创造了"社会动员"（social mobilization）这一概念术语，表示社会－人口层面的现代化，即"人们所承担的绝大多数旧的社会、经济、心理义务受到侵蚀而崩溃的过程；人们获得新的社会化模式和行为模式的过程。"② S. N. 艾森斯塔德从"社会动员与社会分化"视角研究社会动员，认为"就个人活动和制度结构而言，现代社会是高度分化和高度专门化的"。③ 学界对社会动员的理解主要有三种，即现代化过程、集体行动、现代治理模式。④

（1）社会动员过程也是一个现代化的过程。布莱克认为："社会动员是现代社会中大批人口从其传统的农村住所自然迁居的必然结果，也是人们通过通讯手段的大大扩展而提高了对国家利益方面，以及外部更广大世界的认识的必然结果。"⑤ 美国政治学家多伊奇用社会动员描述现代化的过程，认为"现代化进程就是社会动员过程"⑥。任剑涛认为，"社会动员在本质上就是组织群众、发动群众的过程，是动员主体将其价值和主张用有

---

① 杨龙等：《发展政治学》，高等教育出版社，2006，第22页。
② 参见 K. W. 多伊奇《社会动员与经济发展》，《国外政治学》1987年第9期。
③ 〔以〕S. N. 艾森斯塔德：《现代化：抗拒与变迁》，张旅平等译，中国人民大学出版社，1988，第2页。
④ 王金涛、陈琪：《软动员：国家治理现代化视阈下的社会动员转型》，《新视野》2017年第1期。
⑤ 〔美〕C. E. 布莱克：《现代化的动力》，段小光译，四川人民出版社，1988，第33页。
⑥ 〔以〕S. N. 艾森斯塔德：《现代化：抗拒与变迁》，张旅平等译，中国人民大学出版社，1988，第243页。

效的方式灌输给群众进而引导社会有效参与的过程"①。这几位学者都是运用不同的视角，从动态的角度看待社会动员，强调社会动员在现代化中的作用。

（2）社会动员需要推动集体行动。社会动员需要全体公民的全面参加。"一个现代国家，要求它的全体公民关心和参与国家事务和政治活动……只有它的人民从心理、态度和行为上，都能与各种现代形式的经济发展同步前进，相互配合，这个国家的现代化才真正能够得以实现。"② 林尚立认为政治动员"简单讲就是执政党或政府利用拥有的政治资源，动员社会力量实现经济、政治和社会发展目标的政治运动"③。社会动员的目的是要提升全体公民的国家事务参与度，而且参与的公民在心理、态度、行为上与国家的现代化同步发展，这是一种历史的、具体的看待社会动员的思维方式。只有现代化的人与现代化进程相匹配，才能实现共同发展。

（3）社会动员是对公民现代价值观念的塑造。社会动员的目标是人的现代化，人的现代化的一个重要面向是人的思维和价值取向的现代化，这需要相应的现代治理模式。"英格尔斯把社会动员理解为使个人走向现代化，人的现代化意味着具备了现代的思维方式和心理特征。"④ "如果一个国家的人民缺乏一种能赋予这些制度以真实生命力的广泛的现代心理基础……再完美的现代制度和管理方式，再先进的技术工艺，也会在一群传统人的手中变成废纸一堆"⑤。单靠制度现代化不能从根本上解决现代化问题，钱穆在《中国历代政治得失》一书的序中指出"制度必须与人事相配合"，没有人的现代化，就没有国家治理的现代化。

一般来说，社会动员具有目的明确、参与广泛、过程较长、有序性等特点。社会动员主要由动员主体、动员客体、动员目标、动员方式、动员环境等因素组成。社会动员在后发国家比较常见，先发国家把社会动员看作社会不稳定的一个因素，同时认为社会动员侵犯了个人的行动自由。社

---

① 蔡志强：《社会动员论——基于治理现代化的视角》，江苏人民出版社，2015，第1页。
② 〔美〕英格尔斯：《人的现代化》，殷陆君编译，四川人民出版社，1985，第5~6页。
③ 林尚立：《当代中国政治形态研究》，天津人民出版社，2000，第271页。
④ 杨龙：《发展政治学》，高等教育出版社，2006，第25~26页
⑤ 〔美〕英格尔斯：《人的现代化》，殷陆君编译，四川人民出版社，1985，第4页。

会动员在后发国家不是一种权宜之计，而是一种常用的治理方式。

3. 社会动员能力

社会动员是一种理论，也是一种实践。社会动员的实践行动突出体现为社会动员能力，它是动员主体通过动员中介影响动员对象的能力，是主体和客体之间的一种动员，也是两者之间的一种互动。一般认为，社会动员能力是指推动集体行动的能力，即能够提升国民的国家归属感和凝聚力，推动社会成员参加新时代中国特色社会主义建设的能力。冯仕政在专著《当代中国的社会治理与政治秩序》中，以"国家运动与社会改造"的视角，研究国家运动的动员与组织。国家塑造"不仅包含了国家的积极性以及社会群体对它们的反应，也包含了社会动员，社会动员将目标对准国家，并触发国家统治者给予其回应"[1]。社会动员是国家塑造的一种手段或方式。

提升社会动员能力主要指人为社会动员，提升组织者的动员能力[2]。同时，在这过程中也要考虑动员对象、手段、目的、强度等因素。社会动员能力的提升实际上是协调政府、市场和社会之间的关系，让社会在发展中起到推进的作用。当前，学界对社会动员能力的定义，具体有三点。一是强调党的社会动员能力。实际上就是执政党对人、财、物的资源整合能力，并能够运用市场经济体制，实现资源的有效配置，整合资源是为了保证国家的控制力。甘泉认为："社会动员能力是指执政党领导社会成员，整合社会资源，调动社会积因素，促进社会进步的能力，是党的执政能力的重要组成部分。"[3] 二是强调政府对人财物的社会动员能力。辛向阳认为："社会动员能力，即政府动员社会中的人力、物力、财力综合起来为实现政府所预定的目标的能力。衡量社会动员能力的标准是：在一定时期内，将社会中的人财物聚集起来的数量，政府聚集起来的人财物所实现的

---

① Bright and Harding, "Processes of Statemaking and Popular Protest," in Bright and Harding, eds. , Statemaking and Social Movements, p. 10.

② 杨龙：《发展政治学》，高等教育出版社，2006，第 28 页。

③ 甘泉：《社会动员能力：一种重要的领导能力》，《湖北教育·领导科学论坛》2011 年第 1 期。

目标与政府总体目标的比例。"[1] 三是强调动员主体对动员对象的态度变化的影响。贺治方认为："社会动员能力，是指在社会动员实践中，动员主体对动员对象的影响力和号召力，这种能力决定着动员对象态度的变化。"[2] 这实际上是注重动员对象对统治集团和国家意志的认可、认同。

综上所述，学界已有的对社会动员能力的相关研究为本书的研究提供了有益借鉴。在既有研究的基础上，笔者认为社会动员能力是指党和政府领导社会成员，对社会中的人财物进行资源整合，通过思想动员、组织动员、制度动员等方式改变动员对象的态度，达成共识，获得认同，推动社会集体行动，实现党和政府所预定目标的能力。社会动员能力主要包括三个方面的内容：一是思想的引领力，二是组织的凝聚力，三是制度的保障力。实际上，社会动员能力的提升能够很好地凝聚社会的力量，朝着国家期望的方向努力，实现国家意志。

二 社会动员能力的特征

研究社会动员能力离不开历史唯物主义和辩证唯物主义的方法。可从结构和功能的视角出发动态地研究社会动员能力。"明者因时而变，知者随事而制"。一个时代有一个时代的主题，一代人有一代人的历史使命，要把握好时代的脉搏，找准时代的主题，解决社会发展中的主要矛盾，完成时代赋予的历史使命。社会动员能力的提升不是一蹴而就的，探究社会动员能力的结构性特征，对于提升新时代社会动员能力具有现实指导意义。

（一）社会动员能力的历史性

1. 社会动员能力的提升是历史的、具体的

就社会动员能力而言，在社会现代化的不同阶段，不同时代的问题将按照不同的次序在国家建设中占有其重要的位置，而不同类型的社会组织也将逐次出现。社会动员能力与社会发展的需要是密切相关的。例如，在

---

[1] 辛向阳：《大国诸侯：中国中央与地方关系之结》，中国社会出版社，2008，第536页。

[2] 贺治方：《社会动员能力影响因素初探》，《湖南行政学院学报》2019年第1期。

一段时间民主问题凸显，在一段时间内文化问题凸显，在一段时间内经济问题凸显，甚至有时候可能会同时出现一个或者几个问题，很难整体或全面地把所有问题一劳永逸地解决，因为社会的发展是一个历史的、具体的过程，而出现的问题也具有历史性和特殊性。

2. 社会动员能力现代化是国家治理现代化的一个重要组成部分

在现代化过程中，后发国家要想赶上先发国家，就需要 GDP 快速增长，需要先发国家的资金和技术。因此，后发国家一方面要依靠自身的优势集中力量办大事，解决国家发展的核心问题，迎头赶上；另一方面需要借鉴先发现代化国家的经验，合理吸收发达国家的资金，引进发达国家的技术，缩小差距。在这个过程中，后发国家既需要保持自身的独立，又要借鉴国外经验，形成内外合力，而这些都需要高效的社会动员能力，而且社会动员的目标、内容与路径也会因时而异。

3. 社会动员能力建设的方向应该与解决新时代社会主要矛盾相匹配

美好生活需要是多方面的，因此社会动员的目的也是分领域、分时段的。相对于社会动员目标的变化，社会动员能力的建设总是渐进性的。现实来看，一般的社会动员满足动员对象的方式有三种：一是引领式，即动员主体根据已有的资源，促使动员对象需要这些资源；二是匹配式，动员主体手中的资源与动员对象的资源基本匹配，这种情况较易动员；三是匮乏式，动员主体手中的资源无法满足动员对象的需求，这种动员方式的效果相对较差。

综上所述，社会动员能力的建设具有历史性，社会动员的一个重要方面是要围绕国家建设而展开。新时代，社会动员能力提升的理念要以"现实的人及其历史发展"为出发点，满足人民日益增长的美好生活需要。在社会动员能力提升途径上，要以理念为引导，围绕中国特色社会主义建设达成共识、获得认同，从而推动集体行动，为社会主义中国的可持续发展提供社会基础。

（二）社会动员能力的目的性

分配公正是社会动员能力提升的一个重要目的。习近平同志强调："全面深化改革必须着眼创造更加公平正义的社会环境，不断克服各种有违公平正义的现象，使改革发展成果更多更公平惠及全体人民。"① 众所周知，利益固化与利益分化阻碍了阶层之间的流动，降低了社会的运行效率，造成贫富差距的拉大。因此，社会动员一方面要解决利益固化问题，促进阶层流动，形成能者多得的利益促进机制；另一方面要解决利益分化问题。分化与同化会同时存在，通过分配和福利调节贫富差距拉大问题，这是社会动员目的性的重要体现。

在现代化过程中，在市场经济背景下，容易在政治组织方面产生利益集团，其不断变化且组织性更强。历史来看，市场分工的日益细化、多样化、专业化，以及市场结构的复杂化，必然引发职业多样化，并出现亚种，最终导致各种专业机构和职业产生。② 研究表明，一定数量的利益获得者能够促进社会经济的发展，提升劳动生产率，能够带动经济社会的发展。但是当利益集团进一步发展壮大变强，形成强大的既得利益集团的时候，他们就会为了自身利益的继续壮大而成为压力集团，进而影响公共政策向其倾斜，获得更多利益。这会阻碍社会的发展，造成社会的不公。

综上所述，经济解决增长问题，政治解决可持续发展问题，而社会建设则是联结经济和政治的一个关键领域。现代化进程中必须始终关注民生问题，当前的社会动员需要彰显国家建设的底色。社会动员能力以时代为基础，以问题导向。应以人民需要为价值诉求，以解决主要矛盾为抓手，把握现实和历史，注重代际公平，运用共享发展理念解决分配正义问题。

（三）社会动员能力的其他特征

一是组织性。列宁曾经说过："无产阶级在争取政权的斗争中，除了组织外，没有别的武器。"③ 毛泽东同志在《湖南农民运动考察报告》中强调"组织起来"，在抗美援朝期间比较中美优势时指出"美国人是钢多气

---

① 中共中央文献研究室编《十八大以来重要文献选编》（上），中央文献出版社，2014，第552页。
② 〔以〕S. N. 艾森斯塔德：《现代化：抗拒与变迁》，张旅平等译，中国人民大学出版社，1988，第6~8页。
③ 《列宁全集》第七卷，人民出版社，1990，第410页。

少，而我们是钢少气多"，这都强调动员的组织性。二是合法性。要符合国家发展大势，符合历史发展大势、符合人民群众的需要。在社会动员的前期，必须确定社会动员的合法性，否则在推进过程中容易遭到民众的质疑，无法获得法理型权威的支持，轻则导致动员对象的反对，无法获得预期的动员效果，重则导致社会的不稳定因素增加，给社会秩序造成极大的破坏。三是双向互动性。社会动员能力是一种动员主体和动员客体双向互动的能力，社会动员主体和客体的参与度与顶层设计和制度执行相比，既强调动员主体的能力，又要求动员客体能够与动员主体一起参与到行动中。四是层次性。从行政的科层制来看，有举国体制的国家级动员、有省级的动员、有地市级的动员、有县级的动员、有乡镇级的动员等。

第二节 社会动员能力的结构

社会动员能力从结构层面来讲，一般分为三个方面，即思想动员能力、组织动员能力和制度动员能力。其中，思想动员是先导，具有情感激发和认同作用；制度动员是规则，具有规范作用和稳定作用；组织动员能力能通过组织的力量动员民众参与，更具凝聚力。

一 思想动员能力

思想动员是行动的先导。思想动员能力是指动员主体运用宣传、教育等方式对动员对象进行思想、理论的教育，改变动员对象的思想、态度、观念，帮助动员对象形成正确的世界观、人生观和价值观的能力、力量与效力。孙中山指出："大凡人类对于一件事，研究当中的道理，最先发生思想；思想贯通以后，便起信仰，有了信仰，就生出力量。"[1] 从政党组织来看，思想贯通后能够成为信仰，信仰能够转化为力量。这就是思想动员能力的力量所在。

（一）重视思想动员是中国共产党的优良传统和政治优势

思想宣传是思想动员的主要形式。《中国共产党宣传工作条例》（2019

---

[1] 魏新柏选编《孙中山著作选编》（下），中华书局，2011，第681页。

年 8 月印发）强调："宣传工作是党的一项极端重要的工作，是中国共产党领导人民不断夺取革命、建设、改革胜利的优良传统和政治优势"。早在革命战争时期，毛泽东同志就特别重视思想宣传工作，并指出长征是宣言书、宣传队、播种机。毛泽东同志强调要从思想上建党，并从思想上改造农民，使农民具有无产阶级的革命意识，开创了党的政治建设先河。抗美援朝的胜利体现了中国共产党超强的思想动员能力。

从政党自身的建设来看，中国共产党面临的四大危险，第一个就是精神懈怠。中国共产党人坚信只要精神不滑坡，办法总比困难多。井冈山精神、延安精神、西柏坡精神、沂蒙精神等精神激励着一代又一代中国人，为实现国家富强、人民幸福而努力奋斗。这些属于精神动员，也属于思想动员。

（二）提升思想动员能力推动改革开放共识的达成

从北方谈话到南方谈话，体现了邓小平同志对改革认识的深化，体现了中国共产党对社会动员的高度重视。邓小平同志指出："不坚持社会主义，不改革开放，不发展经济，不改善人民生活，只能是死路一条。"[1]习近平同志强调："改革是决定当代中国命运的关键一招……改革开放只有进行时、没有完成时"[2]，"惟改革者进，惟创新者强，惟改革创新者胜。"[3] 在改革开放的伟大历史征程中，我国的思想动员展现出如下基本特点。一是从马列主义、毛泽东思想理论库中寻找改革依据，坚持实践是检验真理的唯一标准，坚持实事求是。这两点是冲破"两个凡是"、解决思想僵化的有力武器。二是创新和发展马克思列宁主义，提出了两个重要概念，一个是"社会主义初级阶段"理论，指出我们国家进入社会主义，并指明是初级阶段，避免用马克思列宁主义经典著作中的一般论述生搬硬套我国的改革开放；另一个是"建设有中国特色的社会主义"，在坚持社会

---

① 《邓小平文选》第三卷，人民出版社，1993，第 370 页。
② 中共中央文献研究室编《十八大以来重要文献选编》（上），中央文献出版社，2014，第494 页。
③ 习近平：《谋求持久发展 共筑亚太梦想——在亚太经合组织工商领导人峰会开幕式上的演讲》，新华社北京 2014 年 11 月 9 日电。

主义的基础上强调中国特色。三是在改革性质上，强调的是社会主义制度的自我完善，市场经济体制是社会主义制度的自我完善，计划和市场是手段，邓小平同志讲不争论，是要避免抽象的争论而造成的思想混乱，既不能去意识形态化，也不能泛意识形态化。

党的十八届三中全会做出了全面深化改革的重大决策，在"在改革开放问题上，党内外、国内外都很关注，全党上下和社会各方面期待很高"。[①]"面对未来，要破解发展面临的各种难题，化解来自各方面的风险和挑战，更好发挥中国特色社会主义制度优势，推动经济社会持续健康发展，除了深化改革开放，别无他途"[②]，这就需要持续提升思想动员能力。

（三）新时代全面深化改革仍然需要强大的思想动员能力

党的十八届三中全会制定了全面深化改革的时间表和路线图。经济体制改革是重点。坚持社会主义市场经济改革方向，核心是政府和市场的关系，单纯发挥市场的作用，容易形成资本的逻辑；单纯发挥政府的作用，难以实现经济的有效增长。有人提出强政府、强市场的发展模式，强政府不如有为政府，强市场不如有效市场。实际上中国遵循的是"有为政府＋有效市场"的发展模式，"两只手"的合作实现共生互补，既发挥市场的效率，又遵循政府的人民逻辑。党的十八届三中全会指明了全面深化改革的方向和道路，避免了思想的混乱。特别是《切实把思想统一到党的十八届三中全会精神上来》《切实把思想统一到党的十九届三中全会精神上来》两篇文献，体现了中国共产党的改革思想动员能力，为中国改革向何处去提供了思想引领，凝聚了改革思想共识。

党的十九大召开前，习近平同志"7·26"重要讲话提出了一系列新的重要思想、重要观点、重大判断、重大举措，为党的十九大的召开作了前期思想动员，全党在深化学习中达成思想共识。中国共产党在党代会召开之前，需要开动员会，为党代会的顺利召开提供思想认同的支撑。

---

① 中共中央文献研究室编《十八大以来重要文献选编》（上），中央文献出版社，2014，第508页。

② 中共中央文献研究室编《十八大以来重要文献选编》（上），中央文献出版社，2014，第508页。

二　组织动员能力

组织动员能力是指动员主体运用组织动员手段调动动员对象的积极性，响应党和政府号召，参与动员过程，实现动员目标或目的的能力。概言之，组织动员能力是指运用组织的力量解决社会问题的能力。组织动员水平是社会凝聚力的重要标志之一，关乎社会整合的能力。组织动员能力可以划分为政府组织动员能力和非政府组织动员能力。列宁说："组织能使力量增加十倍。"中国共产党取得革命、建设和改革的胜利，恰恰是依靠组织的强大，依靠的是组织的先进性、纯洁性、人民性。卡尔·雅斯贝斯曾经说过："凡是需要大量的人有序完成的事业，都需要官僚制度……现代技术为官僚制度的组织和影响提供了前所未有的可能性。"① 推动集体有序的行动需要国家的组织动员能力。

（一）政党的力量源于组织，社会的凝聚也需要组织

组织动员是在组织系统内部，通过物质、能量和信息的交换与要素的组合，从而实现组织力量的发展，实现治理目标。李侃如认为政权的组织，是"紧凑的、内在相互依存的行政或职能机构"②。组织动员主要是指"组织按照一定的主题和任务，通过一定的机制和程序调动组织内外的人力资源、物质资源、财政资源及信息资源。"③

组织与制度始终是社会动员中两个很重要的基础要素。制度是组织的规范和依据，组织是制度的运行载体和力量之源。当前社会的组织动员能力有减弱趋势。原因在于两点，一是行政性浓，二是社会自组织性不强。组织动员之间会有矛盾或冲突，但是，辩证地来看，出现矛盾和解决矛盾正是社会动员促进社会秩序的一个重要功能。

组织动员能力的强弱与以下要素有关。一是与组织自身拥有的资源有关，包括权力资源、思想资源、物质资源等，俗话说，巧妇难为无米之

---

① 〔德〕卡尔·雅斯贝斯：《历史的起源与目标》，李夏菲译，漓江出版社，2019，第 245 页。
② 〔美〕李侃如：《治理中国：从革命到改革》，胡国成、赵梅译，中国社会科学出版社，2010，第 209 页。
③ 丁娟主编《妇联能力建设简明读本》，中国妇女出版社，2010，第 188 页。

炊，没有资源动员难以实现理想的效果，"足够的资源，是任何一项大规模的社会活动获得成功的必要前提。"① 组织动员能够得到贯彻落实的前提是具有充足的动员资源。二是与动员客体的需要有关，如动员客体需要的种类、程度。三是与动员主体的供给和动员客体的需要的契合度有关，契合度越高，动员的水平就会越高，反之会减弱。四是与组织动员能力的可持续性有关。

（二）重视组织动员能力是中国共产党的政治优势

从中国共产党的历史来看，严密的组织和坚定的信仰始终是支撑社会动员能力提升的主要因素。从党的组织整体来看，中国共产党具有强大的组织体系和组织动员能力。从党员视角看，党员干部具有先锋模范带头作用，能够通过自身的引领力和号召力动员群众参与到党和人民的事业中。中国共产党有坚定的政治信仰，有长远的谋划、决策、执行能力，这些都为组织动员能力提升提供了重要支持。

中国共产党的组织动员力量，源于自身的组织建设，又通过组织等各方面制度安排保证党对国家一切方面的领导。众所周知，中国共产党在新中国成立后消灭了剥削阶级，打破了乡绅基层治理的社会结构。中国共产党的组织延伸到最基层：军队的党支部建立在连上，班有党小组；工厂有党支部，班组有党小组；农村有党委、党支部。中国共产党通过严密的组织体系，运用超强的组织动员能力，带领全国各族人民搞好国家建设。在此基础上，中国共产党把政治权力向纵向和横向延伸，纵到底、横到边，在与政府的关系上，融政党入政府；同时，能够对人民群众进行有效的社会动员。中国共产党通过严密的组织体系来治理社会，严密的组织体系是中国共产党超强组织动员能力的重要基础。

（三）全面深化改革亟须强化组织动员能力

我国国家治理能力建设离不开领导组织，全面深化改革需要组织动员。从文献的视角来看，党的十八届三中全会决定第十六部分讲组织领导，阐述加强和改善党对全面深化改革的领导；党的十九大报告第十三部

---

① 孙立平等：《动员与参与：第三部门募捐机制个案研究》，浙江人民出版社，1999，第66页。

分讲全面从严治党，讲党的自我革命、党组织的建设；党的十九届三中全会决定第八部分讲组织领导，加强党对深化党和国家机构改革的领导；党的十九届四中全会决定第二部分讲坚持和完善党的领导制度体系，第十五部分讲党的组织领导；党的十九届六中全会强调中国共产党取得革命、建设和改革成功的一个关键就是成立组织，并且始终重视组织建设，不断健全组织体系，形成强大的组织力。总之，没有组织领导的改革难以推动，组织动员是改革的前提和保证。综观党的重要文献，都会强调党的组织作用，其中组织的动员能力占据重要位置。

全面深化改革需要组织机构保障，"改革是一个复杂的系统工程，单靠某一个或某几个部门往往力不从心，这就需要建立更高层面的领导机制"。① 从中央到地方，自上而下地组织动员。中央成立全面深化改革领导小组，各地方成立深改小组。自上而下，层层落实。中央全面深化改革领导小组（2018 年改为中央全面深化改革委员会），负责改革总体设计，顶层推动；各级党委负领导责任，基层党组织起战斗堡垒作用。中央组织、地方组织和基层组织合力促进全面深化改革。

全面深化改革需要优化政府的职能和机构。组织动员需要规范、合理、有效的政府组织。政府要建立宏观调控体系，在功能上，一是简政放权，简化行政审批制度，市场能够自我调节的经济活动，政府不能过多干预，基层能够解决的经济社会事项，政府要权力下放；二是政府制定规则，加强监管，提供服务，并分类指导。在结构上，优化政府组织结构，统筹好党政军群机构设置，理顺各部门之间的职责，实施大部门制，优化纵向部门之间和横向部门之间的机构设置，避免条块结构的组织混乱问题，在规模上要控制机构编制。

总之，党的十八大以来，中央继续加强党的组织能力建设，以政治建设为统领，为实现中华民族伟大复兴中国梦提供强有力的组织保障。2018年 7 月 3 日召开的全国组织工作会议，其目的是继续激发党的组织优势，激发全党的奋斗精神，重点强调新时代党的组织路线为党的政治路线服

---

① 中共中央文献研究室编《十八大以来重要文献选编》（上），中央文献出版社，2014，第509 页。

务，并明确了新时代党的组织路线，以此推进党的建设新的伟大工程。邓小平同志曾经指出："正确的政治路线要靠正确的组织路线来保证，""党的力量来自组织……把党员组织起来，把人才凝聚起来，把群众动员起来。"① 强调抓重大任务是检验基层组织能力的试金石。

三 制度动员能力

思想动员和组织动员离不开制度动员。制度动员是一种规范，制度动员能力是运用制度的规范作用进行社会动员的一种动员能力，制度动员能为思想动员和组织动员提供保障。制度动员能力与思想动员能力、组织动员能力互为支撑、互相促进。"中国的政治体制被众多的组织所淹没，但却普遍缺乏制度"②，这是李侃如对我国组织和制度的评价。组织动员急需制度动员的支持。

制度动员能力是指运用制度权威动员社会成员按照制度规则行动的能力，简言之，就是运用制度推动集体行动的能力。马克思主义认为制度是经济社会关系的产物。制度是"已经形成了充分的规律性并在有效地塑造其成员行为上显示出了重要性的那些惯例、联系和组织"③。

（一）制度动员能力是通过制度把潜力转化为实力的一种能力

动员制度能够改变人的态度和行为，一般通过立法的形式确定下来。动员制度的实施过程有很多要素，有基本的结构和功能，或称之为基本的机构和职能。动员要明确动员组织机构的设置、动员组织机构的职能、动员原则（如优先制度和分配制度）、动员方式（如自由竞争式动员和政府计划式动员）。动员制度的基础主要是国家的资源分配制度，是计划还是市场，还是计划和市场两者的结合，计划和市场结合中哪一个相对优先或者是计划和市场的边界能否分清，这些都是动员制度要明确的。

---

① 中共中央党史和文献研究院编《十九大以来重要文献选编》（上），中央文献出版社，2019，第 560 页。
② 〔美〕李侃如：《治理中国：从革命到改革》，胡国成、赵梅译，中国社会科学出版社，2010，第 222 页。
③ 〔美〕李侃如：《治理中国：从革命到改革》，胡国成、赵梅译，中国社会科学出版社，2010，第 209 页。

制度动员具有以下特点。一是稳定性和有序性。制度是相对稳定的规范，应通过立法形式确立动员的原则和程序等。二是动员的层次性。从动员范围看有局部动员、全面动员、总动员；从动员层级看，有全国总动员、省级动员、市级动员、县级动员、乡镇级动员等；从动员强度看，战争动员一般规模和强度要高于常规动员；从紧急程度看，有和平时期动员和战时动员之分。三是动员的可预期性。实际上，制度动员能力与国家的根本制度安排息息相关，在动员前已有基本的预期。

当前，制度化动员方式越来越成为动员的基本方式。从历史来看，我国的社会动员经历了以下几个转变。一是从运动式动员到制度动员，改革开放前和改革开放初期的社会动员经常被称为运动或行动，时间短、见效快，但是可能出现一些不按照法律办事的现象，随着法治观念的深化，动员的制度化和法治化越来越得到重视。二是动员方式上常态动员多于非常态动员，渐进式动员多于激进式动员。三是从人格化动员到制度化动员，即从克里斯玛权威到合法性权威。总之，制度动员能力不是单纯某个组织的能力，而是需要中央、官僚组织、民众三者达成共识，只有三者的合力才能形成良好的制度动员能力。

（二）统筹推进"五位一体"总体布局需要提升制度动员能力

《中国共产党章程》总纲部分第一句话就指出，中国共产党"是中国特色社会主义事业的领导核心"。《宪法》第一章第一条明确规定："中国共产党领导是中国特色社会主义最本质的特征。"党的组织严密、信仰坚定体现为高度的组织动员能力，能够发挥中国特色社会主义制度优势，化制度优势为治理效能，动员全社会力量建设中国特色社会主义。

历史来看，提升制度动员能力不是单方面的，而是"五位一体"的。一是经济建设的制度动员。经济发展的制度动员的落实需要经济动员与组织机构，主要有两大职能领域，分别是物质生产和稳定经济[①]。党的十八大以来提出了一个重要概念"经济新常态"，从增长的速度、结构、动力等因素来判断经济形势。另一个重要概念是进行供给侧改革，保证供需平

[①] 〔美〕克莱姆：《经济动员准备》，库桂生、张炳顺译，北京理工大学出版社，2007，第48页。

衡，要实行创新驱动战略，坚持创新发展理念，从制度、政策方面动员群众进行创造。二是政治建设、文化建设和社会建设需要强大的制度动员，"政治建设方面，坚持人民当家作主，把我国社会主义民主政治的优势和特点充分发挥出来，保证人民当家作主落实到国家政治生活和社会生活之中。文化建设方面，坚持社会主义核心价值体系，发展中国特色社会主义文化，坚持创造性转化、创新性发展。社会建设方面，坚持在发展中保障和改善民生，在发展中补齐民生短板、促进社会公平正义，在幼有所育、学有所教、劳有所得、病有所医、老有所养、住有所居、弱有所扶上不断取得新进展。"[①] 三是生态文明建设也需要制度动员。生态文明制度动员，就是指运用生态文明制度动员社会、企业、个人合理利用自然、保护自然，促进人与自然和谐共生。正确处理好保护自然和经济发展之间的关系，运用生态环境保护制度、生态环境保护责任制度、资源高效利用制度、生态保护和修复制度动员全社会保护生态环境。

（三）全面深化改革需要强化制度动员能力

通过制度动员，有效地塑造国人的行为，共同促进改革发展。好的制度能够降低制度成本和组织成本，也会降低社会运营成本，激发社会活力。开放、法治、民主、有序的政治参与能够避免革命的产生。孔飞力《中国现代国家的起源》一书中用政治参与、政治竞争、政治控制建构中国现代国家形成及发展的"根本性议程"或"建制议程"，实际上就是强调运用制度保证政治参与的程度，把政治竞争的程度控制在一定范围内，保证不发生暴力革命。

改革的时机、规模、程度、方式都会影响改革的效果。改革有成功、有失败，甚至举步维艰。全面深化改革的重大决策，从时机上看，是在"改革进入深水区""改革进入攻坚阶段"的历史性窗口期；从规模上看是"全面"；从程度上看是"深化"；从方式上看是"顶层设计"，注重改革的系统性、整体性和协同性。要在把握规律的基础上，通过制度动员进行改革。改革有窗口期，"困难和风险固然紧迫，比之更紧迫的是改革的窗

---

① 《统筹推进新时代"五位一体"总体布局》，《人民日报》2017 年 11 月 3 日。

口期有丧失的危险"。① 因此，改革要抓住历史性窗口期，面对腐败严重、贫富差距拉大、生态失衡、社会失序等问题，顶层设计是全面深化改革的核心思维方式。

中国作为后发国家，恰恰处于现代化的过程阶段，做好改革的制度设计，动员社会成员形成有序的经济参与、政治参与、社会参与、文化参与，对改革非常重要。我国实现经济快速发展和社会长期稳定两大奇迹与强大的社会动员能力密不可分。

第三节　社会动员能力的功能

传统性和现代性具有稳定性，但现代化却具有不稳定性。现代化进程的速度与社会转型的进度息息相关，快速的现代化往往会引发社会失序甚至社会动荡问题，"动乱的程度还与现代化的速度有关"②。历史来看，西方先发国家的现代化是一个自然的历史过程。然而，我国却用了几十年的时间走过了西方发达国家几百年走过的现代化道路，相对而言，中国的社会转型期要短，矛盾比较集中。因此，在我国推进国家治理现代化进程中，社会动员的作用便凸显出来，提升社会动员能力对于推进国家治理现代化意义重大而深远。

一　经济发展功能

（一）社会动员能力提升有利于集中优势资源促发展，加快现代化进程

国家治理能力体现在社会动员能力上，主要表现为社会资源的配置、调节和使用。动员内容一般可以分为精神动员和物质动员，精神动员主要是对人的思想进行动员，改变人的思想、态度和价值等，而物质动员则主要是对资源的动员，核心是资源配置问题。实际上，一个国家的"经济发

---

① 《"四个全面"：中国的大战略布局——〈习近平时代〉选载》，《学习时报》2016 年 4 月 25 日。
② 〔美〕塞缪尔·P. 亨廷顿：《变化社会中的政治秩序》，王冠华、刘为等译，上海世纪出版集团，2008，第 35 页。

展在很大程度上依赖于现代化过程的智力方面和政治方面，依赖于知识和政治领导动员资源的能力"①。社会动员能力的提升提高了集中优势资源办大事的效率，增强了国家的资源汲取能力和协调能力，以及财政的转移支付能力。

历史来看，国家现代化首要是经济现代化，核心是工业现代化。近代以来，国家现代化的进程越来越快，其中一个重要的原因，就是国家的社会动员能力越来越强。国家实现现代化的进程，英国用了 183 年，美国用了 89 年，欧洲 13 个国家平均用了 73 年，而 20 世纪 60 年代一些快速现代化的国家平均只用了 29 年。② 后发国家发展进程加快的原因有很多，其中一个重要的方面是后发国家的社会动员刺激了经济的发展。现有研究认为，社会动员能力的提升实现了集中优势资源办大事的制度效能。发展经济学理论认为，"经济发展的关键因素，是人民必须是这一过程的主要参与者"③。现代发展理论认为，资源是指社会经济活动中人力、物力和财力的物质要素总和，而人力资源是社会资源的核心和关键，人民有效参与社会发展的过程，不仅体现资源分配和获得的过程，更在最终意义上代表着社会动员能力的效能。因此，从社会动员能力的层面来看，国家治理能力主要表现为集中优势社会资源促进经济社会发展的能力。

（二）提升社会动员能力有利于优化资源配置

习近平同志指出："经济发展就是要提高资源尤其是稀缺资源的配置效率，以尽可能少的资源投入生产尽可能多的产品、获得尽可能大的效益。"④ 从供给和需求的视角来看，就是通过资源配置保持资源供需平衡。

1. 高效的社会动员是我国工业化资金积累的重要途径

国家工业化资本可以通过内部和外部方式来解决。外部方式主要是殖民掠夺，"殖民掠夺曾是许多发达资本主义国家工业化早期资本积累的一

① 〔以〕S. N. 艾森斯塔德：《现代化：抗拒与变迁》，张旅平等译，中国人民大学出版社，1988，第 27 页。
② 俞新天：《走自己的路：对中国现代化的总体设计》，上海人民出版社，1994，第 110 页。
③ 〔美〕吉利斯等：《发展经济学》，黄卫平等译，中国人民大学出版社，1998，第 7 页。
④ 中共中央文献研究室编《十八大以来重要文献选编》（上），中央文献出版社，2014，第 499 页。

个重要来源，它为这些国家工业化的成功发展奠定了基础"①。内部方式主要是通过产业政策解决工业资本的原始积累，我国没有通过殖民掠夺获得资本的原始积累，新中国成立后通过工农业剪刀差解决资本积累问题，"这样一种实现工业化的原始积累方式，比侵略型道路道德水平高，比依附型道路速度快"②。不言而喻，高效的社会动员积累了工业发展的资本，推动了中国工业化的快速发展。

2. 高效的社会动员有利于优化资源配置、激发市场活力

现实来看，市场能够让资源向有效率的行业、部门、地区流动，通过价格反映供求关系变化，"市场配置资源是最有效率的形式"③，要"使市场在资源配置中起决定性作用"。④ 众所周知，市场的培育是一个过程，市场在资源配置中的作用发挥也是一个过程，这是不依人的主观意志为转移的。改革开放初期，市场未培育起来，市场只能发挥基础性作用。新时代，市场经济体制已经建立，市场再发挥基础性作用已经不合时宜，而是应该在资源配置中起决定性作用，要发挥政府的行政动员能力和市场的自我动员能力。实际上，政府强大的行政动员能力和资源配置能力主要体现在宏观领域，而市场的自我动员能力则主要体现在微观领域。

（三）高效的社会动员有利于趋向实现资源配置的帕累托最优

现有研究认为，帕累托改进是实现帕累托最优的途径。帕累托最优是资源分配的一种理想状态：假定人数和可分配资源固定，从一种分配状态到另一种状态的变化中，在没有使任何人境况变坏的前提下，使得至少一个人变得更好。⑤ 这种分配方式基于一种假设，即在一个没有外部性的完全竞争性的市场，但是这个假设在现实中是不存在的。因此，市场在非外部性和不完全竞争的状态下，其自身难以通过帕累托改进实现帕累托最

---

① 李澍：《农业剩余与工业化资本积累》，云南人民出版社，1993，第93页。
② 杨帆：《对中国计划经济时期成就的客观评价——从历史与可持续发展角度》，《云南财经大学学报》2008年第2期。
③ 中共中央文献研究室编《十八大以来重要文献选编》（上），中央文献出版社，2014，第499页。
④ 中共中央文献研究室编《十八大以来重要文献选编》（上），中央文献出版社，2014，第513页。
⑤ 李胜兵、李航敏：《解读管理术语》，企业管理出版社，2007，第132页。

优，难以兼顾提高效率和保证公平。这就导致了市场失灵，如垄断性失灵、外部性失灵、公共性失灵、信息性失灵等，容易产生一种合成的谬误。单靠市场配置资源会产生贫富分化、产能过程、信息滞后、生产盲目性，甚至会出现社会总供给和总需求的结构性失衡，造成经济过冷或过热、通货膨胀或紧缩。因此，虽然市场在资源配置中起决定性作用，但决定性作用并不意味着全部作用，市场自身的缺陷要求更好地发挥政府作用。

党的十九大提出要打好"防范化解重大风险、精准脱贫、污染防治"三大攻坚战，实施好"科教兴国战略、人才强国战略、创新驱动发展战略、乡村振兴战略、区域协调发展战略、可持续发展战略、军民融合发展战略"七大发展战略，这些都是党和政府主导的战略谋划。我国经济发展中的产业政策就是国家主导经济的一个鲜活事例。政府主导的发展战略坚持问题导向，抓主要矛盾，都体现了在经济发展中国家集中优势资源解决重要问题的动员思维模式，体现了社会动员能力在经济发展中的重要作用。

二 政治建设功能

（一）社会动员能力水平决定着社会动员的效果

高效的社会动员能够涵养群众的民主政治素养，提升国家治理能力。习近平同志在党的十九大报告中指出，要"发展社会主义协商民主，健全民主制度，丰富民主形式，拓宽民主渠道，保证人民当家作主落实到国家政治生活和社会生活之中"。[①] 众所周知，人民群众的民主政治素养与政治参与度决定着现代国家建构的进程与效度。有研究认为，"民众对公共事务的高参与度"[②] 是有效政府的重要条件之一，而且在发展中国家，通过社会动员促进政治参与是发展的必要条件。"政治现代化概念中，似乎只有动员与参政这两点才广泛适用于'发展中'的国家"[③]。

---

① 习近平：《决胜全面建成小康社会 夺取新时代中国特色社会主义伟大胜利》，人民出版社，2017，第 28 页。
② 〔美〕塞缪尔・P. 亨廷顿：《变化社会中的政治秩序》，王冠华、刘为等译，上海世纪出版集团，2008，第 1 页。
③ 〔美〕塞缪尔・P. 亨廷顿：《变化社会中的政治秩序》，王冠华、刘为等译，上海世纪出版集团，2008，第 28 页。

（二）高效的社会动员能力能够提升公民的政治参与度

学界一般认为，社会动员在最基本的层面上指涉居民价值观念、信念的转型与变化。比如，有学者认为社会动员就是"一连串旧的社会、经济和心理信条全部受到侵蚀或被放弃，人民转而选择新的社交格局和行为方式"①，它"意味着人们在态度、价值观和期望等方面与传统社会的人们分道扬镳，并向现代社会的人们看齐。"② 社会动员的现代化最终是人的思想的现代化，或者说是人的现代化。因此，新时代高效的社会动员能够提升社会参与度。现有研究已经指出，"区分现代国家和传统国家，最重要的标志乃是人民通过大规模的政治组合参与政治并受政治的影响"③。大众的政治参与度是政治现代化的一个重要标志。政治参与是指"普通公民通过各种合法方式参加政治生活，并影响政治体系的构成、运行方式、运行规则和政策过程的行为。"④ 在现代化进程中，经济增长促进了利益分化，对社会参与具有动员效应，导致了政治参与的扩大。在参与群体上，不仅中产阶级有强烈的政治参与意愿，贫困者也在努力通过政治参与争取话语权来谋求自己的利益。

（三）国家意志包括全体公民的意志，国家的现代化要求有较高的政治参与度

"一个现代国家，要求它的全体公民关心和参与国家事务和政治活动。"⑤ 从社会动员与政治参与的逻辑关系来看，社会动员的扩大会导致政治参与度的提高，而政治参与的基本路径有制度化参与和非制度化参与两种。其中，制度化程度较高的政治参与能够保证社会的良序发展，制度化程度较低的政治参与容易造成社会的失序，重者会造成政权的更迭。所

---

① Karl W. Deutsch, "Social Mobilization and Political Development," *American Political Science Review*, 1961 (55): 494.

② 〔美〕塞缪尔·P. 亨廷顿：《变化社会中的政治秩序》，王冠华、刘为等译，上海世纪出版集团，2008，第31页。

③ 〔美〕塞缪尔·P. 亨廷顿：《变化社会中的政治秩序》，王冠华、刘为等译，上海世纪出版集团，2008，第28页。

④ 王浦劬主编《政治学基础》，北京大学出版社，2006，第207页。

⑤ 〔美〕C. E. 布莱克：《现代化的动力》，段小光译，四川人民出版社，1988，第5页。

以，国家治理能力不在于职能的宽泛性，而在于核心领域的国家能力的强度。高效的社会动员能力能够培育公民的民主政治素养，并在此基础之上促进公民的有序政治参与，这是保障人民当家作主落实到国家政治生活和社会生活之中的关键一环。

三 社会整合功能

（一）社会动员能力提升能够促进社会整合

社会整合是调整或协调社会各部分之间的矛盾和冲突，使整个社会成为一个统一的良好运行体系的过程。全面深化改革是一个系统的工程，在经济领域其方向是建立和完善社会主义市场经济体制，在政治领域是发展社会主义民主政治，在社会领域强调保障和改善民生、加强和创新社会治理。从三者的关系来看，经济改革和社会改革是政治改革的基础和前提。只有经济发展良好、社会稳定有序，政治体制改革才能获得成功。我国经济发展成绩有目共睹，社会建设和政治建设正在持续推进。

（二）高效的社会动员能力有利于规范整合社会，维持社会秩序

社会秩序包括安全与活力两个方面，社会动员具有整合和吸纳能力，可整合社会组织和资源，发扬社会民主的效用。在改革、发展、稳定三者的关系中，稳定是前提，但是稳定只是手段，要"用秩序思维替代稳定思维"[1]，稳定是一种静态思维，秩序是一种动态思维。当前，我国经济增长下行压力加大，"社会结构仍在发生巨变，机遇和挑战并存，各种新问题、新矛盾凸显。在这种情况下，创新社会治理、激发社会活力、维护社会秩序，是社会建设的重要任务"。[2] 社会动员能力的提升能够动员社会力量参与中国特色社会主义建设，保持社会有序发展。实践来看，运用社会动员进行社会整合的方式多种多样。一，党的群众路线动员是最基本的动员方

---

[1] 孙立平：《重建社会：转型社会的秩序再造》，社会科学文献出版社，2009，第20页。
[2] 李培林：《保障和改善民生没有终点站——读〈习近平谈治国理政〉》，《人民日报》2015年2月5日。

式，其关键是维护好党群之间的血肉联系；二，统一战线是最广泛的社会动员方式，其关键是巩固和壮大爱国主义统一战线；三，通过社会组织促进社会整合，其关键是提高全民的社会参与度。实际上，各种社会组织通过纵向和横向之间的联系、交流、合作进行社会整合，形成了社会的合力，维持了社会秩序，激发了社会活力。

（三）高效的社会动员能力能促进社会阶层流动，优化社会的结构

"要使一个社会真正地度过风险，达至稳态，最主要的就是扶植社会的中等阶层，使之成为社会的主体部分和中坚力量。"[①] 目前，我国社会不稳定的一个重要原因是阶层分化，这需要通过社会动员促进社会阶层流动，增加中产阶层的数量。社会结构的优化是一个过程，具有动态性和相对稳定性的特点，需要提升社会参与度，促进社会各阶层间的自由流动。哈贝马斯的协商民主理论对于提升社会动员能力有较好的借鉴意义。其理论以交往行为为实践基础，在多元社会背景下的公共领域进行协商，公民通过协商进行有序参与，进而保障自身权益。这种方式提升了公民的社会参与度，同时增进了政府和公民的良序互动。

（四）高效的社会动员能力能够协调各方利益，维护社会公正

社会整合的核心是利益整合，动员主体所要进行的动员既能实现自身目标，又能够满足动员客体的共同利益。一个社会相对公平的状态就是资源分配公平的状态，动员主体能够在多元社会利益分化条件下协调不同群体之间的利益。从这个意义上讲，公平正义和社会秩序是社会动员的主要目标。在社会内部解决矛盾冲突，需要有妥协的精神，运用民主的形式，走群众路线，建立民意表达机制、民主协商机制，通过调节收入、建立社会保障制度等方式协调各方利益，维护社会公正。这是运用改革手段解决问题的方式，也建立在高效社会动员的基础之上。

综上所述，社会建设遵循从传统有序、转型无序与失序并存，到现代有序的过程。传统社会的发展具有一定的秩序，现代社会的发展有其自身

---

① 孙立平：《转型与断裂：改革以来中国社会结构的变迁》，清华大学出版社，2004，第73页。

的逻辑，而从传统到现代的现代化过程则极易产生无序。一般而言，现代化都要经历一个转型社会时期，在这个时期要经历几个方面的现代化，一是物的现代化，二是人的思维方式、生活方式的现代化，三是国家治理体系和治理能力的现代化。从国际视野来看，在社会转型期都会遇到社会重大问题，如果各种社会重大问题得不到及时解决，问题的集成就会造成社会的断裂、解体、失衡、失序。因此，必须提高社会动员能力以推进社会整合，为推进国家治理现代化提供坚实基础。

四　文化建设功能

"国家及其控制的领土此时已不仅仅是特定疆域内的一整套制度安排。政府官员和公民逐渐形成了民族认同，并用国家的理念和利益来为自己的政治服务。"① 不言而喻，国家并不仅仅是领土、主权，还包括民族认同、政治文化建设、意识形态建设等。费孝通认为"由于文化的隔阂而引起的矛盾会威胁人们的共同生存"②。文化传承和创新能够缓解社会矛盾，而社会动员能力提升能够凝聚社会共识，达成社会认同，增强一个国家的文化凝聚力和民族认同感，从而达成价值共识，推动集体行动，提升国家治理能力。

（一）社会动员能力提升需要包容性共识

习近平同志指出："人心是最大的政治，共识是奋进的动力。"③ 人心齐，泰山移。没有共识的发展就是没有未来的发展。共识就是共同的认识，认识是思维的结果。在文化价值多元多样多变的社会，同质思维与异质思维并存。同质思维是指基于同样的社会生活方式或思维方式而形成的思维，而异质思维则是不同的思维或文化。社会动员需要共识，但不是只要同质思维，而否定异质思维。从思维的方式看，社会共识有两种，一是最大公约数，即不同思维方式中共同存在的部分；二是共识不仅仅是各种文化、价值、思潮中共同存在的部分，也有可能是不同的文化、价值、思

---

① 〔美〕理查德·拉克曼：《国家与权力》，郦菁、张昕译，上海人民出版社，2013，第51页。
② 费孝通：《人的研究在中国》，天津人民出版社，1993，第10页。
③ 习近平：《人心是最大的政治，共识是奋进的动力》，《新华每日电讯》2018年12月30日。

潮在相互交融或冲突过程中产生的共识。第一种叫共同共识，第二种就是罗尔斯所说的"重叠共识"。

罗尔斯的"重叠共识"理论就是强调如何在多样性的社会基础上达成一致意见，"不同的前提有可能导致同一个结论"①，可以从政治文化中去找共识。西方学者对共识理论的研究，一是基于对社会秩序的反思，二是基于对集体行动的考量。2011 年 4 月 28 日，《人民日报》发表评论员文章《执政者当以包容心对待"异质思维"》，强调思想观念的价值在竞争中才能彰显，在实践中才能检验。包容思想观念的多样性是一种胸怀，更是一种担当，是对现代社会个性张扬的一种包容，更是对创新的一种关怀。因此，只有社会动员有度、达成基本共识，才能有利于公民之间的合作与配合，推动社会进步。

社会共识是高效社会动员的产物。通过社会动员形成的社会共识具有重要的作用，其具有鲜明的指向性和凝聚性，对社会发展方向有价值引领作用，对社会成员具有凝聚作用，在价值多元化的现代社会能够防止社会撕裂或失序。只有具有社会共识的社会动员才能取得成功。社会共识能够减少社会运行成本，有利于构建信任社会。实践来看，高效的社会动员是促使社会成员达成共识的重要方式。比如，思想动员、选举投票、价值宣传等常见的社会动员方式，都能够增进社会成员对核心价值的认同，从而将价值观念或信念内化于心、外化于行。应通过社会动员凝聚社会共识，通过社会共识巩固价值主导。简而言之，社会动员的文化功能就是通过"最大公约数"在众多社会成员中找到"最大多数的认同群体"，用社会主义核心价值观凝聚最大公约数，通过达成共识获得社会认同，如此方能凝聚改革共识，动员社会力量，形成改革合力，推动社会进步。

（二）社会动员能力的提升能够塑造国家建构所需要的民族精神和民族性格

社会动员的一个重要目的是改变人的生活方式和态度，实际上，通过现

---

① John Rawls, *A Theory of Justice. Cambridge*, The Belknap Press of Harvard University Press, 1971, p. 387.

代化的方式塑造国民的价值观念是社会动员的最初含义。习近平同志在党的十九大报告中指出，要"铸牢中华民族共同体意识"。民族文化、民族认同有利于政治动员和社会动员，尤其是战争动员。国家的民族认同或者说是民族主义都具有强大的力量，抗战时期的爱国主义统一战线的核心是通过达成社会共识，凝聚民众力量，形成合力，取得战争的胜利。当前，在社会主义核心价值体系中就包括"以爱国主义为核心的民族精神"，价值体系塑造民族精神和民族性格，这需要大力弘扬社会主义核心价值观。民族精神塑造是各方力量共同努力的结果。实际上，社会动员的现代化最终是人的思想的现代化，或者说是人的现代化。"恩格尔斯把社会动员理解为使个人走向现代化，人的现代化意味着具备了现代的思维方式和心理特征。"① 整体而言，一个民族的精神或性格，与国家的社会动员方式紧密相关，因为国家的社会动员方式及内容决定着文化传承的相关内容，并在民族精神、民族意识中植入了文化基因，后者又在很大程度上塑造着国民对于国家精神文化气质的认同。

　　新时代，建设社会主义现代化国家必须得到广大民众的支持，达成共识、获得认同。国家建设需要党和政府政治动员与行政动员能力的提升，以及社会团体和组织进行的自我社会动员。而社会动员既需要进行利益允诺，也要进行思想建设和思想引领，让广大民众具有建设中国特色社会主义的意愿，这是必不可少的。

五　生态环境保护功能

　　社会动员能力提升能够增强环保意识，树立正确的生态价值观，生态价值观需要正义的生态文化的滋养。人类要重视生态意识，共同的生态价值促成生态共识，达成生态认同，促进构建人与自然的生命共同体，而这些都建立在良好的社会动员能力基础之上。

（一）高效的社会动员能力有助于树立正确的生态价值观

　　党的十九大报告强调："人与自然是生命共同体，人类必须尊重自然、

---

① 杨龙：《发展政治学》，高等教育出版社，2006，第 25 ~ 26 页。

顺应自然、保护自然。"动员人们树立正确的生态文明观，遵循自然规律，合理利用、开发、保护大自然，坚持绿色环保理念，坚持绿色经济，不搞污染严重的经济发展，倡导绿色出行、健康出行。除了在生产方式上，在生活方式也要持绿色理念，坚持人与自然的协调永续发展。

对于发展与环保的关系，习近平同志提出了"两山"理念，并指出："我们既要绿水青山，也要金山银山。宁要绿水青山，不要金山银山，而且绿水青山就是金山银山。我们绝不能以牺牲生态环境为代价换取经济的一时发展。"[1]

习近平同志指出："山水林田湖草是生命共同体"[2]，彰显了尊重生命的绿色生态价值观，蕴含着与物共适的生态审美观。中国优秀传统文化中就有人生在世、人生天地间、天地人一体等思想。冯友兰先生的"四境界说"，最高境界就是"天地境界"，讲的就是天人合一的思想。随着人类科技的发展进步，人类利用和改造大自然的能力不断增强，对大自然的索取越来越多，人类乐观地持"人类中心主义思想"，过度开发和利用大自然，超过了自然自身的修复能力，造成了生态的严重破坏。正如黑格尔所言："当人类欢呼对自然的胜利之时，也就是自然对人类惩罚的开始"。

（二）高效的社会动员能力能够涵养正义的生态文化观

环境关乎整个社会的利益，社会动员需要保持代内公平和代际公平。代内公平是指代内所有的自然人，不论国籍、种族、性别、经济水平和文化差异，都享有平等利用自然资源和享受良好生态环境的权利。代际公平是指当代人的发展不应以损害后代人发展的能力为前提[3]。代际公平既包括在世的不同年龄之间的资源分配公平，也包括未来出生和在世之人之间的资源分配公平。

从经济学意义上讲，可持续发展可以表述为社会整体福利改善，社会整体既包括代内也包括代际。当代经济发展应当既保证当代人的福利，又

---

① 2013 年 9 月 7 日，习近平在哈萨克斯坦纳扎尔巴耶夫大学回答学生问题时的讲话。

② 2018 年 5 月 18 日，习近平在全国生态环境保护大会上的讲话。

③ 周岱、包艳、韩兆龙：《工程可持续发展——理论与应用》，上海交通大学出版社，2016，第 45 页。

不减少后代人的福利。从大历史来看，代际公平优先，代际公平与代内公平兼顾。代内公平和代际公平具有辩证统一的关系。不能代内利益最大化，代内利益最大化极易造成资源枯竭，影响代际公平。既不能因代内公平忽视了代际公平，也不能用代际公平来否定代内公平。代内公平和代际公平都是动态的，代内公平和代际公平不但有标准，而且其标准在不同的时代也有所调整。1987 年世界环境与发展委员会发表的《我们共同的未来》把可持续发展表述为"既能满足当代人的需求，又不对后代人满足需求的能力造成损害的发展"。这实际上就是对代际公平的一种描述，代际公平就是一种可持续的发展。

代际公平既涉及经济大环境，也涉及社会政策，包括福利政策等。以老年福利的项目为例，伯尼斯·钮加藤（Bernice Neugarten）《年龄还是需求？》（*Age or need? Public Policies for older People*）一文中，提出了富有争议性的问题：老年人的政府福利项目应该以需求还是以年龄为根据？[①] 实际上，代际公平不仅仅是生态资源的公平，它也涉及社会资源的公平。因为，"人是在人和人的社会关系内发生人和自然的关系，是在人和自然关系基础上发生人和人的关系"。[②] 社会资源和自然资源密不可分，自然资源是社会资源的基础，社会资源大多数来自自然资源。

20 世纪 70 年代西方开始关注发展问题，如 1972 年美国学者德内拉·梅多斯、乔根·兰德斯、丹尼斯·梅多斯写的《增长的极限》，讨论低碳经济、生态经济等话题，展示了一种系统思维，并不局限于对资源有限性的探索。高增长、高消费的模式难以为继，人类要共同面临人口问题、粮食问题、不可再生资源问题、环境污染问题、生态平衡问题等全球性问题。为保护和改善环境，1972 年 6 月 5~16 日，在瑞典首都斯德哥尔摩召开第一次当代环境保护会议"联合国人类环境会议"，并通过了全球性保护环境的《联合国人类环境会议宣言》，号召各国政府和人民为维护和改善人类环境而努力，为造福全体人民及后代而共同努力。同年，第 27 届联合

---

① 〔美〕哈瑞·穆迪、詹妮弗·萨瑟：《老龄化》，陈玉洪、李筱嫒译，江苏人民出版社，2018，第 443~444 页。

② 陈先达：《社会主义的必然性及其实现》，《中国人民大学学报》2009 年第 4 期。

国大会把每年的 6 月 5 日定为"世界环境日"，这反映了人类对美好环境的向往和追求。促进全人类的环保意识，提高政府环保行动的效率，动员全人类参与到环保行动中，各国政府要积极参与全球环境治理来解决环境问题。

推进包括生态文明建设的"五位一体"总体布局，其目的是运用系统思维整体推进各项建设。党的十八大报告指出，生态文明建设面临"资源约束趋紧、环境污染严重、生态系统退化"的问题。从资源约束趋紧维度看，我国资源总量大、种类全，但是人均资源少，主要资源人均占有量低于世界平均水平。因此，生态保护不仅是生态保护部门的事情，而是要全党、全社会共同参与，充分发挥党的领导和社会主义制度的政治优势。

综上所述，社会动员通过思想引领、资源整合、组织整合、制度整合等方式进行社会协作，凝心聚力，形成社会信任，降低社会运行成本。其目的是，通过社会动员能力提升来增强公民建设中国特色社会主义的意愿，为实现中华民族伟大复兴的中国梦奠定基础。

第四节　社会动员能力建设的实现路径

社会动员能力是国家治理能力的基础，主要体现在思想动员能力、组织动员能力、制度动员能力方面。我国国家治理的一大制度优势就是集中力量办大事，而集中力量办大事则建立在强大的社会动员能力基础之上。只有把握了社会动员能力实现路径的基本逻辑，才能更好地提升社会动员能力。有效的社会建设提升了社会认同度，社会认同度的提高扩大了社会参与和政治参与，有效有序的社会参与和政治参与促进了社会稳定有序发展，社会稳定有序发展又促进了社会动员能力的提升。

一　加强社会建设

人就是人的生活世界，社会动员离不开动员环境。动员环境是指在现代化过程中，社会动员的历史条件和现实条件。动员环境是指"与动员主体和客体并存，并对他们的互动关系起影响、制约作用的各种客观条件的总和"①。要根据所处的时代环境、历史传承、文化传统、经济环境、政治环境、社会环境、制度环境等因素来制定社会动员的计划和方案。其中社会建设的现代化程度至关重要，它关系着社会动员目标的制定、动员方式的选择和动员效能的高低。

（一）推动社会结构优化，提升社会动员能力

人是社会的人，动员对象是有价值取向、思想情感、政治倾向、心理导向的社会人，换言之，动员对象是处于特定社会结构当中的人。具体而言，一是动员对象要受到自身生活实践的客观影响，受所处社会的各方面因素影响，这导致动员对象自身产生各种各样的思想以及心理变化。二是人的思想和心理会受自身的世界观、人生观和价值观的影响，人的认识来源于实践，生活世界或者说社会结构赋予了社会人各种思想。马克思主义认为，"人们奋斗所争取的一切，都与他们的利益有关"②，从这个意义上讲，社会动员的对象是指利益相同或相近的群体，这些人在社会交往中处理各种社会关系，按照一定的社会关系而形成社会团体。"思想一旦离开利益，就一定会出丑"③，思想动员必须与社会结构相结合才能更好地对动员对象施加影响，使其参与到动员行动中。

社会结构的优化能够提升社会动员能力。改革开放以后，社会阶层发生了分化，几乎各个阶层都存在，各个阶层之间有流动，但流动性不强。陆学艺认为新阶层的形成和壮大对社会的发展具有较大影响，值得关注的是中间阶层和企业阶层不断壮大。中产阶层理论认为，当一个社会进入中间大两头小的橄榄型社会的时候，社会极具稳定性。但是在从非橄榄型迈向橄榄型的过程中，社会有很多不稳定因素。"社会转型的主体是社会结构，它是指一种整体的和全面的结构状态过渡，而不仅仅是某些单项发展指标的实现。社会转型的具体内容是结构转换、机制转轨、利益调整和观念转变。在社会转型时期，人们的行为方式、生活方式、价值体系都会发

---

① 宋劲松：《应急管理社会动员》，中国经济出版社，2012，第 3 页。
② 《马克思恩格斯全集》第一卷，人民出版社，1956，第 82 页。
③ 《马克思恩格斯选集》第四卷，人民出版社，1972，第 256 页。

生明显的变化。"① 在这种社会转型的背景下，橄榄型社会结构对于提升社会动员能力具有十分重要的作用。

鉴此，要进一步营造扩大中间阶层规模的良好政策环境。制度环境是决定社会结构调整的关键变量，优良的制度环境能够有效推动社会阶层的孕育与流动，为社会结构的调整与优化提供土壤。为此，要"充分考虑私营经济、个体工商户及创业者的发展需要，为其创造优良的制度环境。可采取扩大市场准入范围、减少税费、减少行业准入限制、加强市场监管等措施，进一步推进市场化，促进机会均等。"② 此外，还要增强中间层的稳定感和安全感，提升其主观认同度。对此，"要做好对中间层的兜底工作，提高保障水平，减少因病、因教、因房等返贫的可能性，缓解其心理压力，努力培育出一个心态稳定、对个人生活具有较高满意度、对社会具有较强责任感的中间层。"③健康、合理、开放的社会阶层结构，是经济社会生活正常运作、持续发展的基础，也为社会稳定提供了重要条件。

（二）加强社会思想建设，提升社会动员能力

日本明治维新时期著名思想家福泽谕吉认为："一个民族要崛起，要有三个方面的改变，第一是人心的改变，第二是政治制度的改变，第三是器物与经济的改变。其中最关键的是人心的改变。"④ 从某种意义上讲，中国的现代化道路经历了两大阶段：1840 年以后，从洋务运动、戊戌变法再到孙中山的三民主义，这是一个阶段；1917 年后，从十月革命一声炮响马克思主义传入中国、中国共产党成立到中华人民共和国成立，再到中国GDP 跃居世界第二。第二阶段的逻辑是强调人心的改变、实现从制度到器物的强大，取得巨大成功。习近平同志深刻指出，"人心是最大的政治"⑤，一个民族的改变首先是人心的改变，一个社会的改变首先是形成良好的社会文化。孙中山强调心理建设；毛泽东强调思想建党，从思想上改造农

---

① 李培林：《另一只看不见的手：社会结构转型》，社会科学文献出版社，2005，第 7 页。
② 孙肖波：《推动社会阶层结构向成熟"橄榄型"转型》，《宁波日报》2016 年 9 月 22 日。
③ 孙肖波：《推动社会阶层结构向成熟"橄榄型"转型》，《宁波日报》2016 年 9 月 22 日。
④ 〔日〕福泽谕吉：《文明论概略》，北京编译社译，商务印书馆，1982，第 102～103 页。
⑤ 习近平：《人心是最大的政治，共识是奋进的动力》，《新华每日电讯》2018 年 12 月 30 日。

民，使农民具有无产阶级意识。金耀基在著作《从传统到现代》中论述了器物技能、制度、思想行为三个层次的现代化，认为"思想行为层次的现代化是最难的，因为它牵涉一个文化的信仰系统、价值系统、社会习俗等最内层的质素，这是整个生活方式的基料"。[①] 总之，社会动员需要社会文化建设，改变人性和思想，运用文化凝心聚力进行社会动员。

（三）加强社会政策引领作用，提升社会动员能力

社会政策制定要以社会现实为依据，社会建设需要社会政策的引领。一是出台合理的社会政策，如土地政策、教育政策、医疗政策等。土地政策在现代化动员过程中具有重要作用，改革开放初期，农村的家庭联产承包责任制实际上就属于土地政策，具有社会动员的作用，新型城镇化建设过程中土地政策起到了极大的作用。从更大的范围看，土地政策对政府财政的影响也非常大。二是增强社会政策的可行性和可操作性，使其切实可行。社会政策要有质量并且能够得到有力的执行。

二 增进社会认同

社会认同是个体对群体的认同感和归属感。塔菲尔把社会认同看作"个体的一些知识，这些知识是关于他（她）从属于某一社会群体，以及对作为社会成员的他（她）而言是具有显著感情和价值的东西"[②]。社会认同理论是受社会身份理论的影响而建立的，社会认同是社会动员的前提条件，只有个体认识到他属于某一个社会或某一个社会群体，他对这个群体或者这个社会有了认同感，他才能参与到社会动员这个集体行动中。社会认同度的高低会影响社会动员能力的强弱。当社会成员的社会认同度提高时，社会动员的能力也会增强，反之亦然。

（一）提高公民的社会身份认同度

社会认同首先体现在公民身份上，那就是国籍，因为我们只有爱自己的国家，才能自觉参与到中国特色社会主义建设中。毛泽东同志讲"全心

---

① 金耀基：《从传统到现代》，法律出版社，2017，第 129 页。
② 乐国安主编《社会心理学理论新编》，天津人民出版社，2009，第 209 页。

全意为人民服务"；邓小平同志说"我是中国人民的儿子，我深深地爱着我的祖国和人民"；习近平同志说"我将无我，不负人民"。身份认同是后天塑造的，社会认同也是如此。马克思主义认为，人的本质在其现实性上是一切社会关系的总和。吉登斯认为"自我……是个体和他人的社会互动的产物"①。社会身份认同是多元的、多变的，随着社会的变迁，人的身份认同也会产生变化。社会身份认同一方面具有差异性，如认为自己与他人具有很多不同的地方；另一方面又具有一致性，如认为我是工人、农民、知识分子，个人从中获得归属感、认同感，有时候还会是羞辱感，为自己属于某个群体而感到悲哀。在社会动员中，身份认同越来越发挥其重要的作用，个体对社会动员组织的忠诚度能够凝聚社会动员力量。

（二）增强社会的利益认同

利益是指满足人们需要的物质和精神产品。需要是人的本性。社会是一个共同体，社会发展需要社会群体的认同。利益有公共利益和私人利益之分，把私人利益和公共利益达成一致是社会动员的一个根本前提。党的十八大以来，中央提出了实现中华民族伟大复兴的中国梦的奋斗目标，中国梦是国家梦、民族梦、人民梦的有机统一，既是国家梦也是每个人的梦，这样就把国家利益和个人利益结合起来，提升了个人对国家的认同感，对社会的认同感，个人明白国家富强、民族振兴、人民幸福是一体的。满足人民日益增长的美好生活需要首先是要满足人民的物质文化需要。中国共产党在政策上一直强调要满足人民的需要，在土地革命战争时期，强调"耕者有其田"；新中国成立后实行人民公社制度，土地集体所有；改革开放后实行家庭联产承包责任制。这些都满足了人民的现实需要，因而获得了人民的认同。

（三）强化社会的价值认同

价值认同是指"人民对某种或某类价值认可形成相应的价值观念"②。

---

① 〔英〕安东尼·吉登斯、〔英〕菲利普·萨顿：《社会学基本概念》，王修晓译，北京大学出版社，2019，第195页。

② 汪信砚：《普世价值·价值认同·价值共识——当前我国价值论研究中三个重要概念辨析》，《学术研究》2009年第11期。

价值认同涉及各种认同的立场问题，在社会认同中处于重要地位。一个国家需要公民对国家的价值认同，一个企业需要员工对企业的价值认同，一个社会需要社会成员对社会的价值认同。社会交往形成一个社会有机体、社会共同体。这个社会有着共同的利益，面临共同的问题，从而形成了共同的价值，进而形成对社会的认同。处于这个社会中的社会成员首先意识到自己是这个共同利益群体中的一分子。

一个社会追求价值认同但不排斥价值认异，价值认异是指"通过相互沟通，虽然某一价值主体并不认可其他价值主体所肯认的价值，但他基于相互之间历史、文化等方面的差异而完全理解和尊重其他价值主体的价值选择"①。从这个意义上讲，价值认同是社会动员的必要条件，没有社会认同，社会动员无从谈起；价值认同不是社会动员的充分条件，社会动员要承认社会价值的异质性，以价值认异为前提，承认不同价值存在的合理性。在价值认同的基础上，各个主体人格上相互尊重、价值上相互欣赏，价值主体间没有相互尊重就不会有相互欣赏，更不可能有价值认异。现代社会是一个异质化的社会，但也不否认有同质化的价值存在。

安东尼·吉登斯认为认同是社会发展的历史性产物。社会认同也是历史的产物，一方面社会认同来自历史，另一方面社会认同又会影响进一步的社会发展。与价值共识相对的是价值冲突，世界全球化不等于价值的一元化，全球化时代也是价值多元化时代。亨廷顿在《文明的冲突》一书中讲文明冲突论，中国讲命运共同体，讲共同价值。西方所谓的普世价值，实际上是认为任何社会、个人都普遍适用一种价值，其具有西方价值中心论的色彩；我们讲共同价值，既讲价值认同，也包含价值认异。从一定意义上讲，普世价值论否定了价值认异的一面。

物质变迁与思想变迁相比较，物质变迁较快、较容易，而思想的变迁则需要几代人的努力，甚至几代人都无法完成。思想具有超前性，但大部分人的思想是与现实同步或者是落后于现实的，因此现代化过程中思想的现代化是最难的，思想的现代化意味着思维方式和生活方式的现代化。从

---

① 汪信砚：《普世价值·价值认同·价值共识——当前我国价值论研究中三个重要概念辨析》，《学术研究》2009 年第 11 期。

传统到现代的人可以称为"过渡人"，其生活方式已经接近现代化，但是思维方式还停留在传统中，这是社会动员过程中的一股强大阻力。

统一认识才能统一行动。习近平同志指出"共识是奋进的动力"，要以党的先进性带动社会的发展，以党的共识促进社会共识。"只有全党思想和意志统一了，才能统一全国各族人民思想和意志，才能形成推进改革的强大合力。"[1] 习近平同志在推动全面深化改革进程中特别强调思想共识，在党的十八届三中全会和十九届三中全会召开后分别做了思想动员讲话，一是《切实把思想统一到党的十八届三中全会精神上来》，二是《切实把思想统一到党的十九届三中全会精神上来》。总之，共识与认同是辩证统一、互动共生的关系。共识是认同的基础，认同是共识的提升。以共识巩固认同，以认同扩大共识。

三　完善社会和政治参与

社会参与是一种社会交往，社会交往是人的基本活动。社会成员在社会参与中交换资源、交流思想、服务社会、锻炼自己。社会参与是人类活动的基本方式，社会参与以社会交往为前提。随着交通、通信、网络等技术的发展，社会交往的范围越来越大，社会交往的频次越来越多，这为社会参与提供了广阔的动员环境。交往行为能够形成特定的关系，马克思主义认为交往是人类特有的生存方式和互动方式，能够推动生产力的发展，推动社会关系的变革，提升社会参与度。社会参与度的提高为执政合法性提供了基础。

（一）社会参与是社会动员的重要路径

社会参与是指社会成员或组织参与社会的政治、经济、文化、生态、教育、医疗等各个领域的交往，通过社会交往活动获得机会和资源，实现经济、社会和个人的发展。社会参与的方式有个人参与和集体参与。社会参与度是衡量国家治理水平的一个重要指标，也是社会动员能力提升的一个重要标志。我国的人民代表大会制度强调政治参与的广泛性和深度，认

---

① 习近平：《切实把思想统一到党的十八届三中全会精神上来》，《求是》2014 年第 1 期。

为国家权力来自人民。社会参与匮乏意味着公民的政治参与程度降低，会危及国家权力合法性。因此，通过社会动员提高社会参与度成为国家治理的一个重要组成部分。

（二）优化各级党组织统筹协调能力，提升人民群众参与能力

各级地方党委政府要从推进国家治理现代化的角度出发，构建政府主导、村居联动、居民参与的社会治理格局。建议各级地方政府以公共决策涉及的不同利益群体为标准，健全居民参与的分级分类制度，特别是基层党组织要以群众制度化参与为着力点，创新乡村利益表达与综合路径，切实以村民自治为载体形成"乡政村治"的合力。2015 年，中共中央发布《关于加强社会主义协商民主建设的意见》指出："通过推进协商民主改善党的领导、加强党的领导、巩固党的执政地位"。鉴此，优化基层党组织的统筹协调能力，既是提升乡村居民参与地方治理能力的重要举措，也是新时代提升党的执政能力的题中应有之义。

《中共中央关于全面深化改革若干重大问题的决定》中提出"人民是改革的主体，要坚持党的群众路线，建立社会参与机制"，把社会参与作为走好群众路线的重要方式。社会动员能够促进社会参与，"社会参与是社会动员的目的，也是公众对社会公共事务采取的组织行动，缺乏参与意识和参与能力的社会组织和公众也很难形成有序的社会公共参与"[1]。

（三）推动协商民主参与实践的制度化建设，完善协商民主制度和工作机制，提升社会动员能力

政治参与是参与社会的主要方式，也是人类的一种交往方式。政治参与亦称参与政治，指公民以各种方式试图对其利益相关的政治活动施加影响和推动政治决策过程的一系列活动的总称。习近平同志指出，"社会主义民主不仅需要完整的制度程序，而且需要完整的参与实践"[2]。众所周知，人民当家作主是社会主义民主政治的本质特征，既有研究也指出只有

---

[1] 郭虹：《"社会动员"和"社会参与"：国家治理中应对社会公共事务的新途径》，《党政研究》2015 年第 5 期。

[2] 中共中央文献研究室编《十八大以来重要文献选编》（中），中央文献出版社，2016，第73 页。

"把'完整的制度程序'和'完整的参与实践'结合起来，才有真正的人民民主"①。

多元的社会需要政党组织的领导，政党组织需要动员和组织群众，"强大的政党要求有高水平的政治制度化和高水平的群众支持"②。在亨廷顿看来，"政治参与和政治制度化二者之间保持低度平衡的那些政体，面临着日后不稳定的前景"。③要做到横向融合、纵向同化，这需要政党的强大组织力量，一个有信仰的政党组织的力量。单靠政党组织自身难以解决社会秩序问题，社会是由众多公民组成的，要把群众组织起来、动员起来。正因如此，政治参与扩大化是现代国家成熟的一个重要标志。一方面政治参与度的提高为执政提供合法性的基础；另一方面政治参与度的提高会造成政治竞争，会导致社会的不稳定。因此，要有序扩大政治参与，形成有序政治竞争，通过制度化进行政治控制。扩大政治参与，但是要避免激进的政治参与或政治竞争造成的社会失序。

鉴此，新时代加强农村基层协商民主建设，既要着眼于制定政策的制度化程序建设，又要着力于推动参与实践。一是要在现有乡镇政权的组织架构下，构建规范化的乡村居民的利益诉求表达路径和渠道，特别是事关地方经济社会发展全局和涉及群众切身利益的重大行政决策事项，应当广泛听取意见，与利害关系人进行充分沟通与协商。二是要出台标准化的组织公共协商程序，最大限度地保证协商过程中的理性、包容和有效，保证乡村居民在日常政治生活中有广泛持续深入参与的制度化保证，切实提升农村基层协商民主的效能。

社会主义现代化建设需要民众的社会参与，民主是公民参政议政的主要方式，也是社会参与的主要方式。邓小平同志指出，"没有民主就没有社会主义，就没有社会主义现代化"。④ 政治民主是社会发展的一项基本要

---

① 《协商民主，画出最大同心圆》，《人民日报》2017 年 11 月 29 日。
② 〔美〕塞缪尔·P. 亨廷顿：《变化社会中的政治秩序》，王冠华、刘为等译，上海世纪出版集团，2008，第 336 页。
③ 〔美〕塞缪尔·P. 亨廷顿：《变化社会中的政治秩序》，王冠华、刘为等译，上海世纪出版集团，2008，第 333 页。
④ 《邓小平文选》第二卷，人民出版社，1994，第 168 页。

求，有人认为改革开放 40 多年，中国的经济实现了快速的发展，但是政治体制改革进展缓慢。这种观点具有一定的代表性，就这一观点关于改革开放的评价，可以运用马克思主义观点进行反驳。生产关系与生产力是推动社会发展的两个支点，生产力决定生产关系，生产关系要适应生产力发展的要求，假如生产关系不适应生产力发展的要求，政治体制改革不能适应社会主义市场经济发展的要求，中国的经济就不会发展得这么快，从这个意义上来说，中国的政治体制改革适应了中国经济发展的要求。

盖伊·彼得斯在《政府未来的治理模式》一书中提出了市场式政府、参与式政府、弹性化政府、解制型政府四种治理模式，其中参与式政府的治理模式更加注重国家与社会的关系，强调社会参与、政治参与，强调为公众参与决策提供更多的机会。政府决策无法获得充足的信息，需要参与式治理汲取社会成员的信息和智慧，促进社会的有序发展。

总之，要辩证地看待动员与参与的关系。首先动员要有度，动员过激容易导致社会不稳定，甚至导致革命；动员过缓或弱动员难以达到促进社会发展的效果，还很容易被社会抗拒所抵消。其次，动员与参与是一个互动的过程，经历了从无序到有序、从自发到自觉的过程。最后，动员与参与都是社会交往的方式，交往促进了人自身的发展，"一个人的发展取决于和他直接或间接进行交往的其他一切人的发展"[1]。在交往中，每个人都可以通过运用别人创造的物质文化和精神文化来促进自身的发展。

---

[1] 《马克思恩格斯全集》第三卷，人民出版社，1961，第515页。

| 第五章 |

国家治理能力的功能

国家治理能力具有公共管理、质量管理、预防犯罪三大功能，在实现现代化的进程中，这三大功能是通过顶层设计能力、制度执行能力、社会动员能力来发挥重要作用的。其中顶层设计能力是三大功能的制度设计；制度执行能力在国家治理能力结构中处于顶层设计能力和社会动员能力的中间层级，实际上，制度执行能力是传达、解释和执行决策的能力；社会动员能力则是动员社会力量、整合资源来提升三大功能的能力。

第一节 结构功能主义概述

政治学视域下的结构功能主义学派是一般政治系统理论发展的结果。政治系统理论源于解决社会问题的现实需要。20 世纪 60 年代以后，种族歧视、环境污染、贫困与经济不平等及政治经济权力过于集中等相关议题愈演愈烈，社会科学研究者必须对这些问题给予应有的系统而广泛的关注，正是在此背景下，政治系统理论逐步成熟起来，并成为影响深远的一种概念框架。20 世纪 80 年代以来，学者强烈呼吁"找回国家"①。对于政治系统分析而言，"找回国家"并不是什么新鲜的主张，而建立在系统论之上的研究方法则是在社会科学研究中被广为接受的一种研究路径与方

---

① 参见〔美〕彼得·埃文斯、迪特里希·鲁施迈耶、西达·斯考克波编著《找回国家》，方力维等译，生活·读书·新知三联书店，2009。

式。现实来看，系统分析对于当前国家治理研究中的若干问题，仍具有发言权，实际情况亦是如此。

政治系统理论认为政治生活是一个处于经济社会环境、自然生物环境之中的一个相对独立的系统，并与外部环境进行有机互动，从而为自身存续提供现实基础。政治系统论将系统论的分析路径投射于政治分析领域，从理论演进路径来看，"其发展历程大致经历两个主要阶段，其代表人物分别是戴维·伊斯顿（David Easton）和加布里埃尔·A. 阿尔蒙德（Gabriel A. Abraham Almond）"。① 一般系统理论以政治系统对于环境的适应以及存续为研究目的，将政治系统的运行视为连接政治系统输入和输出环节的中间环节。其中，政治（体系）系统的输入构成了政治系统运行的起始环节，其主要由需求和支持两个分析变量构成，"环境中的大量行为正是由它们加以输送、反映、集中并用来对政治生活施加压力的"。② 输入引发当局反应进而产生系统输出，而输出则主要有积极输出和消极输出。由此，政治系统的运行机制展现为输入、反应、输出、反馈等四个环节③。一般系统理论是一种多学科交叉研究的结果。

从政治系统理论的演进路径来看，结构功能主义学派代表着政治系统理论发展的第二个阶段，它建立在一般系统理论的基本分析框架之上，并代表着一般系统理论的进一步完善和发展。对一般系统理论而言，其关注社会现实问题，并建构起输入 反应 输出—反馈的系统性分析框架。然而，受制于该分析框架宏观性有余而精确性不足的特点，一般系统理论的解释力是有限的。有鉴于此，结构功能主义学派在一般系统理论的基础之上，对其分析框架进行了细化。在一般系统理论那里，系统内部的运行机制很大程度上处于"黑箱"状态，而结构功能主义学派试图打破这种黑箱状态。结构功能主义学派从结构和功能两个主要维度，分析政治系统，并认为系统结构承担系统功能，以结构定义功能是该学派的突出特点。政治体系的结构"指的就是构成这一体系的各种活动，即具有某种行为、意图

① 程同顺、邢西敬：《从政治系统论认识国家治理现代化》，《行政论坛》2017 年第 3 期。
② 〔美〕戴维·伊斯顿：《政治生活的系统分析》，王浦劬译，华夏出版社，1999，第 32 页。
③ 〔美〕戴维·伊斯顿：《政治生活的系统分析》，王浦劬译，华夏出版社，1999，第 22 页。

和期望的规则性活动"。① 由此可见，结构功能主义分析框架，更加注重政治体系内部各变量、各要素的互动关系与运行机制，从系统方法论的角度看，它是一种更为成熟的分析框架。

借鉴结构功能主义学派的分析框架，本书从国家治理能力的结构与功能维度，探讨提升国家治理能力的实现路径。其中就功能层面而言，主要集中阐述以下三个方面的内容。

（一） 提升公共管理效能

公共管理效能是指国家机关及其工作人员为执行公共管理任务和达成行政目标，进行公共管理活动时发挥功能的程度及其产生效率、效益和效果的综合体现，是公共管理活动的状态和整体效益的一种反映。公共管理效能是衡量国家治理能力的核心变量。在推进现代化建设的进程中，党和国家领导人十分重视效能问题。邓小平同志多次强调："搞四个现代化，不讲工作效率不行。"② 习近平同志在深化党和国家机构改革总结会议上指出："完成组织架构重建、实现机构职能调整，只是解决了面上的问题，真正要发生'化学反应'，还有大量工作要做。"③ 这里所讲的"化学反应"实际上与公共管理的体制机制改革密不可分，旨在有效提升公共管理效能。新时代，在社会主要矛盾转化背景下，我国公共管理的形势在变、任务在变，管理要求也在变，应该准确识变、科学应变、主动求变，把解决现实问题作为提升公共管理效能的出发点，把有利于提升群众获得感摆在突出问题，确保提升国家治理能力。

（二） 提升质量管理水平

近年来随着管理水平的跃升，质量管理的概念开始进入公共管理领域。从国家治理的角度看，质量管理强调以公民为关注焦点，既要求政府准确识别、理解民众的需求，也要求培养政府工作人员良好的责任、质量

---

① 〔美〕加布里埃尔·A. 阿尔蒙德、小 G. 宾厄姆·鲍威尔：《比较政治学——体系、过程和政策》，曹沛霖等译，东方出版社，2007，第 12 页。

② 中共中央文献研究室编《毛泽东邓小平江泽民论党的建设》，中央文献出版社、中共中央党校出版社，1998，第 469 页。

③ 习近平：《习近平谈治国理政》第三卷，外文出版社，2020，第 106 页。

和程序意识，时刻与民众保持紧密联系。① 党的十九大报告提出了我国制度建设和治理能力建设的具体目标，到 2035 年，"各方面制度更加完善，国家治理体系和治理能力现代化基本实现"。党的十九届三中全会指出，"必须加快推进国家治理体系和治理能力现代化，努力形成更加成熟、更加定型的中国特色社会主义制度"。实际上，改革开放以来，我国政治、经济、文化、社会和生态文明建设方面取得了举世瞩目的伟大成就，其中蕴含的逻辑是"向制度建构要效益"。制度建设的主题主要体现在制度建构层面，即制度与治理体系的完善与发展层面。然而，随着全面深化改革的推进，改革进入攻坚期，对制度执行提出了新的更高要求。特别是新时代社会主要矛盾发生变化，人民对美好生活需要的进一步丰富和发展，公平、正义等得到了前所未有的关注，此时，制度执行便成为制度与治理体系建构所关注的重中之重。

（三）预防犯罪功能

透明的、干净的执法能力是国家治理能力建设的核心和关键。习近平同志在党的十九大报告中指出，"要增强党内政治生活的政治性、时代性、原则性、战斗性，自觉抵制商品交换原则对党内生活的侵蚀，营造风清气正的良好政治生态"。② 从执法能力的角度来说，"腐败是我们党面临的最大威胁。只有以反腐败永远在路上的坚韧和执着，深化标本兼治，保证干部清正、政府廉洁、政治清明，才能跳出历史周期律，确保党和国家长治久安"。③ 由此可见，预防犯罪功能在国家治理能力的结构与功能分析框架中占据重要一环，要从人心向背的高度认识预防犯罪功能，推进国家治理体系和治理能力现代化。

相比过去，新时代全面深化改革具有一系列新的内涵与特点，其中很重要的一点就是需要对国家治理能力提升的结构与功能具有明晰的认知与

---

① 孔祥利：《地方政府引入 ISO9000 质量管理体系的困境与思考》，《中国行政管理》2013 年第 11 期。

② 习近平：《决胜全面建成小康社会 夺取新时代中国特色社会主义伟大胜利》，人民出版社，2017，第 79 页。

③ 习近平：《决胜全面建成小康社会 夺取新时代中国特色社会主义伟大胜利》，人民出版社，2017，第 85 页。

深刻的把握。全面深化改革需要面对的更多是深层次的体制机制问题，这对顶层设计提出了要求更高，对改革的协同性、整体性与结构性要求更强，相应的建章立制、构建体系、贯彻落实的任务更重。而从国家治理能力提升的功能来看，要深刻把握我国发展要求和时代潮流，把提升公共管理效能和全面质量管理摆到更加突出的位置，继续加大全面从严治党的力度，推动各方面制度更加成熟更加定型，推进国家治理体系和治理能力现代化。

第二节　提升公共管理效能

公共管理效能是指公共管理系统效率和效度，并以效度为最终衡量标准。20 世纪 90 年代以来，新公共管理的理念与实践开始在以美国为代表的一些英语世界国家勃兴。新公共管理运动主张借助市场机制完善公共产品和服务的提供，公共行政亦应强调"顾客导向"，在政策执行与公共物品提供方面，主张政府角色由"划桨者"向"掌舵者"转型等。新公共管理的旨归在于通过政府再造战略，提升公共管理效能，这里的"再造"是指"对公共体制和公共组织进行根本性的转型，以大幅提高组织效能、效率、适应性以及创新的能力，并通过变革组织目标、组织激励、责任机制、权力结构以及组织文化等来完成这种转型过程"，[1] 以此回应人们对于政府机构膨胀、税负高、效率低问题的不满。新公共管理运动的核心逻辑是依托政府—市场—社会关系的调整，提升公共管理的效率和效度。

一　推动政府角色由"划桨者"向"掌舵者"转型

新公共管理运动的核心议题是推动政府角色转型。尽管新公共管理运动与我国推进国家治理体系和治理能力现代化的改革，具有不同的内在逻辑与实现进路，然而二者在政府职能调整方面具有相同之处。随着社会主义市场经济的日益发达，公众所需要的物品和服务也日趋细化；与此同时，随着风险社会的来临、信息化革命浪潮的持续推进，政府面临越来越

---

① 〔美〕戴维·奥斯本、彼德·普拉斯特里克：《摒弃官僚制：政府再造的五项战略》，谭功荣、刘霞译，中国人民大学出版社，2002，引言，第 14 页。

多的新型挑战与困难，这些变化都使得政府不可能再继续扮演"全能型"的角色。企事业单位、非营利组织、公益性组织、人民团体、志愿者等应广泛参与公共物品和公共服务的提供。所有这些，从公共行政的角度看，意味着中国公共行政的深刻变革，甚至在一定程度上是对公共行政模式的"再造"。这就需要建构新型的制度体系，并通过新型制度体系的有效运行来实现以上目标。

以提升顶层设计能力提升公共管理效能。规范好政府、市场和社会的关系，优化各自的机构组织，理顺各自的职责功能，政府加快职能转变，做到政企分开、政社分开，建立竞争有序、统一开放的市场，营造安定团结、充满活力社会环境。管理的最高境界是权责利分清，不扯皮，提高效率。要明确三大清单：一是权力清单，明确政府的职责边界，什么该管、什么不该管，该审批的事项要明确，包括审批的流程都需要制度化，真正做到政府"法无授权不可为"；二是责任清单，政府要明确自身的主体责任，每个部门能够做到权责分明；三是负面清单，是指在市场准入的领域，除了那些经济领域不开放的，其他行业、领域、经济活动都许可，即"法无禁止皆可为"。

加大简政放权、放管结合改革力度。让市场的归市场、社会的归社会。让政府不再是"划桨者""运动员"，而是"掌舵者""裁判员"。打造治理型政府，监管与服务并重，放管服相结合。树立管理就是服务、服务也是一种管理的理念。政府的公共管理要与社会的自我管理相结合。动员社会力量参与到公共管理中。政府的力量是有限的，难以覆盖所有的领域，尤其是专业性较强的领域。根据我国实际情况进行公共管理改革，政府主要负责监管考核。

二 提升地方政府的代表性与回应性

国家治理能力的提升意味着制度执行能力的增强，优化了地方政府的代表性与回应性，提升了公共管理效能。长期以来，中国共产党作为群众的利益代表这一观念已经深入人心，然而，与对中央政府高信任度不同，人们对地方政府的信任度不高，而且存在地方政府层级越低，其信任度越低的问题。[①] 究其原因，地方政府的制度执行力尚不到位，特别是其代表性、回应性不足。代表性是地方政府背后的主要力量，地方政府代表性长期不足，不仅会造成政治信任度低、损害政府形象和公信力，更为重要的是会造成地方利益固化问题，产生与中央政府权威相异化的力量，削弱国家自主性与政策的一体化与深度化，影响公共管理的质量。显然，提升制度执行能力，特别是切实提升基层政府治理能力，能够夯实基层政权，提升地方政府的代表性与回应性，进而提升公共管理效能，为推进国家治理现代化奠定坚实基础。

代表性是坚持以人民为中心的理念，满足民众的诉求。回应性是要满足人民的美好生活需要，政府对民众诉求的回应程度，体现着国家治理能力的水平。代表性是回应性的前提，回应性是代表性的表现。只有代表人民的政府才会从更高的政治责任出发去回应民众。民众有所呼，政府有所应，要增强政府执政为民的代表性和回应性。

一是增强地方政府的代表性。要发挥地方人大代表的作用，人大代表能够代表民众参与政策制定。一方面人大代表能够代表自己或者民众向政府发表意见或提建议，促进民众的利益诉求表达；另一方面人大代表能够监督政府，促使政府提升自身的代表性和回应性。

二是发挥协商民主的作用。地方政府在决策过程中会考虑到民众通过正式制度渠道所表达的建议、意见或诉求，但是在现实中政府的回应更多地局限于对民众诉求的回复，如民众来信、公共帖子的回复，仅这种回应难以满足民众的期待。协商民主是回应民众的一种重要方式，能够更大限度回应民众诉求。代表性和回应性需要公开性，政府的阳光行政为代表性和回应性提供了支持和保障，同时民众能够参与到政府的决策过程中，更加直接地增强政府的代表性和回应性。

三是从制度上增强政府对民众诉求的回应性。优化政府的权力清单、责任清单、负面清单制度，出台具有代表性和回应性的政府公共服务清单，提高公共服务水平，推进有效政府的建设。要正确区分正当诉求和非

---

① Li, Lianjiang, "Political Trust in Rural China", *Modern China*, 2004 (2): 228-258.

正当诉求，分清轻重缓急，把握回应的时效度。

三 提升群众参与度以提升公共管理效能

现有公共管理效能不高的重要原因之一是动员和组织群众的能力不足，特别是在基层治理中，其重要根源在于公共管理中的选择性治理问题。在政绩考核的指挥棒下，选择性治理问题会让执政者做出"选择性"的设计。当前，存在某些议题与群众生活疏远的问题，而一些群众关心的重大议题长期无法进入公共管理议程的设置范畴。政府长期关注经济发展的重大议题，对民生议题关注不够；长期关注国家发展层面的重大议题，对地方公共利益和公共服务的议题关注不够。以上问题致使公共管理中群众参与不足。制度化参与不足不仅影响国家治理的现代转型，还会损害公共行政系统，损害政府形象和公信力。

提升社会动员能力可以提高党的执政水平。政党的力量来自组织动员。"'动员'和'组织'，这两个共产党政治行动的孪生口号，精确地指明了增强政党力量之路。"① 动员只有依靠组织的推动力才能获得成功，中国共产党作为世界上最大的执政党，有着近百年的奋斗历史和领导经验，有着70多年的执政经验，经历了血与火的考验。中国共产党正是在总结经验、反思教训的基础上，取得了一个又一个胜利。历史经验表明，动员没有组织的推动，单靠个人的权威或利益的引导，难以长久；组织只有依靠自身的力量发展壮大，才能史好地解决社会动员的问题。

运用较强的社会动员能力促进全面深化改革更能体现中国特色社会主义制度的优越性。应提升公共管理效能，更好地实现国家意志，实现中华民族伟大复兴的中国梦。众志成城方能齐心合力，实现经济社会的大发展。国家、社会是由个体构成的，市民社会的发展能够促进国家的有序发展。马克思认为，市民社会决定国家，而黑格尔的国家主义倾向，认为国家决定市民社会。社会动员能力的提升必须为国家战略服务。社会动员必须以坚持和发展中国特色社会主义为主题，以习近平新时代中

---

① 〔美〕塞缪尔·P.亨廷顿：《变化社会中的政治秩序》，王冠华、刘为等译，上海世纪出版集团，2008，第336页。

国特色社会主义思想为指导。江泽民同志指出："衡量一名党员干部是否称职，不能仅仅看本人的工作是否积极……更重要的是要看他能否把广大群众动员和组织起来，把各个方面的智慧和力量凝聚起来，最大限度地调动和发挥广大群众的积极性、主动性、创造性，团结他们为实现国家的经济社会发展目标而共同努力。"[①] 社会动员具有强烈的导向性，大多数发生在后发国家，用来集中力量解决现代化问题。"国家运动实际上是国家意欲尽快推进社会改造而又缺乏足够的有效性手段时不得不采取的社会动员策略"[②]。

党的十九届三中全会通过的《中共中央关于深化党和国家机构改革的决定》，明确提出要加强基层政权建设，夯实国家治理体系和治理能力的基础，为乡镇治理的现代化建设提供了组织和制度基础。2016年10月1日，中共中央办公厅、国务院办公厅印发《〈关于以村民小组或自然村为基本单元的村民自治试点方案〉的通知》，就以村民小组为单位推进村民自治工作做出了具体安排。当前，提升制度执行能力，能够切实推动群众参与国家治理的制度化建设。群众的制度化参与，能够增强人民群众和地方政府的有机联系，进而有效制约"选择性"治理问题，提升政府治理效能，推进国家治理现代化。

第三节　提升质量管理水平

质量管理是一个经济学概念。质量管理的发展与工业生产技术和管理科学的发展密切相关。美国管理学质量管理专家朱兰（J. M. Juran）提出"质量管理是用来确定和达到质量规格的所有手段的总和"[③]，美国的另一位管理学家费根堡姆（A. V. Feigenbaum）从组织学角度对质量管理进行阐述，认为组织是各个子系统在质量发展、质量保持和质量改进方面努力结合起来的一个有机体系，使得生产和服务达到最优化水平。随着科学管理

① 《江泽民选集》第二卷，人民出版社，2006，第141页。
② 冯仕政：《当代中国的社会治理与政治秩序》，中国人民大学出版社，2013，第50页。
③ 杨传喜、孙文怀等编著《建筑企业现代管理》，黄河水利出版社，2001，第204页。

时代的到来，大量工商管理理念和技术被引入公共管理领域，质量管理体系越来越多地应用于地方公共管理实践，并取得令人瞩目的成效。质量管理体系的核心是全面质量，强调政府管理的全面、优质和高效。为此，在治理理念方面，它强调以公民为关注焦点，既要求政府准确识别、理解民众的需求，也要求培养政府工作人员良好的责任、质量和程序意识，时刻与民众保持紧密联系①。这都建立在制度化基础上。

一 推动经济高质量发展

高质量发展是党的十九大报告作出的新表述，表明了中国经济由高速增长阶段转向高质量发展阶段。党中央高度重视高质量发展，如，在区域经济领域强调"推动形成优势互补高质量发展的区域经济布局"②，在世界经济领域推动"合力打造高质量世界经济"③，在生态建设领域强调黄河流域生态保护和高质量发展④，在"一带一路"建设上强调"推动共建'一带一路'高质量发展"⑤。由此可以看出，推动高质量发展成为中国共产党政治发展、经济发展、生态保护等领域的一个重要目标。

高质量发展源于创新，创新源于智力资源的有效投入，而这又依赖于竞争动力、价值导向等方面制度的引导作用。从根本上讲，良好的制度设计及执行决定智力资源投入的方向，进而决定技术、管理和组织创新的效果，并最终决定经济增长的程度与可持续性。⑥ 正如《国家为什么会失败》一书中所指出的，"不同国家经济发展水平之所以有所不同，其根源在于不同的制度。制度影响了经济体如何运作以及如何激发人们的动机。"⑦ 道

---

① 孔祥利：《地方政府引入 ISO9000 质量管理体系的困境与思考》，《中国行政管理》2013 年第 11 期。
② 习近平：《习近平谈治国理政》第三卷，外文出版社，2020，第 269 页。
③ 习近平：《习近平谈治国理政》第三卷，外文出版社，2020，第 473 页。
④ 习近平：《习近平谈治国理政》第三卷，外文出版社，2020，第 377 页。
⑤ 习近平：《习近平谈治国理政》第三卷，外文出版社，2020，第 490 页。
⑥ 金海年：《制度红利：制度对经济增长的决定性影响》，中国经济出版社，2014，前言，第 8 页。
⑦ 〔美〕詹姆斯·夸克：《失败是一种选择——评达伦·阿西莫格鲁等著〈国家因何失败〉》，何哲译，《国外理论动态》2013 年第 10 期。

格拉斯·诺斯（诺思）和罗伯斯·托马斯的研究指出，近代以来富有效率的经济组织在西欧的发展，构成西方世界兴起的原因，而"有效率的组织需要在制度上做出安排和确定所有权以便造成一种刺激，将个人的经济努力变成私人收益率接近社会收益率的活动。"① 然而，仅仅有良好的制度尚不足以促进经济高质量发展，实际上制度对经济增长的促进取决于制度把努力与报酬联系起来的程度，即取决于制度真正运转起来。所以，提升制度执行能力，能够推动新时代中国经济的高质量发展。

二 提高市场治理质量

（一）市场治理与国家治理需有效互动

制度执行能力能够有效提升市场治理能力，市场治理与国家治理二者存在密切互动，"有效的市场治理也会促进国家治理，而有效的国家治理也会促进市场治理"。② 制度设计是激发市场活力的原动力，有学者提出汲取性制度与包容性制度的概念，并认为包容性的制度体系是国家繁荣兴盛的制度根源，其中包容性制度又可以细分为包容性政治制度和包容性经济制度，前者构成后者的基础。③ 任何类型制度的事实都依赖于制度化这一事实，我国经历了长时间的计划经济阶段，以行政手段干预市场运行的惯性思维和做法还有很大市场，因此，只有充分提高制度执行能力，才能真正发挥市场在资源配置中的决定性作用，并确保政府宏观调控作用的发挥。更为关键的是，依靠政府调配资源的历史做法已经形成了相关利益集团，历史经验证明触及利益的改革往往是最难推进的。提高市场治理质量必须提高现有制度的执行能力。确保通过制度的"界石"来厘清政府与市场的边界，正确处理政府与市场关系，理顺市场运行机制，这也是我国治理现代化内在规定性的重要方面。

---

① 〔美〕道格拉斯·诺斯、罗伯斯·托马斯：《西方世界的兴起》，厉以平、蔡磊译，华夏出版社，2009，第4页。
② 胡鞍钢等：《中国国家治理现代化》，中国人民大学出版社，2014，第89页。
③ 〔美〕德隆·阿西莫格鲁、詹姆斯·A.罗宾逊：《国家为什么会失败》，李增刚译，湖南科学技术出版社，2016，第49~61页。

（二）提高市场治理质量需要营造良好的营商环境

"良好的营商环境就像阳光、水、空气一样"，能够为企业提供良好的发展空间，能够更好地激发市场活力，顺应市场主体的新期待，满足市场的新需求，从微观领域为建设现代化的经济体系提供支持。一是简政放权，降低市场准入门槛，减少不必要的或重复性的行政审批事项，市场主体能够"法无禁止皆可为"；二是提供高效的服务，减少市场运行的行政成本，为市场营造良好的环境。良好的营商环境是推动经济高质量发展的重要条件。

（三）提高市场治理质量需要有效的市场监管

市场具有其自治的特性，但是单靠市场自身的作用，难以从根本上解决秩序问题。同时，市场具有竞争性、交换性、逐利性等特点，竞争能够激发市场创新能力，但是需要公平的竞争，不能垄断；交换性是互利互赢，不能形成一种零和博弈式的市场运作；逐利性是市场经济的一大特征，但是逐利要遵守基本的市场伦理，不能有欺诈等行为。因此，需要创新监管方式，促进市场主体公平竞争。

总之，良好的市场治理需要良好的市场治理制度供给和强有力的制度执行，唯有如此才能营造一个公平、合理、有序的竞争平台，从而提升市场治理的质量。

三 提升社会治理质量

人的本质在现实性上是一切社会关系的总和，现代化在本质上涉及具有现代性属性的个体所形成的具有现代性属性的社会关系。现代化的根据在社会层面，但是，就现代化的意识和能动性而言，社会层面的现代化离不开政治层面的推动，成功的现代化国家从来都不全是社会主动转型的结果，需要具有理性的官僚队伍全力推进，在这个意义上，现代化的推动离不开政治力量的强力推动。这背后的逻辑在于社会现代化是现代化的最终旨归，而社会运行的机制建立在自发和多样性基础之上，缺少整合的动力和机制是社会运行机制的弊端。因此，政治力量是任何社会进行任何转型必不可少的推动力量，现代化转型更是如此。

（一）制度执行能力的提升有利于增强社会自主性

众所周知，社会自治能力是社会自主性的基础，更是提升社会治理能力的关键。当然，社会自治不是社会脱离国家的规制，而是指国家权力和社会权利互相耦合，国家从社会取得资源并获得其合法支持，社会从国家取得保护并获得其合理空间，国家与社会的逻辑互洽，建基于国家与社会的空间互洽。就社会自主性而言，社会的自主属性意味着社会作为一个共同体自我意识的觉醒，国家要有意识地给社会运行留出足够的空间，不能为了自身的权威和统治，无限度地从社会汲取资源，剥夺社会自主的基础。从国家治理的视角看，良好的制度执行能力需要政府、市场和社会三者之间的边界，还要通过制度的规则、规范和价值观念等要素的力量，为培育社会自主性提供现实空间，而社会自主性又进一步提升了社会自律能力。它是指社会自治组织和公民个人保持理性意识和能力，应以合法方式行使自治权力，避免社会运动失范和社会自身崩溃，进而为提升社会治理能力奠定社会基础。

（二）社会治理质量的提升要求实现共同富裕

共同富裕是社会发展追求的重要目标。社会公平的一个重要指标就是解决贫富差距问题。针对贫富差距问题，中国共产党一是解决发展问题，做大蛋糕，激发民众"大众创业、万众创新"的热情，激发社会成员干事创业、创新创造；二是进行社会动员，打赢脱贫攻坚战，集中全社会资源、形成合力，在消除绝对贫困的同时，"巩固脱贫攻坚成果，建立解决相对贫困的长效机制"。[①]

（三）提升政治动员能力有利于提供良好的政治秩序

"政治秩序也部分地取决于政治制度的发达程度和新兴社会势力被动员起来参与政治的程度二者之间的关系。"[②]金耀基认为，古典中国在某种意义上是文化而非国家，"就整个社会来说，全国人口由于语言的分殊性加上'交通系统'的断绝，乃是'非动员的'（unmobilized），亦非'融合

---

① 《中国共产党第十九届中央委员会第四次全体会议文件汇编》，人民出版社，2019，第48页。
② 〔美〕塞缪尔·P. 亨廷顿：《变化社会中的政治秩序》，王冠华、刘为等译，上海世纪出版集团，2008，序言，第 XIII 页。

的'（assimilated）；亦即全国人民是'一盘散沙'而没有'社会的凝结力'，有其特殊的价值系统，全国实际上尚停留在'区社'的状态，根本未形成全国性的社会。"① 因此，作为世界上最大的政党组织之一，中国共产党通过思想宣传和建立基层组织等措施改变了"一盘散沙"的局面，实现了对国家的社会动员。提升质量管理水平，要注重社会政策的社会引领作用。社会政策能够引领社会发展方向，解决社会阶层分化的问题，其关键是培育和壮大社会中产阶层，形成具有稳定性的橄榄型社会。

第四节　增强预防犯罪功能

对于现代社会而言，制度首先且主要是指一个国家的法律体系，包括从宪法到法律再到行政法规、部门规章、条例等完整的法律体系。提高制度执行能力主要在于提高法律执行能力，这不仅是因为立法、行政与司法构成了国家的主体部分，更是因为现代社会本质上是一个法治社会。党的十九大报告指出，要坚持以人民为中心的发展思想，提升群众的幸福感、获得感和尊严感。从社会和谐的角度看，首要一点便是安全的需求，这对提升预防犯罪能力提出了新的要求。从国家治理现代化的视角看，必须将宪法和法律确认为社会的最高权威，以控权制度的确立和国家法定权力与法律责任相统一制度的建立为基本前提，实现国家治理向法治思维和法治方式的转换，并以之约束从立法到执法、司法、守法和法律监督的全过程。②

一　预防职务犯罪

（一）预防犯罪是提升制度执行能力的重要旨归

预防犯罪是中国特色社会主义法律体系的主要功能之一。历史来看，国家治理的现代化意味着党和政府通过制度，特别是通过法治的力量有效

---

① 金耀基：《从传统到现代》，法律出版社，2017，第68页。
② 徐显明：《论"法治"构成要件：兼及法治的某些原则及观念》，《法学研究》1996年第3期。

规制与引导社会力量，实现国家的长治久安与社会的可持续性繁荣。因此，提升预防犯罪能力进而确保社会的繁荣稳定是国家治理现代化的题中应有之义。众所周知，社会犯罪侵害的是社会有机体、经济犯罪侵害的是经济的可持续发展、职务犯罪侵害的是公共管理机体的健康。社会转型期，旧的维持社会秩序的制度体系已经解体，而新的秩序体系尚未建立起来，特别是法治政府建设的步伐滞后于经济社会转型的速度，成为引发犯罪问题的一个重要根源。法治中国的建设，"并不如后来学者构建的那样是共时性的，而更多是历时性的。制度的发生、形成和确立都在时间流逝中完成，在无数人的历史活动中形成。"[1] 由此可见，法治中国的建设特别是法律制度真正有效地运转起来，是一个历史的和具体的过程，只有不断提高制度执行能力，才能让法律规则落地生根。

亨廷顿在《变化社会中的政治秩序》一书中提出了现代化产生腐败的理论。现代化引发社会价值观的转变，使得权力来源更为广泛，而政治体制变革带来的不稳定性等诸多因素都会引发腐败现象的产生。当然，我们认为公职人员职务犯罪的原因是多方面的，涉及信念崩塌、制度软弱、监督缺位等诸多层面，其中制度建设不到位是一个重要的因素。职务犯罪特指国家公职人员以权谋私、玩忽职守、贪污受贿等滥用权力或亵渎权力的犯罪行为。由此可见，公务员职务犯罪已成为一种危害国家治理的毒瘤，其危害经济社会发展秩序，进而对国家治理的效能产生消极影响。

（二）顶层设计能力建设有利于从制度源头上预防犯罪

党的十八大以来，中央出台的八项规定有力地起到了预防犯罪的作用，通过强有力的执行刹住了吃喝风。党的十八届四中全会指出，要"加快推进反腐败国家立法，完善惩治和预防腐败体系"。[2] 强化顶层设计能力，着力构建"审批—监督—审计"三位一体的预防犯罪体系，有效预防职务犯罪。审批主要是事前的审查，从源头上预防犯罪，审批的程序合法性是其重点。监管主要是事中进行监督管理，会贯穿整个过程，实行谁审

---

① 苏力：《制度是如何形成的》，人民出版社，2013，第53页。
② 中共中央文献研究室编《十八大以来重要文献选编》（中），中央文献出版社，2016，第163页。

批谁监管的原则，审批权与监管权有时也会分离，但要实现审批权与监管权的有效交接。审计主要是事后监管，审计工作较多的是从单纯的事后监管，到事后和事中监管相结合；从单纯的事后补偿性、时效性差的监管，向事中即时性与长期性相结合的监管方向发展。

（三）社会动员能力有助于加强社会监督，让权力在阳光下运行

信息不对称、信息孤岛是犯罪的一个重要因素。要堵住犯罪的漏洞，信息公开和信访制度是两大武器。信息公开为社会监督提供了前提，信访制度为社会监督提供了信息传输和意见表达的平台和渠道。同时，行风热线、市长邮箱、监督电话等为社会监督提供了便利条件。"检察机关在履行职责中发现行政机关违法行使职权或者不行使职权的行为，应该督促其纠正。"[1] 由此可见，提升制度执行能力，特别是法律规章的执行能力，能够督促检察机关依法承担起纠正行政违法行为的新使命，建立健全行政违法行为检察监督制度，推进行政机关严格规范、公正文明执法，提升预防犯罪能力。此外，监督缺位是职务犯罪高发的重要原因，在监督制度的建设层面，我们已经取得了丰硕的成果。然而，由于制度执行能力滞后，一些监督制度软弱，无法真正发挥应有的作用。因此，切实提高制度执行能力，对于预防职务犯罪能力建设意义十分重大。

二 预防政府行政违法

国家治理能力的提升有助于提高政府依法行政能力，预防政府行政违法行为。众所周知，市场经济发展与民主政治建设都以法治政府建设为基础和前提，离开了法治政府的保障，二者的建设都将无从谈起。行政违法是指行政机关违法行使职权，主要包括实体违法和程序违法。实体违法是指行政机关违反法律规定的目的、原则和标准，超越、滥用职权从而侵害相对人合法权益，甚至危害公共利益的行为。[2] 程序违法则是指违反法定的程序要求，从而给特定行政相对人或者公共利益造成损失。行政组织是

---

① 中共中央文献研究室编《十八大以来重要文献选编》（中），中央文献出版社，2016，第169页。
② 吴卫东：《行政违法行为的检察监督：制度·职能·机制》，《中共云南省委党校学报》2017年第2期。

提供公共管理和服务的组织，旨在实现经济发展进步，以最大化实现社会公共利益。

行政违法与法治政府建设的要求相悖，提高制度执行能力，特别是执行法治政府建设的相关规定，对于防止政府违法行为具有重大意义。其他国家的经验表明，法治政府建设是一个长期的历史过程，"作为使大范围的行政运转向国家政府的宪政体系有效转型的一部分，公共行政的法律性因素也发展起来。这种转型的斗争进行了一个世纪之久，任务是非常艰巨的。"① 党的十八届三中全会发布了《中共中央关于全面深化改革若干重大问题的决定》，党的十八届四中全会发布了《中共中央关于全面推进依法治国若干重大问题的决定》。全面深化改革离不开法治的力量保障，法治的重要功能不仅在于惩罚犯罪，更在于预防犯罪，任何法律的实施都不是处于真空中，都需要尊法学法守法用法，其功能则在于预防犯罪。

现实来看，提高制度执行能力，可以抓住"一把手"这个关键少数，提高预防行政违法能力。亚里士多德认为法治是相对于人治而言的，并对法治进行了解释："法治应包含两重意义：已制定的法律应获得普遍的服从；而人们所遵从的法律本身应该是成文的和良好的。"② 党的十八届四中全会通过的决定提出，"把法治建设成效作为衡量各级领导班子和领导干部工作实绩重要内容、纳入政绩考核指标体系，把能不能遵守法律、依法办事作为考察干部重要内容"。③ 由此可见，切实提升制度执行力，能够有效用好考核这个指挥棒，抓住主要领导这个关键少数，切实预防行政违法行为。

三 推动法治社会建设

（一）加强顶层设计能力建设，为预防犯罪能力提升提供制度环境

国家治理能力提升有利于推动法治社会建设，提高预防犯罪能力。

---

① 〔美〕戴维·H. 罗森布鲁姆、罗斯玛丽·奥利里：《公共管理与法律》，张梦中等译，中山大学出版社，2007，第 3 页。

② 〔古希腊〕亚里士多德：《政治学》，吴寿彭译，商务印书馆，1985，第 199 页。

③ 中共中央文献研究室编《十八大以来重要文献选编》（中），中央文献出版社，2016，第179 页。

习近平同志指出："法律是治国之重器，法治是国家治理体系和治理能力的重要依托。"① 顶层设计要设计出良法，良法是善治的前提和条件。既要依法执政与依法行政共同推进，又要法治国家、法治政府、法治社会一体化建设，通过形成法治合力提高预防犯罪能力。法治社会是法治国家和法治政府建设的重要基础，全社会要学法、懂法、守法，只有全社会信仰法治，真诚拥护法治权威，形成社会主义法治文化，才能建成法治社会，为全面依法治国提供坚实的思想基础。同时，建设法治国家和法治政府是法治社会的根本保障，依法治国、依法行政为法治社会提供制度和行政支持。

（二）预防犯罪能力提升的关键在于法治意识的提升

预防犯罪能力提升能够提高制度执行能力，强化法律认同，增强认知观念，使人们意识到法律的执行是全方位、全天候、全领域的，从而提高对制度执行的意识。众所周知，意识是人所特有的一种对客观现实的心理反映形式，往往是建构价值观念的基础，甚至决定人们的行为。意识支撑价值观念，而特定的价值观念又支持某种行为。比如，在传统社会治理中，一些地区对不贞的妇女动用沉塘等残酷的惩罚手段，尽管野蛮又不合人性，但没有引起人们反感，反而获得了人们的认同，其根本原因在于人们对"男尊女卑"意识的认同，有了人治的意识才有了人治的行为。当前，我国法治社会建设还比较滞后，在很大程度上源于社会法治意识的淡薄。

（三）人民法治意识的增强是一个心理状态不断调适的过程

法治意识是广大群众逐渐将法治观念内化为塑造行为的心理层面的深层次决定性因素。换言之，法制意识的增强意味着群众能够自发运用法律来规范自己的行为，维护权利、履行义务，并能够用法律评价他人的行为。法治意识的增强是一个循序渐进的过程，包括学法、尊法、守法、用法几个主要阶段。学法是树立法治意识的前提和基础，学法意味着在人民内心深处播下一粒法律的种子。尊法是对法律的尊重和敬畏，是对法律知

---

① 中共中央文献研究室编《十八大以来重要文献选编》（中），中央文献出版社，2016，第141页。

识承载的价值的内化和认同，建立在学法的基础之上。守法意味着能够用法律规范自己的行为，保护自己的权利并履行自己的义务。用法更多的是强调在一个法治社会中调节自己和他人关系时的一种方式方法的选择，强调了公共空间内法律意识的增强。

　　总之，从顶层设计能力、制度执行能力、社会动员能力三个方面总体上增强国家治理能力，构建"审批—监管—审计"三位一体的预防犯罪治理体系，构建"顶层设计—制度执行—社会动员"治理能力体系，以提升公共管理效能和质量管理水平。现实来看，国家治理能力的功能是综合性的，需要纵向和横向的多方配合、多方参与，只有形成合力才能发挥出最佳效果。

| 第六章 |

提升国家治理能力的政策建议

国家治理能力提升的途径可以分为理论和实践两个层面。前文所述的实现路径主要是从理论层面探究国家治理能力提升路径，本章主要从实践层面探究提升国家治理能力途径，提出政策建议，主要包括：在顶层设计能力提升方面，加强顶层设计队伍建设、优化顶层设计机制、重视顶层设计理念；在制度执行能力提升方面，优化地方行政层级设置、创新群众参与机制和加强制度执行文化建设；在社会动员能力提升方面，完善社会动员体制机制、创新社会动员方式、增强社会动员主体权威。

第一节 提升顶层设计能力的政策建议

顶层设计要提供合理的可持续的制度供给，解决制度供给不足问题；要能够增加制度红利，以避免制度红利递减效应。因此，顶层设计要与时俱进，制度设计要满足国家的发展需要。针对顶层设计能力提升中存在的问题，需要从以下几个方面解决问题。

一 加强顶层设计队伍建设

有人提出顶层设计主体是多元的，这不完全准确。准确地说应该是顶层设计参与者是多元的，顶层设计主体是确定的，主要是党和政府，最核心的顶层设计主体是党中央。当前，我国的改革已经进入深水区，改革面临的阻力和困难在加大，这需要以史为鉴。改革要打破利益固化、以社会整体利益为出发点和坚持以人民为中心，就要加强顶层设计队伍建设，不断增强党中央权威并提升顶层设计队伍的政治责任感和历史使命感，推进国家治理能力现代化建设。

（一）提升顶层设计团队的权威性

顶层设计者必须具有权威性。党的建设、凝聚力需要核心和权威。改革从摸着石头过河到顶层设计都需要权威的推动，顶层设计者的权威关乎党的命运、国家的命运和人民的命运。有共识、有认同、有动员、有回应的顶层设计才是成功的，才能自上而下进行推动。邓小平同志讲："中央要有权威。改革要成功，就必须有领导有秩序地进行……党中央、国务院没有权威，局势就控制不住。"① 习近平同志指出："维护党中央权威和集中统一领导。保证全党令行禁止，是党和国家前途命运所系，是全国各族人民根本利益所在。"② 党中央具有最高权威，各级党委和政府当然也要有权威，地方的权威来自中央权威。阻碍顶层设计实施的阻力越大，就越需要发挥党中央权威。

从世界经验来看，改革需要权威性的政策来推动。世界上很多国家在改革的过程中，中央或政府失去权威，导致了改革的失败。亨廷顿在《变化社会中的政治秩序》一书中提出了改革和革命的一个先决条件，即权力集中："毫无疑问，改革与革命之间最重要的关联，就是二者的先决条件是一样的，即政治体系中的权力是集中的。"③ "权力集中，特别是在权力总量本来就是小的体系中的权力集中，是政策创新和改革的首要前提。"④ 历史来看，苏联改革未成功，并导致了解体，其原因何在？没有权威的领导人应该是主要原因之一。实际上，在改革过程中，中央一旦失去权威，极易造成政变发生，改革会失败。

---

① 《邓小平文选》第三卷，人民出版社，1993，第 277 页。
② 《中共中央政治局召开民主生活会 习近平主持并发表重要讲话》，《人民日报》2017 年 12 月 27 日。
③ 〔美〕塞缪尔·P. 亨廷顿：《变化社会中的政治秩序》，王冠华、刘为等译，上海世纪出版集团，2008，第 304 页。
④ 〔美〕塞缪尔·P. 亨廷顿：《变化社会中的政治秩序》，王冠华、刘为等译，上海世纪出版集团，2008，第 304 页。

中国共产党在执政过程中始终强调党中央权威和核心的作用。领导集体没有核心，就难以协调各方，就难以集中力量办大事。

1. 要增进顶层设计团队的政治责任感

顶层设计主体在做顶层设计时必须履行政治责任，考虑国家和社会的整体利益，不能有私心或领导个人的利益。对此，要以国家的长治久安为导向，完善顶层设计的制度建设，一方面，要通过权力的科学配置，把权力关进制度的笼子里，要制约权力，更要用好权力，让权为民所用，利为民所谋。另一方面，要优化顶层设计权责制度建设，在集体内部，个人决策权和责任不明确会导致集体不负责任的局面①。为此，顶层设计要逐步完善问责机制建设，在顶层设计领域逐步完善顶层设计档案管理制度，实现权责利一致，这既赋予顶层设计者决策权，又要求其有责任担当。

2. 顶层设计主体要有历史使命感

总结历史是为了开辟未来，立足现实是为了放眼未来。对待国内国外两个大局要冷静观察、稳住阵脚、沉着应对。顶层设计具有前瞻性、预测性，顶层设计要总结历史、立足现实、预测未来。没有历史使命感的设计难以总结历史、找准定位、预测未来。此外，顶层设计要有历史智慧。历史是过去的现实，现实是未来的历史。顶层设计不是推倒重来，而是兼顾历史文化传统、基本国情，以及未来发展方向和趋势。

顶层设计更加宏观、更加长远，具有更大的普遍适用性，是指导性的，不能过于拘泥于细节。顶层设计主要是宏观思路，与地方和基层相比具有更高的普遍适用性，不能太具体，太具体后容易导致地方和基层难以执行。不是什么设计都是顶层设计，系统的、整体的、总体的设计才是。

顶层设计要有历史续接力，能够为中华民族伟大复兴而持续奋斗。"历史是最好的教科书，也是最好的清醒剂。"② 运用历史智慧，提高历史思维能力，看清历史现象、认清历史活动、把握历史规律、预测历史趋势，做好顶层设计工作。

---

① 郑永年：《中国政治的顶层设计问题》，《联合早报》2012 年 8 月 28 日。

② 习近平：《在纪念全民族抗战爆发七十七周年仪式上的讲话》，新华网，2014 年 7 月 7 日，http://www.xinhuanet.com/politics/2014 - 07/07/c_1111497611.htm。

3. 加强外脑建设

要加强中国特色新型智库建设。智库建设包括内脑和外脑，内脑是指党和政府的智库建设，主要是指党和政府组织内部的专家组或决策顾问等；外脑是指高校、社会的智库建设，主要是指党和政府组织体制外的决策咨询机构。内外脑结合能够集中专家的智慧，提升国家治理能力。内脑、外脑各有优势，作为内脑的体制内智库的优势在于能够站在党和人民的立场思考问题，提出政策建议时政治立场坚定。作为外脑的智库也有其优势，那就是能够站在相对中立的立场看待问题，而且其结论少受政府，尤其是政府官员的影响。外脑多谋、内脑多断，内脑不能过多干涉外脑，外脑要保持相对独立性，为内脑提供丰富的智慧成果，多出主意少拿主意。因此，体制内外的智库要优势互补，为顶层设计者提供智力支撑。

党的十九大报告在"文化建设"部分指出"加强中国特色新型智库建设"，着重强调新型智库在繁荣哲学社会科学和思想宣传领域的作用。《中共中央关于加强党的政治建设的意见》中没有提到智库，党的十九届四中全会也没有提到智库的作用，尤其是智库的制度建设。对于体制外的智库建设，不宜过多涉及政治领域。政治是方向，主要由体制内智库解决。当然不是说体制外的智库不能议政，而是说过多的议政会导致思想混乱。当前，中共中央更加重视协商民主的智慧和力量，其中包括了专家学者和群众，因此在政治领域不需要智库的过多干涉。重要的一条是必须确保党的全面领导，尤其是政治领导。

（二）优化党中央决策议事协调机构

《中共中央关于深化党和国家机构改革的决定》提出了建立健全党对重大工作的领导体制机制，优化党中央决策议事协调机构，加强党对涉及党和国家事业全局的重大工作的集中统一领导。"党中央决策议事协调机构在中央政治局及其常委会领导下开展工作"，"优化党中央决策议事协调机构，负责重大工作的顶层设计、总体布局、统筹协调、整体推进"。[①] 党

---

① 《紫光阁》杂志社编《新时代中国特色国家治理体系建构的重大创新：党和国家机构改革学习材料汇编》，中国言实出版社，2018，第11页。

的十九届三中全会决定，部分领导小组升格为委员会，作为顶层设计议事协调机构，即中共中央直属议事协调机构，这是一种顶层设计安排。中央全面深化改革领导小组、中央网络安全和信息化领导小组、中央财经领导小组、中央外事工作领导小组改为中央全面深化改革委员会、中央网络安全和信息化委员会、中央财经委员会、中央外事工作委员会。同时新组建中央全面依法治国委员会、中央审计委员会和中央教育工作领导小组、中央机构编制委员会。中央决策议事协调机构体现了党的集中统一领导的制度优势。

党的十八大之后，我们加强党的政治建设，全面从严治党，维护了党中央权威，维护了习近平总书记党中央的核心、全党的核心地位，加强了顶层设计、顶层推动、一体落实的能力。从领导小组到委员会，体现了权力的制度化。有学者认为委员会制度较领导小组具有更大的政治优势，委员会制度在继续满足集体领导和党内民主需要的同时使得高层权力相对集中，提高了决策的效率……也使得各委员之间具有协调功能，克服了部门主义，提高了政策执行能力。[①]

众所周知，"小组治国"与"委员会治国"结合是加强党总揽全局、协调各方工作的一次伟大创造。党的机构改革的一个核心是如何把党的集中统一领导贯穿到各个领域、各个层次。邓小平同志指出："我们要定一个方针，就是要在中央统一领导下深化改革。"[②] 全面深化改革是一个系统整体的改革，涉及面广、任务艰巨，而且是一个持续的过程。鉴此，建议在现有各领导小组（委员会）的基础上，成立专门性的机构负责全面深化改革、全面依法治国、财经、网络安全等新时代国家治理的重要议题，统一整合专门性的顶层设计机构，负责统筹安排全面深化改革事宜。

（三）强化稳定成熟有核心的持续改革的领导集体

邓小平同志1990年12月24日指出，"中国问题的关键在于共产党要有一个好的政治局，特别是好的政治局常委会。只要这个环节不发

---

① 郑永年：《中国政治的顶层设计问题》，《联合早报》2012年8月28日。
② 《邓小平文选》第三卷，人民出版社，1994，第278页。

生问题，中国就稳如泰山"①，同时强调"最关紧的是有一个团结的领导核心"。② 有个民主团结的领导核心，社会主义的中国将会成为不可战胜的伟大国家。保持好的领导制度和组织制度，这是我们中国特色社会主义制度的优势。

邓小平同志指出："任何一个领导集体都要有一个核心，没有核心的领导是靠不住的。第一代领导集体的核心是毛主席。因为有了毛主席作领导核心，'文化大革命'就没有把中国共产党打到。第二代实际上我是核心。因为有这个核心，即使发生了两个领导人的变动，都没有影响我们党的领导，党的领导始终是稳定的。进入第三代的领导集体也必须有一个核心……也就是现在大家同意的江泽民同志。"③

党的十八大以来，中国共产党更加注重党的作风建设，开展党的群众路线教育实践活动，开展"不忘初心、牢记使命"主题教育，取得了非凡的成绩。习近平总书记提出了治国理政新理念新思想新战略，有力地推动了国家治理体系和治理能力现代化。核心是干出来的，有为者有位，在实践行动中和理论创新中，习近平总书记成为党中央的核心，全党的核心。鉴此，一是要选好班子成员；二是领导班子要高瞻远瞩，有战略定力。邓小平同志指出："中国一定要有一个具有改革开放形象的领导集体。"④ 坚持全面深化改革要保持政策稳定，领导班子要团结稳定、具有改革开放的意志和勇气。在选人用人上，选任具有改革开放风气的人担任领导。"我们要坚持改革开放正确方向，敢于啃硬骨头，敢于涉险滩，既勇于冲破思想观念的障碍，又勇于突破利益固化的藩篱。"⑤ 顶层设计主体要有踏石留印、抓铁有痕的精神，以及壮士断腕、刮骨疗毒的勇气来进行改革，"唯改革者进，唯创新者强，唯改革创新者胜"。党章规定，"中国共产党是……中国特色社会主义事业的领导核心"，"必须实行正确的集中，牢固

① 《邓小平文选》第三卷，人民出版社，1993，第365页。
② 《邓小平文选》第三卷，人民出版社，1993，第365页。
③ 《邓小平文选》第三卷，人民出版社，1993，第310页。
④ 《邓小平文选》第三卷，人民出版社，1993，第311页。
⑤ 2012年12月7~11日，习近平在广东考察工作时的讲话，http://www.qizhiwang.org.cn/n1/2020/0628/c433093-31761478.html。

树立政治意识、大局意识、核心意识、看齐意识，坚定维护以习近平同志为核心的党中央权威和集中统一领导，保证全党的团结统一和行动一致，保证党的决定得到迅速有效的贯彻执行。"

总之，中国共产党是中国特色社会主义伟大事业的领导核心，必须坚持以习近平同志为核心的党中央权威和集中统一领导。以习近平同志为核心的党中央领导集体是具有持续改革决心和勇气的领导班子。党的十九届六中全会提出的"两个确立"为全面深化改革提供了政治保障。

二 优化顶层设计机制

（一）构建系统的民意表达机制

顶层设计要反映民意，发挥民众的智慧，构建系统的民意表达机构。一是从意见表达主体看，有工会、共青团、残联等群团组织。值得注意的是，近年来，意见表达的方式呈现网络化的倾向，而且愈演愈烈。通过政府的官网直接表达利益诉求，并通过网络舆论形成舆论场，进而影响决策，以求获得政策支持。二是从意见表达渠道看，有党代会、人代会、政协会议等会议方式，还有工会、共青团、妇联、残联等组织方式，政府还有信访渠道。三是从意见表达客体看，党和政府是主要的意见表达客体，因为权责是一致的，有权力就有解决民众问题的责任。四是意见表达的综合。可以从意见表达主体的立场进行综合，这是最接近意见表达的内容和原义的；可以根据意见综合主体的需要，站在意见综合者的立场进行意见综合，在我国也就是站在党和政府的执政立场进行意见综合，当然在我国党性和人民性是一致的，党和政府是代表人民的立场来执政、进行意见综合的；可以为了配合党和国家政策，选取适合党和国家政策的意见进行综合，为党和国家政策的运行提供可靠的保障。意见综合科学不科学、能不能正确，主要看能否全面反映利益主体的准确表达，这是决策的民意基础。决策的民主化就是集思广益、集中民智的过程。人民是智慧的源泉，是改革的依靠力量。毛泽东同志强调，要先做学生、后做先生。决策也是这个道理。在发展过程中，不能一味地讲求速度，还要倾听民众的呼声。邓小平同志讲："对于我们党来说，更加需要听取来自各个方面的批评和监督，以利于集思广益，取长补短，克服缺点，减少错误。"①

（二）重视信息化建设，提升信息化能力和水平

信息化建设为增加信息来源提供了重要支撑。中共中央高度重视信息化建设。一是中央政治局集体带头学习网络安全和信息化知识。自党的十八大以来，中央政治局高度重视互联网技术和人工智能发展。十八届中央政治局第三十六次集体学习的内容是"实施网络强国战略"；十九届中央政治局第二次、第九次、第十二次、第十八次集体的内容分别是"实施国家大数据战略""人工智能发展现状和趋势""全媒体时代和媒体融合发展""区块链技术发展现状和趋势"。从学习的内容来看，有宏观层面和技术层面，"实施网络强国战略"和"实施国家大数据战略"是宏观层面，"人工智能发展现状和趋势""全媒体时代和媒体融合发展""区块链技术发展现状和趋势"是技术层面，可以看出党中央能够准确把握信息时代的脉搏，学好用好网络和信息技术的态度和决心。

二是成立了专门的网络安全和信息化机构。2014 年 2 月 27 日，中央网络安全和信息化小组成立，习近平同志任小组组长；2018 年 3 月该小组升级为中央网络安全和信息化委员会，习近平同志任委员会主任，负责网络安全和信息化领域重大工作顶层设计。

三是信息获得渠道，一个是"走出去"，另一个是"报上来"，还有一个是"闯进来"。中央和地方领导人的调研也是重要的信息获得渠道，同时，他们的调研很多具有重要的问题导向和政治信号，这是"走出去"。"报上来"是指，依靠会议制度和总结汇报制度，信息从基层一直汇报到中央，这种汇报包括两种形式，一种是文字的书面报告，另一种是口头报告，在某些领域还有每天汇报制度，如宣传部门、经济部门的一些重要信息要求每日一报。在信息处理上，按照信息的重要程度区分为绝密、机密、秘密、公开等级别，几乎每个部门都有自己的内部文件，只有相应的人员具有获得此类信息的权力。"闯进来"是人民群众自己的一种主动作为。媒体报道也是顶层设计者获得信息的重要来源，如新华社、《人民日

---

① 《邓小平文选》第二卷，人民出版社，1994，第 205 页。

报》等重要媒体。信息处理的文件类别有命令、指示、通知、意见等，有时候也会通过表扬信和批评信的方式来传达信息的处理结果。

三　重视顶层设计理念

改革的系统性、整体性和协同性要求加强顶层设计，避免顶层设计的碎片化。这要求总结经验规律、设计好改革思路。新时代，要牢牢把握治国理政的基本要求，这是"体现共产党执政规律、社会主义建设规律、人类社会发展规律的东西，表明我们党对中国特色社会主义规律的认识达到了新水平。"①

（一）优化顶层设计思路，实现从摸着石头过河到顶层设计的理念转型

1. 由经验上升到理性是解决设计内容碎片化的重要途径

善于总结经验，是一个国家、一个民族、一个政党取得进步、走向成熟、获得发展的基本条件。总结经验是立足点、是客观条件，需要把握规律的特殊性和普遍性；理性选择是发挥人的主观能动性，总结我国发展经验，借鉴西方发达国家的先进经验，探寻顶层设计中具有普遍性的东西；制度设计是客观条件与主观能动性的统一，是普遍性与特殊性的统一。总结经验是理性选择的前提和基础，制度设计是在总结经验和理性选择基础上形成的，总结经验更多强调事物发展的客观规律性，而理性选择则更多是基于客观规律之上强调事物发展的主观能动性。主观能动性是建立在客观规律性基础之上的，但是并不意味着人在客观规律面前无所作为。习近平同志强调："历史发展有其规律，但人在其中不是完全消极被动的。只要把握住历史发展大势，抓住历史变革时机，奋发有为，锐意进取，人类社会就能更好前进。"② 因此，在尊重历史客观精神基础上，发挥历史主动精神成为改革的重要方法。

2. 改革需要摸着石头过河与顶层设计的辩证统一

改革开放以后，我们主要奉行摸着石头过河的制度设计理念，重在探

---

① 习近平：《习近平谈治国理政》第一卷，外文出版社，2018，第 12 页。
② 习近平：《论坚持全面深化改革》，中央文献出版社，2018，第 502 页。

索，通过总结经验，把握改革规律，"过河"是目的，"摸石头"是方法，解决的是发展的问题。而全面深化改革则是要进行系统全面的改革，是在总结经验的基础上，进行顶层设计。"十八大前后，高层提出'顶层设计'的概念，意在改变之前政策设计过于分散，受制于既得利益的局面。"① 打破利益固化藩篱是顶层设计要面对的一个重要问题。

摸着石头过河和顶层设计是在改革的不同时期强调的改革思路，都适应了时代发展的要求，在每一个时期两者都有，只是侧重点不同。"其实中国的改革一开始就出自顶层设计，只不过改革攻坚阶段顶层设计更显重要罢了。"② 摸着石头过河重在探索，强调经验；顶层设计重在人为理性设计，强调人类对世界的可知性，通过认识规律，设计未来发展规划和思路，进而改造世界。摸着石头过河的探索具有从局部到整体的逻辑思路，顶层设计是人为理性的系统设计，具有整体全面的逻辑，这显示了从局部带动到全面协调发展的思路，如先富、后富到共富，站起来富起来强起来的发展思路。以前是对各个领域中的部分进行改革，而现在是各个领域以及整体领域的总体改革。摸着石头过河，解决的是发展的问题，解决的是富起来的问题，而顶层设计的目的是解决再发展的问题，是解决强起来的问题。因此当下提升国家治理能力必须要有自我革命的勇气和决心，勇于自我革命和社会革命，以党的伟大自我革命推动伟大社会革命。

3. 改革要有整体思维和系统思维

改革需要把社会作为一个整体的系统来看待，注重社会的协同性发展。社会基本矛盾不是静态存在的，而是一个互动发展的过程，"社会基本矛盾总是不断发展的，所以调整生产关系、完善上层建筑需要相应地不断进行下去。改革开放只有进行时、没有完成时，这是历史唯物主义态度。"③ 因此，要用过程思维去解决社会中存在的问题。冲破思想观念的障碍需要解放思想，打破思维定势，用创新的精神指导工作。未来具有不确

---

① 郑永年：《中国的知识短缺时代》，《联合早报》2016年1月26日。
② 张卓元：《中国改革顶层设计》，中信出版社，2014，第29页。
③ 习近平：《推动全党学习和掌握历史唯物主义 更好认识规律更加能动地推进工作》，《人民日报》2013年12月05日。

定性，这要求国家必须做正确方向的持续努力，只有心往一处想，劲往一处使，问题才能得到很好地解决。这都需要根据规律进行理性设计。

（二）解决顶层设计的碎片化问题，关键是要坚持党的领导，发挥党在顶层设计中的核心作用

顶层设计只有获得群众认同才有生命力，摸着石头过河和顶层设计的实践主体始终是人民群众。历史来看，中国共产党执政以后，以毛泽东同志为核心的中央领导集体对社会主义制度艰辛探索，为社会主义制度建设打下了坚实的基础；以邓小平同志为核心的中央领导集体坚持改革开放，取得举世瞩目的成绩；以习近平同志为核心的中央领导集体自党的十八以来，坚持全面深化改革，取得了举世瞩目的伟大成就。综观国际风云变幻，这边风景独好，所以说，"我们的国家治理体系和治理能力总体上是好的，是适应我国国情和发展要求的"。[1]

要加强党在顶层设计中的全面领导。党的全面领导的关键是政治领导，以政治建设为统领，因为政党的首要属性就是政治属性，一个政党要有政治灵魂。党的政治领导能力的提高能够确保改革方向的正确性，方向决定道路，道路决定命运。在改革顶层设计的过程中决不能犯颠覆性的错误。要发挥好党的领导作用，就要融政党入政府、社会、市场，把党的议事决策机构放入政府中，如建立议事协调机构。维护执政党的统治合法性与维护人民的利益相统一。顶层设计要体现中国共产党的价值引领作用[2]和组织凝聚作用，以提升党对顶层设计的政治领导力、思想引领力、组织凝聚力，并实施大数据战略，提升对顶层设计的战略谋划力。

---

[1] 中共中央文献研究室编《十八大以来重要文献选编》（上），中央文献出版社，2014，第548页。

[2] "推进国家治理体系和治理能力现代化，要大力培育和弘扬社会主义核心价值体系和核心价值观，加快构建充分反映中国特色、民族特性、时代特征的价值体系。坚守我们的价值体系，坚守我们的核心价值观，必须发挥文化的作用。民族文化是一个民族区别于其他民族的独特标识。要加强对中华优秀传统文化的挖掘和阐发，努力实现中华传统美德的创造性转化、创新性发展，把跨越时空、超越国度、富有永恒魅力、具有当代价值的文化精神弘扬起来，把继承优秀传统文化又弘扬时代精神、立足本国又面向世界的当代中国文化创新成果传播出去。"（2014年2月17日，习近平在省部级主要领导干部学习贯彻十八届三中全会精神全面深化改革专题研讨班开班式上的讲话）。

（三）克服顶层设计的碎片化问题，要加强顶层设计层面的协调机制建设

习近平总书记指出："我们的主要历史任务是完善和发展中国特色社会主义制度……这项工程极为宏大，零敲碎打调整不行，碎片化修补也不行，必须是全面的系统的改革和改进。"① 从协调视角看，一是顶层协调有中央议事协调机构；二是地方之间要加强交往和协调，做好上传下达的工作；三是基层之间除了纵向之间的交流，还要强调基层之间的协调。

从改革共识视角看，顶层设计需要的改革共识，包括三个层次：第一层次是中央领导决策层内部的改革共识、持续的改革意志；第二层次是学界、政界、体制内、体制外的改革共识，需要学界的学术的论证，需要政界的普遍认同；第三层次是所有民众的改革共识，民众能够从改革中获利是最基本的前提。

从改革的系统性看，顶层设计需要系统完备。最初的改革是从经济领域开始的，社会主义市场经济的确立和完善是改革的一条主线，但是独木难支，一个社会的发展既需要经济的建设，也需要政治、文化、社会、生态领域的建设，这是一个系统的工程。顶层设计是系统性改革，是自上而下的系统谋划，是在改革红利逐步减少的情况下、在改革出现利益固化的时期进行的一项整体改革。顶层推动一方面是通过规划系统谋划，为改革提供时间表和路线图；另一方面是运用中央权威打破利益固化藩篱。从顶层设计的领域看，顶层设计需要顶层推动，改革开放初期摸着石头过河是从边缘到中心的改革，从最贫穷的农村开始；当前的改革是从中心到边缘的改革，是从中央最高层开始，利益固化的藩篱需要中央推动才能打破。

综上所述，顶层设计能力的提升首先需要加强顶层设计主体权威性，打造具有历史使命感、政治责任感的持续改革的领导集体，并通过建立体制机制保证顶层推动；建立顺畅的民意表达机制、提升信息化水平，为顶层设计提供需要的信息支撑。顶层设计需要系统性的理性思维，避免设计的碎片化，需要在顶层设计上加强党的领导，凝聚改革共识，进行系统化设计。治理像中国这么大的社会主义国家是一个全新的重要命题，没有现

---

① 习近平：《论坚持全面深化改革》，中央文献出版社，2018，第 94 页。

成的答案。共产主义学说创始人马克思和恩格斯关于社会主义国家治理的理论多数是科学预测性的，因为这两位伟人没有遇到全面治理一个社会主义大国的问题。列宁在马克思恩格斯的理论和俄国十月革命的实践相结合的基础上进行了进一步的发展，但是列宁十月革命后不久就去世了，因而对社会主义国家治理的探索较少。后来苏联进行了社会主义的实践探索，并取得了骄人的成绩，但也出现了很多问题，由于对马克思主义的信仰缺失等因素，苏联解体，留下了巨大遗憾。全面深化改革要重视经验总结，但不能陷入经验主义。毛泽东同志和邓小平同志都强调总结经验的重要性，对建设和"文革"正反两方面的经验和教训的总结是提出改革开放政策的基础和前提。理性设计不但要把空间纳入其中，更要从时间维度进行考虑。历史和现实反复证明，理论不能僵化，实践永无止境。习近平同志强调："坚持和发展中国特色社会主义，需要不断在实践和理论上进行探索、用发展着的理论指导发展着的实践"①。

第二节 提升制度执行能力的政策建议

制度执行能力的提升是一个历史过程，也是一个系统工程。制度执行能力作为国家治理能力的重要内容和核心变量，影响和制约着国家治理能力。同时，推进国家治理能力现代化的内在规定性，也决定着制度执行能力建设的方向。现实来看，提升制度执行能力应该建立在党的领导制度现代化和科学化的基础上②，应通过体制、机制和规则的改革与完善，破除体制性藩篱，优化制度执行的机制，增进主体认同，营造良好执行环境，以系统化思维提升制度执行能力。戴维·瓦尔德纳认为，必须通过新的制度框架把国家、经济和社会联系在一起，"四种制度化的安排界定了国家的发展型能力：国家社会关系、官僚制的性质、国家财政和国家经济干预模式"。③

① 习近平：《在哲学社会科学工作座谈会上的讲话》，新华网，2016 年 5 月 18 日，http://www.xinhuanet.com//politics/2016 – 05/18/c_1118891128.htm。
② 竺乾威：《国家治理现代化与领导能力提升》，《理论探讨》2016 年第 6 期。
③ 〔美〕戴维·瓦尔德纳：《国家构建与后发展》，刘凤娟、包刚升译，吉林出版集团，2011，第 2 页。

一 优化地方行政层级设置

中国国家治理中的一个重要过程就是中央政府制定顶层设计和总体规划，然后由中间层级的地方政府，特别是省一级政府负责治理目标的分解与下达，直至作为直接执行者的基层政府负责贯彻落实。[①] 党的十九届三中全会通过的决定指出，要"精干设置各级政府部门及其内设机构，科学配置权力，减少机构数量，简化中间层次，推进扁平化管理，形成自上而下的高效率组织体系"[②]。鉴于中国地方行政层级设置的现实问题，我们认为新时代提高制度执行能力，推进国家治理现代化，应该考虑打破制度执行的体制性藩篱，优化地方行政层级设置，从而提升新时代制度执行能力，推进国家治理现代化。

短期来看，要改革地级市管县体制。改革地级市管县体制以后，在法律地位上地级市将与县平行，县直接掌握县域范围内的公共资源与事务。这样我国绝大部分地区的地方行政层级，将实现省、县、乡三级管理体制。众所周知，"中国有 2000 多年省制的历史，自近代晚期形成现代国家以来，一直实行单一制，纵向行政层级的界线清楚，横向行政区之间的边界明确，省制得以固化"[③]。省一级政权属于地方政府的一级建制，作为国家机构的一个重要层级，一般不会轻易改变。县这一层级发挥着承上启下的作用，在统筹城乡发展的重要历史时期作用更加凸显。然而，"地级市是后来形成，发挥过重要的历史作用，但随着改革的推进，市管县体制的弊端也显现出来"[④]，特别是在县域经济发展中，存在市与县关系不协调问题，推进扁平化管理势在必行。

要解决组织间信息不对称问题，提升制度执行能力。现有研究认为，如果地方政府的管理层次过多，会导致地方政府对外界变化的回应性降

---

① 艾云：《上下级政府间"考核检查"与"应对"过程的组织学分析——以 A 县"计划生育"年终考核为例》，《社会》2011 年第 3 期。
② 王满传、张克：《牢牢把握深化党和国家机构改革的目标》，《求是》2018 年第 9 期。
③ 杨龙：《中国国家治理中的区域治理》，《中国社会科学报》2015 年 10 月 14 日。
④ 张占斌：《纵向行政层级和结构优化：省直管县改革》，人民网，2020 年 3 月 16 日，http://theory.people.com.cn/n/2013/1206/c372253 - 23767024.html。

低，进而引发整个组织体系运行失效问题。① 既有研究认为，上下级政府间"不对称信息导致拥有信息方（通常是下级政府）有着更大的'谈判'优势，致使其在实际运行过程中具有相对独立性"②。下级政府具有信息控制权，不仅增加了组织间协调与控制的成本，而且地方行政层级众多，容易引发地方政府间的"同谋"问题，进而引发制度执行偏离问题。显然，在国家治理现代化背景下，改变省直管地级市、地级市直管县的治理体制，在缩减地方行政层级的同时，更为有效解决组织间的信息控制问题提供了坚实基础，从而也消除了制度执行偏离的现实土壤，提升了制度执行能力。既有研究表明，基层政府治理的非制度化现象的重要根源之一在于不同层级的上级政府都将基层政府视为自己在基层社会的"腿"，引发"上面千条线、下面一根针"的治理问题，基层政府长期处于"应酬政治"情境中③，引发乡镇治理的非制度化问题。

长远来看，要适应新时代经济社会发展现实，深化行政区划改革，在现有县级政权扩权改革的基础上，改变省管地级市、地级市管县的体制，而实行"省直管县"体制，即由省管市（地级市）和县的体制，从而改变纵向行政层级和管理结构。以此，通过减少行政管理层级的方式，消除组织层级间的信息模糊与不对称问题，提升制度执行能力。

近年来，随着政府职能的转变，特别是简政放权的实施，加之政府审批负面清单制度的推进，各级地方政府的职责与功能更加科学、有效。而且随着技术进步和基础设施的极大改善，尤其是数字政府建设的推进，我国逐步推出了省直管县改革试点，并使得省直管县改革成为我国行政管理体制改革的重要方向之一。

综上，优化地方行政层级设置是党和国家机构全面深化改革的关键一环，而推进纵向行政层级和结构优化又是党和国家机构改革的核心要素。新时代，以党和国家机构改革为契机，继续深化地方行政层级与结构改革，推进省直管县的体制性改革，通过优化地方行政层级设置的方式，打

---

① 涂小雨：《全面深化改革背景下提高制度执行力研究》，《中州学刊》2016 年第 12 期。

② 周雪光：《权威体制与有效治理》，《开放时代》2011 年第 11 期。

③ 赵树凯：《乡镇治理与政府制度化》，商务印书馆，2010。

破制度执行的体制性藩篱，不仅可以解决制度执行过程中上下级组织间信息模糊和不确定性问题，还可以有效优化政府治理体制中的条块关系，对于提升制度执行能力意义重大而深远。

二 创新群众参与机制

近代以来，中华民族以现代国家的建构为主题开启了现代化的历史进程。现代国家强调个人权利的正当性，故而现代社会一定是价值多元化的社会，这就决定了"在价值多元化的社会中为了维持社会秩序，必须区分价值与事实，社会秩序由超越个人价值的形式法规来维持，即实行法制和用法统治，强调公共事务程序优先"①。换言之，现代国家一定是运行在制度与法治轨道上的国家，国家的持续性权威来自社会公众的信任与支持，更离不开党组织的利益表达与综合功能。然而，目前国家治理能力建设面临的一个现实问题是，社会利益结构和关系的复杂化，引发利益表达和意见统合的协商与整合问题，由于上述机制建设不完善，多元化的利益主体之间往往难以形成具有权威性的国家意志和政策，从而影响了国家治理能力的效能。前文所述，主体认同是制度执行能力的核心要素，由于基层党组织在统筹协商方面不到位，群众处于"原子化"状态，广大的基层群众被置于制度制定或公共政策的过程之外，引发制度执行难问题。鉴此，建议地方政府创新群众参与机制，提升制度执行能力。

（一）基层党组织要提升统筹协调能力，优化群众的利益表达与综合路径，增进制度认同

党的十八大以来，"以深化党和国家机构改革为推动，党政关系优化开启了新的探索"②。中国共产党强调并要求通过"完善领导体制，改进领导方式，增强执政能力"③，提高党的领导的制度化、规范化和程序化水平。其中，提升基层党组织的统筹协调能力，成为强化党的领导的重要方

---

① 金观涛：《探索现代社会的起源》，社会科学文献出版社，2010，第 11 页。
② 王韶兴：《现代化进程中的中国社会主义政党政治》，《中国社会科学》2019 年第 6 期。
③ 《中国共产党章程》，人民出版社，2017，第 22 页。

向。因此，建议地方政府出台政府过程优化方案，以新时代人民对美好生活的向往为导向、以群众的制度化参与为重点，再造政府过程，创新利益表达与综合路径，着力构建党委领导、政府主导、社会协同、公众参与的群众利益表达与综合机制。此外，还要优化政府决策与执行过程，构建分级分类的制度化参与决策机制，要依靠强化利益引导、服务整合和法律整合等方式，将国家自上而下的整合与人民群众自下而上的认同结合起来，提升基层党组织的统筹协调能力，从而将制度的价值性目标内化为社会行动的规范，提升制度执行能力。

（二）优化绩效考核，创新绩效考核指标体系

要完善考核指标，推进决策民主化、科学化，强化目标沟通与责任机制。绩效考评机制是无形的"指挥棒"，能规范政府行为。基层调研显示，当前政府的考核指标体系基本上是围绕自上而下的逻辑设计的，"结果导向"是考核指标体系设置的根本理念和宗旨，对于下级及时完成上级的相关部署和安排具有强烈的驱动力量。然而，这种自上而下设置的、"结果导向"的、体现管理者意志的考核指标体系，在无形中忽略了被管理者的参与，"现在绝大部分的检查考核指标体系，都不把群众的民意测评考虑在内"①。因此，要改革现有乡镇政府绩效考核指标体系，尝试提高群众满意度在考核指标体系中的分值权重，并加强乡镇绩效考核的透明化建设，以此增加制度执行过程中的政治责任以及回应性，推动地方政府治理的制度化建设。

（三）完善协商民主的制度化建设，完善群众参与机制

党的十八届三中全会通过的决定指出，要"构建程序合理、环节完整的协商民主体系，拓宽国家政权机关、政协组织、党派团体、基层组织、社会组织的协商渠道。深入开展立法协商、行政协商、民主协商、参政协商、社会协商"②。实际上，党的十九大报告指出，"要推动协商民主广泛、

---

① 参见课题组调研访谈资料，编号：SLD，2017年5月。
② 《中共中央关于全面深化改革若干重大问题的决定》，载《十八大以来重要文献选编》（上），中央文献出版社，2014，第528页。

多层、制度化发展，统筹推进政党协商、人大协商、政府协商、政协协商、人民团体协商、基层协商和社会组织协商"①。由此可见，新时代提升国家治理能力，协商民主是一个重要途径。当前地方政府在贯彻执行上级法规制度时，普遍存在制度执行不到位的问题，"其根本原因就在于群众从一开始，就被排斥在政府工作的范畴以外"②。鉴此，必须规范地方政府权力运作，完善协商民主的制度化渠道和路径。一是要健全依法决策机制。事关经济社会发展全局和涉及群众切身利益的重大行政决策事项，应当广泛听取意见，与利害关系人进行充分沟通。③ 二是要改进和创新执法方式，坚持管理与服务并重、处置与疏导结合，实现法律效果与社会效果的统一。三是要拓宽群众监督渠道，依法保障人民群众监督政府的权利，完善群众举报投诉制度，推进基层协商民主，提升制度执行能力。

综上所述，国家依赖权力逻辑运行，社会依赖权利逻辑运转，二者所依赖的逻辑和空间各不相同。合理的治理格局意味着国家和社会互相耦合，国家从社会取得资源并获得其合法支持，社会从国家取得保护并获得其合理空间。国家与社会的逻辑互洽，建基于国家与社会的空间互洽。推进国家治理体系和治理能力现代化意味着要确保国家和社会的各自合理空间，重构国家和社会的运行逻辑和空间。

三　加强制度执行文化建设

制度执行能力提升的本质是制度化。既有研究已经指出，"制度内化从其过程性来看，大致可以划分为制度嵌入观念和制度成为习惯两个阶段。"④ 实际上，无论是制度嵌入行为体的观念之中，还是制度内化为行为体的一种习惯，这两者都建立在制度执行文化建设的基础上。提升制度化建设的效能可以从以下几方面入手。

---

① 习近平：《决胜全面建成小康社会 夺取新时代中国特色社会主义伟大胜利》，人民出版社，2017，第48页。

② 参见课题组调研访谈资料，编号：SZH，2017年6月。

③ 参阅中共中央、国务院印发《法治政府建设实施纲要（2015～2020年）》，新华网，2015年12月27日，http://news.xinhuanet.com/politics/2015-12/27/c_1117591748_3.htm。

④ 江必新、王红霞：《国家治理现代化与制度构建》，中国法制出版社，2016，第133页。

（一）践行社会主义核心价值观，加强制度执行文化建设

当前，制度执行文化建设已经取得了丰硕成果，然而在制度执行领域"唯上是从"思想还有较大市场，制度执行受人情关系的影响还较为严重，"一些组织长期依赖于由人情交往所编织的社会关系网即社会资本，而不把重点放在组织文化的引导和调节上，导致组织文化空有口号却缺乏精髓。"① 本质上，无论是"唯上是从"思想还是人情关系的运作，都体现出价值观念的力量，即人们对于制度的一种态度、观念和心理认知状态。从国家治理现代化的角度来看，这种价值观念是一种滞后于现实需要的心理认知模式，它削弱了科层制组织的理性基础，致使制度的力量无法统一延伸于组织内部的各个领域和部分，由此导致制度实施的局部无力和失效，引发制度权威弱化问题。

提升制度执行能力，要建构新型的关于制度执行的价值观念。具体而言，要通过在全社会大力践行社会主义核心价值观，重新树立制度在国家治理中的权威地位，以此建设制度执行文化，提升制度执行能力。现有研究认为，对于现代国家治理而言，一个国家的文化价值观对国家建设和治理意义重大，"文化价值观和态度可以阻碍进步，也可以促进进步，可是它们的作用一直大体上受到政府和发展机构的忽视。"② 由此可见，一个国家的治理主体，或者说政府机构及公共管理人员的文化价值观将决定着国家建设和治埋的方向。2014 年 2 月 24 日，习近平总书记在主持中共中央政治局第十三次集体学习时，发表讲话指出："培育和弘扬核心价值观，有效整合社会意识，是社会系统得以正常运转、社会秩序得以有效维护的重要途径，也是国家治理体系和治理能力的重要方面。"③ 大力践行社会主义核心价值观，事关社会和谐稳定、事关国家长治久安。

鉴此，践行社会主义核心价值观，一是要厚植党员领导干部政德土

---

① 刘明辉、江允英：《领导干部执行能力现代化》，国家行政学院出版社，2017，第 146 页。

② 〔美〕塞缪尔·亨廷顿、劳伦斯·哈里森主编《文化的重要作用：价值观如何影响人类进步》，程克雄译，新华出版社，2011，第 36 页。

③ 《习近平谈社会主义核心价值观》，中国日报中文网，2016 年 12 月 8 日，http://china. china-daily. com. cn/2016 - 12/08/content_27614754. htm。

壤，加强制度执行文化建设。建议出台领导干部政德建设纲要或指导意见，厚植政德建设的土壤。对于各级领导干部的考察，要改变干部人事任命考核"重政绩轻政德"的现象，建构德才兼备的历史文化传统和选人用人理念。二是要推进社会主义核心价值观"入课堂"常态化建设。社会主义核心价值观培育和践行不能存在"一阵风"现象，教育主管部门要重视抓社会主义核心价值观建设，"我们要在全社会大力弘扬和践行社会主义核心价值观，使之像空气一样无处不在、无时不有，成为全体人民的共同价值追求，成为我们生而为中国人的独特精神支柱，成为百姓日用而不觉的行为准则。"[①]

（二）制度执行的组织目标要明确具体

当前有些地方政府在制度执行方面的目标并不清晰，除了经济发展领域以外，其他诸如民生建设、社会治理、政治发展等相关领域内，制度执行的组织目标并不清晰，而在制度执行的标准建设方面则很大程度上处于空白。制度执行的标准建设滞后，制度执行的组织目标的刚性约束力弱，在很大程度上削弱了制度执行能力，最终弱化了国家制度执行能力。要建构制度执行的指标，在中国"下管一级"的干部人事管理体制模式中，上级政府或考核部门的绩效考核模式是引领与塑造地方各级政府行为的指挥棒。以乡镇绩效考核文件为例，绩效考核指标管理是指县市级政府对乡镇政府的控制权，主要表现为考核的目标设置权、绩效排名和评优相对应的政治激励权。乡镇政府应对绩效考核主要表现为四种博弈方式，分别是强控制高压力下维稳类指标的严格执行模式、强控制高压力下经济生态类指标的共谋模式、弱控制低压力下精神文明建设类指标的常规执行模式、弱控制低压力下创新类指标的灵活执行模式。

（三）完善制度执行的规则体系

日本学者青木昌彦区分了内在制度和外在制度的区别，并认为"内在制度被定义为群体内随经验而演化的规则，而外在制度则被定义为外在地

---

① 《习近平谈社会主义核心价值观》，中国日报中文网，2016 年 12 月 8 日，http://china.china-daily.com.cn/2016 – 12/08/content_27614754.htm。

设计出来并靠政治行动由上面强加于社会的规则。"① 当前国家治理有些领域对于制度执行的规则缺少系统性的规定,从地方政府出台文件的实践过程看,当前制度执行的规则设计主要涉及领导重视、资源配置、组织机构设置等方面。实际上,制度执行是一个系统化、动态化的过程,不仅涉及制度执行主体,还涉及制度执行的客体和效果,即要从制度的受动者层面、制度执行者层面设计规则。不仅要规定领导与组织、资源与组织,更要规定效果与效能、行为与责任等具体的方面,即制度执行的规则建设要从制度制定到制度实施形成一个"封闭的环"。对于制度执行的效能测查要能够有相对明确具体的指标体系,尤其是制度受动者对于制度执行的感受、服务效能的提升、中央精神的深化等层面的内容都要有受动者甚至中立第三方评价,以此提升制度执行能力。

制度执行能力建设要有明确目标。党的十八大提出要构建系统完备、科学规范、运行有效的制度体系。继而,党的十九届三中全会提出,深化党和国家机构改革,目标是构建系统完备、科学规范、运行高效的党和国家机构职能体系。从党的十八大到党的十九届三中全会,制度建设的目标实现了从"运行有效"到"运行高效"的转变。从"有"效到"高"效这一字之差,在凸显制度自信的同时,也传递出新时代制度建设的标准和方向,从而为提升制度执行能力提供了顶层设计和总体规划方面的指导思路。

综上所述,"一个有效的制度建设的过程,必须重新塑造核心参与者的目标、责任感,灌输共享的假设和共同期望,以此培育出共同的理性。"② 党的十八大以来,党中央认为制度定型的时间窗口已经打开,必须加以构建设计,"形成系统完备、科学规范、运行有效的制度体系,使各方面制度更加成熟更加定型"③。实际上,改革要有期限,要有蓝图,要有预期,这是为之奋斗的目标,是努力的方向。当前,我国已经构建了中国

---

① 〔德〕柯武刚、史漫飞:《制度经济学:社会秩序与公共政策》,韩朝华译,商务印书馆,2003,第 119 页。

② Dietrich Rueschemeyer, "Structural Differention , Efficiency and Power", American Journal of Sociology. vol. 80 No. 1 1977.

③ 《改革开放以来历届三中全会文件汇编》,人民出版社,2013,第 180 页。

特色社会主义制度的基本框架，并形成了显著优势，但是离成熟定型还有一段路要走，即便是成熟定型了，也不意味着尽善尽美，还需要继续坚持和完善。时代在发展，新的问题也在出现，制度需要守正创新才能适应时代的进步要求。

第三节　提升社会动员能力的政策建议

社会动员能力存在的问题需要从根本上进行解决，否则社会动员能力无法与现代化的进程相适应。社会动员体制机制是社会动员有序的前提，要形成一个有机的动员制度体系，保障社会动员的确定性、连续性、预期的稳定性。通过完善制度、规则、规范，处理好动员资源的结构和分配方式，创新动员方式进而提升动员主体权威，逐步有序地建立社会动员的权威性基础，不断提升社会动员能力，推进国家治理现代化。

一　完善社会动员体制机制

提升社会动员能力需要社会动员的制度化，制度化动员能够确保动员的有序化。完善社会动员制度和法律，能够提供有效的制度供给。党和政府要高度重视社会动员对经济社会发展的重要性。人们对提高社会动员能力和建立社会动员程序的必要性要有明确而清醒的认识，要认识到应从社会动员的法律制定、社会动员机构建立、社会动员计划实施等方面来进行社会动员能力建设。构建社会动员体系，构建政党、政府、市场、社会"四位一体"的社会动员体制，创新社会动员机制，提高社会动员实践水平，是社会动员能力提升的重要途径。

（一）完善社会动员的法制体系，从根本上解决借法执法的困境

社会动员能力的提升需要法律的支撑和保障。在动员体制的研究上，更多涉及的是国防或者战争中的动员体制，实际上，在和平时期，应当从顶层设计的视角研究社会动员体制，提升社会动员能力，凝心聚力、共谋发展。动员没有体制机制做保障，难以形成凝聚力，动员无序会增加过多的社会运行成本，浪费较多的动员资源。

当前，我国社会动员的法治体系包括四个层次，即宪法、基本法、专门法、行政法规（条例、命令、条令、规章等）。其中，《宪法》是社会动员方面的根本大法，我国现行宪法第六十七条第二十款规定，由全国人民代表大会常务委员会决定全国总动员或者局部动员；社会动员方面的基本法主要由《国防动员法》和《突发事件应对法》① 构成；专门法则主要包括武装力量动员法类、国民经济动员法类、人民防空法类等七个门类；行政法规则主要基于以上上位法而制定。实际上，从新时代社会动员的制度体系角度来看，基本法主要体现在紧急动员和国防动员两个维度，对于常规性的社会动员缺少国家层面的基本法，社会动员方面的基本法并不健全。

完善社会动员的法制体系，建议全国人大适时制定"社会动员法"。要从推进国家治理现代化的战略高度重视新时代社会动员工作，并从以人民为中心的角度开展社会动员工作。要对新时代社会动员的领导机构、组织机构、执行机构做出指导性的规定，可以考虑设置国家社会动员委员会②，并在党中央、国务院领导下负责组织、指导、协调全国范围的社会动员工作，县级以上地方各级社会动员委员会负责组织、指导、协调本区域的社会动员工作。

（二）社会动员需要配套制度才能更好地落实

有效的社会动员建立在完善的配套制度基础上。以动员征用中的征用权为例，要有"动员补偿法""民用船舶动员征用补偿暂行办法"作为配套，否则动员制度就难以落到实处。动员过程中征用的程度和规模的考量、紧急程度的考量要依法衡量。确定征用后的补偿问题、参照标准，是协商补偿还是法定补偿，在等价补偿的同时是否需要有精神的补偿，需要依法评判。当被动员责任主体权益受损时通过哪些途径进行救济，这些都需要在动员法中体现出来，或者配套与之相关的法律法规。动员过程中的征用问题，尤其是注意财物的征用权。比如，美国在战争动员方面法律法

---

① 注：《中华人民共和国突发事件应对法》由中华人民共和国第十届全国人民代表大会常务委员会第二十九次会议于 2007 年 8 月 30 日通过，自 2007 年 11 月 1 日起施行。

② 当前，我国有中华人民共和国国防动员委员会，成立于 1994 年 11 月。

规比较完善，美国战争动员的基本法律数量较多，比如《国家紧急状态法》《战争授权法》《1946 年战略和重要物资储备》《1947 年国家安全法》《1950 年国防生产法》。在动员计划体系方面，美国联邦政府制定的《国家紧急动员计划》，对政府各部门应该承担的责任进行了划分，国防部是动员行动的主要执行者；1988 年重新颁布的《国防部动员总计划》对动员组织、部门的职责划分更加明确。① 在这里列举美国的动员法制建设案例并不是强调美国标准，而是期望能够获得有益的借鉴。

（三）构建政党、政府、社会、市场"四位一体"的协同动员机制

社会动员机制是治理主体通过利益激励和政策引导，整合社会力量、调动社会资源，为实现特定目标而采取共同行动的制度安排。建立良好的社会动员机制，其目的是要整合各方力量，激发群众参与的积极性，"提高人民群众依法管理国家事务、经济社会文化事务、自身事务的能力"②。"国家建立有效的社会动员机制"③，社会动员机制的建立能够缓解党和政府作为社会动员主体无法获得充足资源的问题。

随着社会转型，我国社会动员的理念经历了从政府动员主体观到多元动员主体观的转变。政府动员主体观是指社会动员的主体主要是政府及其委托、延伸的载体，包括单位、人民公社，这种主体观与国家控制社会、强国家弱社会的治理状态相适应。多元动员主体观是指"党委领导、政府负责、社会协同、公众参与"的社会动员。政府动员主体和多元动员主体是在不同时期采取的适合经济社会发展的不同方法。政府动员主体观下的动员主体比较明确，就是党委、政府及其委托和延伸的载体，而多元动员主体观下的动员主体多元化，会导致动员主体模糊。因此，当前社会动员主体需要法律和制度加以界定。

党的十九届四中全会强调"加强和创新社会治理"，完善"党委领导、政府负责、民主协商、社会协同、公众参与、法治保障、科技支撑"的社会治理体系，这个体系包含政党、政府、社会三大动员主体，再加上市场

---

① 李保忠：《中外军事制度比较》，商务印书馆，2014，第 309～311 页。
② 习近平：《习近平谈治国理政》第一卷，外文出版社，2018，第 104 页。
③ 《中华人民共和国突发事件应对法》。

的激励动员作用，就形成政党、政府、社会、市场"四位一体"的社会动员机制。社会动员体制机制有其自身的结构和功能，在结构上，党、政府、社会、市场形成四位一体的社会动员机制；功能上，政党领导、政府主导、社会参与、市场调节，构成政党、政府、社会、市场协同动员治理机制。其中，党的领导是关键、政府主导是保障、社会参与是前提、市场配置是基础。党管决策和方向、政府执行和主导、社会参与和调节、市场提动动力和激励。

创新社会动员机制建设要做好以下几个方面的工作。一是要建设治理型政党与治理型政府。治理型政党不仅要把握政治发展的方向，还要为社会发展提供基本的社会保障。治理型政府不但要发挥社会管理的作用，还要发挥社会服务的功能。作为社会动员核心主体的党和政府构成了社会动员的主要组织机构，为社会动员提供了政治正确和组织保障。一方面，政府的动员主要是行政动员，权力自上而下，注重宏观的作用，具有权威性，但是其互动性较弱；另一方面，要加强社会的自我动员，减少党和政府对社会的过度干预。二是要坚持和完善社会主义市场经济体制。市场作为资源配置的主体，在微观领域能够提高效率，能够激发社会活力，激发公民参与的积极性，形成平等的竞争方式，创造更多的社会财富，为整个社会的发展提供物质基础。三是要发展自治型社会。社会自治是现代治理的一个必然要求，社会自治为公民提供了一个协商共治的平台，这是社会化动员的基础和前提。社会化动员与行政动员不同，行政动员一般注重自上而下，而社会动员则是参与型扁平化动员，更加强调动员主客体之间的互动性，有利于调解社会矛盾、避免社会冲突。社会自治要发挥组织的作用，引导社会组织发展、规范社会组织运作、发挥社会组织功能，从组织建构、组织程序和组织作用三个方面来实现社会组织促进社会发展的作用。四是加强社会动员平台建设。以社会动员平台建设为支撑，提升社会动员的政策学习、理解、执行水平；以平台为依托，交流动员的方法，进行项目动员，加强社区社会组织的培育工作，提高社区社会组织的数量和质量。同时，还要建立社区志愿者动员服务平台。

概言之，在我国，建立社会动员机制的作用在于能够在党的领导下，通过政府有形之手、市场无形之手、社会隐形之手动员全社会的人力、物力和财力等资源，建设"人人有责、人人尽责、人人享有"的社会治理共同体，实现共建共治共享的社会治理模式，发挥人民群众的创新主体作用，发挥群众自治的积极性。

二 创新社会动员方式

社会动员方式多样化是现代化发展的必然趋势。单一化的动员方式现象只注重矛盾的普遍性，忽视了矛盾的特殊性。新时代社会动员要以坚持和发展中国特色社会主义、推进国家治理现代化为目标，践行以人民为中心的发展思想，走好新时代的群众路线，以民主法治思维创新社会动员方式。

（一）要加强社会动员的民主化建设

推进社会动员的民主化建设，要把坚持和践行党的群众路线作为社会动员的根本遵循。社会动员要以"现实的人及其历史发展"或"人民对美好生活的向往"为出发点。群众路线是一般称呼，除此之外，还有群众运动、群众工作等表达方式。社会动员和群众路线一样，要把群众当作动员对象，群众也会有群众运动，会成为自我动员的主体。只有群众路线始终坚持以人民为中心的工作导向，社会动员才能够焕发出勃勃生机，才能化解治理中的矛盾和问题。

推进社会动员的民主化建设，要做好群众的信访工作。习近平同志指出："当前群众通过信访渠道反映出来的信访突出问题，既有新动向，也有老难题，但都事关群众切身利益，事关社会和谐稳定。"①实际上，"信访工作有冲突化解和社会动员两个基本功能"②，国家建立信访制度的本意是解决社会矛盾，倾听民众的呼声。但是在实践当中，信访除了具有基本的解决问题的疏通渠道功能外，还有社会动员的作用，如针对腐败进行社会动员，走群众路线，通过举报接待大厅、举报电话、举报邮箱等平台或方

---

① 《习近平就信访工作做出重要指示》，新华社，2016 年 4 月 21 日，http://www.xinhuanet.com/politics/2016-04/21/c_1118698018.htm。
② 冯仕政：《当代中国的社会治理与政治秩序》，中国人民大学出版社，2013，第 118~119 页。

式，动员社会力量监督党和政府，让权力更好在阳光下运行。具体而言，一方面，要准确界定信访机构的功能定位。新时代，信访工作要在各级党委和政府领导下，坚持属地管理、分级负责，谁主管谁负责。以国家信访局网上信访为例，主要有两大板块"网上投诉请求"和"网上建议征集"，前者主要是化解矛盾的功能，后者主要是建设性的功能，同时还有"网上查询评价"窗口，注重信访的回应性。另一方面，各级党委和政府要高度重视信访的功能，"各级党委、政府和领导干部要坚持把信访工作作为了解民情、集中民智、维护民利、凝聚民心的一项重要工作，千方百计为群众排忧解难"①，并且在功能上要运用法治思维和法治方式促进诉访分离，提升信访的专业化水平。

（二）推进行政动员与社会化动员相结合

社会动员目标决定动员方式与路径，各级党委和政府要依据社会动员的目标，合理运用动员方式，既要有命令式的动员，也要有社会的自我动员，既要有行政科层化的权威，又要有民众的广泛参与。在新媒体时代，社会动员方式理应与时俱进，推动网络动员能力提升。实际上，推进行政动员与社会化动员相结合的重要途径之一便是促进网络动员能力的提升。

新时代，提升网络动员能力是实现行政动员与社会化动员相结合的重要途径之一。习近平总书记指出"社会治理模式正在从单向管理转向双向互动，从线下转向线上线下融合，从单纯的政府监管向更加注重社会协同治理转变"②，"各级党政机关和领导干部要学会通过网络走群众路线"③。党和政府要运用网络、大数据、区块链技术，微博、微信等平台密切联系群众，察民意、体民情、解民忧。习近平总书记指出"互联网新技术新应用不断发展，使互联网的社会动员功能日益增强"④，"要传播正能量，提

---

① 习近平：《千方百计为群众排忧解难 不断开创信访工作新局面》，新华社，2017 年 7 月 19 日，http://www.xinhuanet.com/2017-07/19/c_1121346653.htm。

② 习近平：《各级领导干部要学网、懂网、用网》，新华网，2016 年 10 月 10 日，http://www.china.com.cn/news/2016-10/10/content_39453914_2.htm。

③ 习近平：《在网络安全和信息化工作座谈会上的讲话》，《人民日报》2016 年 4 月 26 日。

④ 习近平：《各级领导干部要学网、懂网、用网》，新华网，2016 年 10 月 10 日，http://www.china.com.cn/news/2016-10/10/content_39453914_2.htm。

升传播力和引导力"。① 一是要区分好三大地带，红色地带、黑色地带和灰色地带，扩大红色地带，打击黑色地带，减少灰色地带，做到激浊扬清。二是区分好三大网络群体，意见领袖、普通网民、网络水军，要注重对意见领袖和普通网民的引导，要针对网络水军的违法行为进行打击。善于运用网络的手段解决社会问题。网络是一把双刃剑，具有两面性。政府要敢于发声和善于发声，引领正确舆论导向。总之，要发挥网络的舆论正能量、舆论正面宣传作用。

（三）建构精准动员机制，提升社会动员能力

精准动员意味着要根据动员目标精准施策，社会动员实行分级制或分类实施。针对不同社会动员对象，采取不同的动员方案和措施。实际上，社会动员不等于动员整个社会，要区分整体动员与局部动员。通过典型示范榜、榜样带动的作用，让群众体会到动员的好处，参与到社会动员中，实现动员主客体的双赢，其核心是使动员主体和动员对象的利益达成一致。在和平和发展的时代，局部动员的概率要远远大于全社会动员的概率。全社会动员是指在国家发生重大战争、重大疫情等涉及全社会人员安全或利益时的一种动员。社会动员体现了集中力量办大事、全国一盘棋的制度优势，这是正向功能的一面；但是过度的社会动员则会造成人力、财力和物力的浪费。

总之，社会动员要保持政策的统一性与执行的灵活性之间必要的张力。国家出台的政策具有统一性的性质，但是在执行过程中要有灵活性，不能搞一刀切。地方执行中央的政策要坚决执行、不折不扣，这是要求，但是要符合实际情况，地方要与中央保持政策与执行的沟通机制，当中央政策的统一性遇到地方执行的特殊性时，要根据实际情况予以调整，不能搞政策一刀切。

三 增强社会动员主体权威

社会动员离不开动员主体的权威。地方政府组织社会动员的能力主要源

---

① 习近平：《各级领导干部要学网、懂网、用网》，新华网，2016 年 10 月 10 日，http://www.china.com.cn/news/2016 - 10/10/content_39453914_2.htm。

自政府的权威①。动员对象的权威，一是来自法律赋权，法律的权威。社会动员主体的权威来自制度的合法性和治理的有效性，效能来自社会动员的安全稳定性和促进经济快速发展的实效性。党的十九届四中全会指出，"新中国成立七十年来，我们党领导人民创造了世所罕见的经济快速发展奇迹和社会长期稳定奇迹"，这两大奇迹展现了社会治理的效能，社会治理效能为社会动员提供了合法性。

（一）要推动治理方式法制化、制度化建设

社会动员需要党和政府的权威力量来推动，进而实现强有力的资源整合，集中优势力量解决问题，取得治理的有效性。但是在治理过程中，如果国家权力脱离了制度的"笼子"，则可能造成对公民权利的威胁，因此，公权力需要法治的约束。

1. 推动社会动员程序法治化

在后发国家，社会动员确实是实现治理的一种有效方式，但关键是要解决好社会动员的法定程序。有法治的保障，社会动员既能促进经济社会的发展，又能维护人民的利益，获得人民的认同。因此，可根据《宪法》，参照《国防动员法》，制定"社会动员法"，并制定相配套的各项法律法规，规定社会动员的性质、分类，确定社会动员的机构、组织，明确动员主体的权力和职责，规范社会动员主体和客体之间的权利义务关系，界定社会动员的规模、程度。

2. 运用好社会动员政策工具

动员政策是指"国家和国家动员领导机关依据有关法规制定的与动员工作有关的行动准则"②，社会动员需要动员政策工具。一方面是政策工具的选择，具有可操作性、符合治理的价值偏好、能够被动员对象所接受，"一种政策工具只有在以政策工具特征为一方，以政策环境、政策目标和目标受众为另一方的双方之间相匹配的时候，才可以说它是有效的政策工具。"③。另

---

① 陈国权：《论政府能力与为政清廉的内在联系及其协调发展》，《浙江大学学报》（人文社会科学版）1997年第4期。

② 熊武一等编著《军事大辞海》（上），长城出版社，2000，第851页。

③ 唐贤兴：《政策工具的选择与政府的社会动员能力——对"运动式治理"的一个解释》，《学习与探索》2009年第3期。

一方面是政策工具的运用，运用政策工具进行动员要兼顾国家政策目标与地方需求。地方政府由于区域不同、社会动员的环境不同，在执行动员政策时的客观条件也会不同。还有一方面是政策工具的反馈，政策工具运用的效果与政策工具施加对象的认同度密切相关，认同度越高，意味着其政策工具更具合法性，社会动员的效果就越好。

3. 用好政策网络工具

政策工具有很多种，如产业政策工具、货币政策工具、金融政策工具、土地政策工具、人才政策工具、文化政策工具、户籍政策工具等。政策是一个综合性概念，能够构成政策网络，形成一种集成功能，"提升政府的治理能力，重点在于提高政策网络的集成程度。"[①] 当前，我国的政策工具越来越完善，形成了相对完善的社会动员政策网络，如就业优先政策、优化生育政策等。

（二）增强领导干部的组织建设意识

组织工作建设离不开各级党委、政府领导的重视。各级领导干部，尤其是主管组织建设的领导干部要重视组织的建设，以自我革命的方式推动自我改革，提升党政组织的凝聚力、影响力和号召力。各级党政领导干部要高度重视群团组织、社会组织和基层群众自治组织的改革与发展，为其发展提供必要政策支持，在人力、财力、物力等方面提供必要的条件，切实加强群团组织、社会组织、基层群众自治组织的建设。

党的十八大以来，中国共产党高度重视党的组织建设，于 2013 年和 2018 年两次召开全国组织工作会议。在 2013 年召开的全国组织工作会议上，习近平总书记强调了好干部的标准，即"信念坚定、为民服务、勤政务实、敢于担当、勤政廉洁"，指出当前理想信念和敢于担当是较突出问题，并对选人用人工作做了明确的部署。总之，有了好干部标准，就能选好人、用好人，按照新时代党的组织路线，构建党的组织体系，发挥党的组织优势，动员全国各族人民参与现代化建设，实现中华民族伟大复兴的

---

① 韩东飞：《政策网络视阈下政府治理能力提升的内在机制》，《山东行政学院学报》2014年第 8 期。

中国梦。2018 年的《深化党和国家机构改革方案》是对党和国家机构的系统性改革，体现了党中央对组织建设的高度重视。

中国共产党高度重视群团组织工作，把群团组织工作作为党的事业的重要组成部分。一是党中央高度重视。2015 年 7 月 6～7 日，党中央召开党的群团工作会议，习近平同志出席会议并发表讲话，强调"党的群团工作是党通过群团组织开展的群众工作，是党组织动员广大人民群众为完成党的中心任务而奋斗的重要工作"，把动员群众工作作为群团组织的主要功能。二是加强群团组织改革。2018 年出台的《深化党和国家机构改革方案》第七部分"深化群团组织改革"，专门对群团组织的机构改革和功能定位进行了规范，强调群团组织公共服务、团结教育、维护权益的功能，工会、共青团、妇联等 22 家群团组织是党和政府联系人民群众的桥梁和纽带。要以改革的方式加强群团组织建设，以适应现代化建设的需要。三是强化群团组织的社会动员功能。以共青团为例，2019 年 11 月 8 日上午，团中央书记处理论学习中心组召开扩大会议，强调要坚定制度自信，奋力改革创新，更加充分地发挥共青团的政治功能、动员功能和服务功能。在这里，动员功能成为与政治功能和服务功能并列的三大功能之一。总之，要切实加强党对群团工作的领导，提升群团组织落实党中央决策的社会动员能力和水平。

（三）要加强动员主体的组织建设，提升社会动员能力

社会组织建设对社会动员具有重要的作用，必须加以管理和引导。在加强党的领导的前提下，逐步放宽社会组织成立的限制，增加社会组织数量，提升社会组织质量和自治能力，加强社会组织自我服务和调节社会关系功能。目前，管理社会组织有相关的条例和政策，但是没有专门的"社会组织法"。全国有各种社会团体数百万个之多，亟须加快"社会组织法"立法进程。2016 年 8 月中共中央办公厅、国务院办公厅印发的《关于改革社会组织管理制度促进社会组织健康有序发展的意见》中指出："目前社会组织工作中还存在法规制度建设滞后、管理体制不健全、支持引导力度不够、社会组织自身建设不足等问题，从总体上看社会组织发挥作用还不够充分，一些社会组织违法违规现象时有发生。"意见强调大力培育发展社区社会组织，要降低准入门槛、积极扶持发展、增强社会功能。

加强动员主体的组织建设，建议各级党委和政府做好以下三个方面的工作。一是社会组织登记管理体制改革。比如2017年，天津市印发《关于改革社会组织管理治理制度促进社会组织健康发展实施意见》，发布《关于调整完善天津市商会组织登记管理工作的通知》，推进城乡及园区商会成立，适应非公经济领域社会组织成立需求。二是在社会组织能力建设上，扩大公益创投规模，加强社会人才队伍建设，科学规划培训。三是加强社会组织监督管理，建议各地党委和政府制定出台社会组织谈话制度，做到社会组织的成立、变更、违规第一时间"三必谈"，同时强化社会组织退出机制，对多年不开展活动、内部管理混乱、组织涣散，以及不能按要求进行社会组织赋码换证的社会组织依法清理，撤销休眠社会组织。① 放宽社会组织注册的条件限制，促进社会组织自治，但放宽限制并不意味着忽视对社会组织的监管。

总之，本书的研究期望在提升国家治理能力途径方面多提出具有可行性、可操作性政策建议。我们坚信，在中国共产党的坚强领导下，在中国共产党团结带领全国各族人民的共同努力下，我国国家治理能力一定会不断提高，中国特色社会主义制度优势不断彰显，中华民族伟大复兴的中国梦一定能够早日实现。

---

① 《天津年鉴2018》（总第33卷），第362页。

参考文献

中文著作

〔英〕P. S. 阿狄亚:《合同法导论》,赵旭东等译,法律出版社,2002。

〔美〕阿历克斯·英格尔斯:《人的现代化》,殷陆君译,四川人民出版社,1985。

〔美〕埃莉诺·奥斯特罗姆:《公共事物的治理之道:集体行动制度的演进》,余逊达、陈旭东译,上海三联书店,2000。

〔法〕爱弥儿·涂尔干:《宗教生活的基本形式》第二卷,渠东等译,上海人民出版社,2006。

〔英〕安东尼·吉登斯、〔英〕菲利普·萨顿:《社会学基本概念》,王修晓译,北京大学出版社,2019。

〔美〕彼得·埃文斯、迪特里希·鲁施迈耶、西达·斯考克波编著《找回国家》,方力维等译,生活·读书·新知三联书店,2009。

蔡志强:《社会动员论——基于治理现代化的视角》,江苏人民出版社,2015。

〔美〕查尔斯·林德布洛姆:《政治与市场》,王逸舟译,上海三联书店,1992。

〔美〕戴维·奥斯本、彼德·普拉斯特里克:《摒弃官僚制:政府再造的五项战略》,谭功荣、刘霞译,中国人民大学出版社,2002。

〔美〕戴维·H. 罗森布鲁姆、罗斯玛丽·奥利里:《公共管理与法律》,张梦中等译,中山大学出版社,2007。

〔美〕R. 科斯、A. 阿尔钦、D. 诺斯等：《财产权利与制度变迁——产权学派与新制度学派译文集》，刘守英等译，上海三联书店，1991。

〔美〕戴维·伊斯顿：《政治体系——政治学状况研究》，马清槐译，商务印书馆，1993。

〔美〕道格拉斯·C. 诺思：《经济史上的结构与变革》，厉以平译，商务印书馆，1992。

〔美〕道格拉斯·C. 诺思：《制度、制度变迁与经济绩效》，杭行译，格致出版社、上海三联书店、上海人民出版社，2014。

〔美〕道格拉斯·诺斯、罗伯斯·托马斯：《西方世界的兴起》，厉以平、蔡磊译，华夏出版社，2009。

《邓小平文选》第二卷，人民出版社，1994。

《邓小平文选》第三卷，人民出版社，1993。

丁娟主编《妇联能力建设简明读本》，中国妇女出版社，2010。

杜飞进：《中国的治理：国家治理现代化研究》，商务印书馆，2017。

〔德〕斐迪南·滕尼斯：《共同体与社会》，林荣远译，商务印书馆，1999。

费孝通：《人的研究在中国》，天津人民出版社，1993。

〔美〕费正清：《美国与中国》，张理京译，世界知识出版社，1999。

〔英〕弗里德利希·冯·哈耶克：《法律、立法与自由》第一卷，邓正来等译，中国大百科全书出版社，2000。

〔日〕福泽谕吉：《文明论概略》，北京编译社译，商务印书馆，1982。

《改革开放以来历届三中全会文件汇编》，人民出版社，2013。

高新军：《美国地方政府治理案例调查与制度研究》，西北大学出版社，2005。

国家统计局编《中国统计摘要2013》，中国统计出版社，2013。

〔美〕哈诺德·J. 克莱姆：《经济动员准备》，库桂生、张炳顺译，北京理工大学出版社，2007。

〔美〕哈瑞·穆迪、詹妮弗·萨瑟：《老龄化》，陈玉洪、李筱媛译，江苏人民出版社，2018。

胡鞍钢等：《中国国家治理现代化》，中国人民大学出版社，2014。

胡刚:《嬗变与转型:改革开放以来我国社会动员机制创新研究》,中国社会科学出版社,2017。

《胡乔木文集》第二卷,人民出版社,1993。

《简明大不列颠百科全书》第二卷,中国大百科全书出版社,1985。

江必新、王红霞:《国家治理现代化与制度构建》,中国法制出版社,2016。

金观涛:《探索现代社会的起源》,社会科学文献出版社,2010。

金耀基:《从传统到现代》,法律出版社,2010。

军事科学院军事历史研究所:《抗美援朝战争史》(上),军事科学出版社,2020。

〔德〕卡尔·雅斯贝斯:《历史的起源与目标》,李夏菲译,漓江出版社,2019。

〔德〕柯武刚、史漫飞:《制度经济学:社会秩序与公共政策》,韩朝华译,商务印书馆,2004。

李保忠:《中外军事制度比较》,商务印书馆,2014。

〔美〕李侃如:《治理中国:从革命到改革》,胡国成、赵梅译,中国社会科学出版社,2010。

李培林:《另一只看不见的手:社会结构转型》,社会科学文献出版社,2005。

李胜兵、李航敏:《解读管理术语》,企业管理出版社,2007。

李澂:《农业剩余与工业化资本积累》,云南人民出版社,1993。

李肇星:《说不尽的外交》,中信出版社,2013。

〔美〕理查德·拉克曼:《国家与权力》,郦菁、张昕译,上海人民出版社,2013。

〔美〕W. 理查德·斯格特:《组织理论》(第4版),黄洋译,华夏出版社,2002。

〔美〕W. 理查德·斯科特:《制度与组织:思想观念与物质利益》,姚伟、王黎芳译,中国人民大学出版社,2010。

林尚立:《当代中国政治:基础与发展》,中国大百科全书出版社,2017。

林尚立:《当代中国政治形态研究》,天津人民出版社,2000。

林尚立：《加强党的执政能力建设》，重庆出版社，2009。

林尚立：《政党政治与现代化——日本的历史与现实》，上海人民出版社，1998。

林尚立：《中国共产党与国家建设》，天津人民出版社，2017。

刘明辉、江允英：《领导干部执行能力现代化》，国家行政学院出版社，2017。

刘智峰：《国家治理论：国家治理转型的十大趋势与中国国家治理问题》，中国社会科学出版社，2014。

〔美〕德隆·阿西莫格鲁、詹姆斯·A. 罗宾逊：《国家为什么会失败》，李增刚译，湖南科学技术出版社，2016。

罗豪才、湛中乐主编：《行政法学》（第四版），北京大学出版社，2016。

《马克思恩格斯文集》第二卷，人民出版社，2009。

《马克思恩格斯文集》第一卷，人民出版社，2009。

〔德〕马克斯·韦伯：《经济与社会》（上卷），林荣远译，商务印书馆，2004。

〔美〕曼瑟尔·奥尔森：《集体行动的逻辑》，陈郁、郭宇峰、李崇新译，格致出版社，2014。

《毛泽东选集》第三卷，人民出版社，1991。

宁夏司法厅、中共宁夏区委党校、宁夏社会科学院、宁夏依法治区协调小组办公室等编《权依法使 提高领导干部法治思维和依法办事能力读本》，宁夏人民出版社，2016。

钱乘旦、陈意新：《走向现代化国家之路》，四川人民出版社，1987。

钱穆：《中国历代政治得失》，九州出版社，2012。

〔美〕乔治·弗雷德里克森：《公共行政的精神》，张成福等译，中国人民大学出版社，2003。

秦晓：《当代中国问题：现代化还是现代性》，社会科学文献出版社，2009。

〔日〕青木昌彦：《比较制度分析》，周黎安译，上海远东出版社，2001。

人民论坛编《大国治理：国家治理体系和治理能力现代化》，中国经济出版社，2014。

容敬本、崔之元等：《从压力型体制向民主合作体制的转变：县乡两级政治体制改革》，中央编译出版社，1998。

〔美〕塞缪尔·P. 亨廷顿：《变化社会中的政治秩序》，王冠华、刘为等译，上海世纪出版集团，2008。

〔美〕塞缪尔·亨廷顿、劳伦斯·哈里森主编《文化的重要作用：价值观如何影响人类进步》，程克雄译，新华出版社，2011。

沈传亮：《决策中国——改革开放以来中共决策体制的历史演进》，人民出版社，2014。

〔美〕沈大伟：《中国共产党：收缩与调适》，吕增奎、王新颖译，中央编译出版社，2011。

《十六大以来重要文献选编》（中），中央文献出版社，2011。

宋劲松：《应急管理社会动员》，中国经济出版社，2012。

苏力：《制度是如何形成的》，北京大学出版社，2022。

苏力：《法治及其本土资源》，北京大学出版社，2015。

孙立平：《传统与变迁：国外现代化及中国现代化问题研究》，黑龙江人民出版社，1992。

孙立平：《重建社会：转型社会的秩序再造》，社会科学文献出版社，2009。

孙立平：《转型与断裂：改革以来中国社会结构的变迁》，清华大学出版社，2004。

王惠岩：《政治学原理》，高等教育出版社，1999。

王浦劬等：《政治学基础》（第二版），北京大学出版社，2006。

王浦劬：《国家治理想现代化：理论与策论》，人民出版社，2016。

王绍光、胡鞍钢：《中国国家能力报告》，辽宁人民出版社，1993。

王亚南：《中国官僚政治研究》，商务印书馆，2010。

〔美〕文森特·奥斯特罗姆：《美国公共行政的思想危机》，毛寿龙译，上海三联书店，1999。

闻邦椿：《顶层设计原理方法应用》，机械工业出版社，2014。

《习近平党校十九讲》，中共中央党校出版社，2014。

习近平：《决胜全面建成小康社会 夺取新时代中国特色社会主义伟大胜
利》，人民出版社，2017。

习近平：《论坚持全面深化改革》，中央文献出版社，2018。

习近平：《习近平谈治国理政》第二卷，外文出版社，2017。

习近平：《习近平谈治国理政》第三卷，外文出版社，2020。

习近平：《习近平谈治国理政》第四卷，外文出版社，2022。

习近平：《习近平谈治国理政》第一卷，外文出版社，2018。

辛向阳：《大国诸侯：中国中央与地方关系之结》，中国社会出版社，2008。

徐晓东：《中国制度：顶层设计理论框架与实践案例》，人民出版社，
2013。

许海清：《国家治理体系和治理能力现代化》，中共中央党校出版社，
2013。

闫洪芹：《公共组织理论：结构、规则与行为》，北京航空航天大学出版
社，2009。

燕继荣：《国家治理及其改革》，北京大学出版社，2015。

杨龙：《发展政治学》，高等教育出版社，2006。

杨龙：《新政治经济学导论》，中国人民大学出版社，2010。

〔以〕S. N. 艾森斯塔德：《现代化：抗拒与变迁》，张旅平等译，中国人民大学
出版社，1988。

俞可平：《论国家治理现代化》，社会科学文献出版社，2014。

俞可平主编《推进国家治理与社会治理现代化》，当代中国出版社，2014。

俞新天：《走自己的路：对中国现代化的总体设计》，上海人民出版社，
1994。

曾迪琰：《解析顶层设计》，东方出版社，2016。

〔美〕詹姆斯·G. 马奇：《决策是如何产生的》，王元歌、章爱民译，机械
工业出版社，2013。

张卓元：《中国改革顶层设计》，中信出版社，2014。

赵树凯：《乡镇治理与政府制度化》，商务印书馆，2010。

郑永年:《中国的当下与未来:读懂我们的现实处境与 30 年大趋势》,中信出版社,2019。

郑永年:《中国改革路线图》,东方出版社,2016。

郑永年:《中国模式》(修订版),中信出版社,2015。

中共中央党史和文献研究院编《十九大以来重要文献选编》(上),中央文献出版社,2019。

《中共中央关于党的百年奋斗重大成就和历史经验的决议》,人民出版社,2021。

《中共中央关于加强党的政治建设的意见》,人民出版社,2019。

《中共中央关于深化党和国家机构改革的决定》,人民出版社,2018。

《中共中央关于制定国民经济和社会发展第十四个五年规划和二〇三五年远景目标的建议》,人民出版社,2020。

中共中央书记处研究室综合组:《党的十一届三中全会以来大事记》,红旗出版社,1987。

中共中央文献研究室编《十八大以来重要文献选编》(上),中央文献出版社,2014。

中共中央文献研究室编《十八大以来重要文献选编》(下),中央文献出版社,2018。

中共中央文献研究室编《十八大以来重要文献选编》(中),中央文献出版社,2016。

《中国共产党第十九届中央委员会第四次全体会议文件汇编》,人民出版社,2019。

《中国共产党章程》,人民出版社,2017。

周岱、包艳、韩兆龙:《工程可持续发展——理论与应用》,上海交通大学出版社,2016。

周黎安:《转型中的地方政府:官员激励与治理》,格致出版社,2008。

《紫光阁》杂志社编《新时代中国特色国家治理体系建构的重大创新:党和国家机构改革学习材料汇编》,中国言实出版社,2018。

中文期刊·新闻·文件

陈朝宗：《机制设计：提升制度执行力的唯一路径》，《中共福建省委党校学报》2013 年第 7 期。

陈金钊：《法治与改革的关系及改革顶层设计》，《法学》2014 年第 8 期。

陈先达：《社会主义的必然性及其实现》，《中国人民大学学报》2009 年第 4 期。

陈晏清、王新生：《政治哲学的当代复兴及其意义》，《哲学研究》2005 年第 6 期。

程同顺、邢西敬：《从政治系统论认识国家治理现代化》，《行政论坛》2017 年第 3 期。

程同顺、邢西敬：《合法性、认同和权力强制：制度权威建构的逻辑》，《上海行政学院学报》2016 年第 5 期。

褚松燕：《我国公共治理评估之核心要素》，《中国行政管理》2008 年第 9 期。

戴长征：《中国国家治理体系与治理能力建设初探》，《中国行政管理》2014 年第 1 期。

〔美〕K. W. 多伊奇《社会动员与经济发展》，《国外政治学》1987 年第 9 期。

甘泉：《社会动员能力：一种重要的领导能力》，《湖北教育·领导科学论坛》2011 年第 1 期。

高小平：《国家治理体系与治理能力现代化的实现路径》，《中国行政管理》2014 年第 1 期。

〔英〕格里·斯托克：《作为理论的治理：五个论点》，华夏风译，《国际社会科学杂志》（中文版）2019 年第 3 期。

《更好发挥党的领导这一最大优势——治理现代化的"中国智慧"》，《人民日报》2019 年 10 月 24 日。

何增科：《理解国家治理及其现代化》，《马克思主义与现实》2014 年第 1 期。

贺治方：《社会动员能力影响因素初探》，《湖南行政学院学报》2019 年第
　　1 期。

李光宇：《论正式制度与非正式制度的差异与链接》，《法制与社会发展》
　　2009 年第 3 期。

李建华：《情感认同与价值观认同》，《光明日报》2018 年 5 月 28 日。

李景鹏：《关于推进国家治理体系和治理能力现代化——"四个现代化"
　　之后的第五个"现代化"》，《天津社会科学》2014 年第 2 期。

李培林：《保障和改善民生没有终点站——读习近平谈治国理政》，《人民
　　日报》2015 年 2 月 5 日。

李德顺：《公平正义是社会主义价值观之魂》，《新华日报》2014 年 6 月
　　4 日。

李德顺：《公平正义是社会主义价值体系的核心》，《江汉论坛》2014 年第
　　12 期。

李文彬、陈晓运：《政府治理能力现代化的评估框架》，《中国行政管理》
　　2015 年第 5 期。

廖小平：《论改革开放以来核心价值的解构与建构》，《伦理学研究》2015
　　年第 3 期。

刘波、王力立：《国家治理现代化及其推进路径》，《理论探讨》2014 年第
　　5 期。

卢现祥：《从第一次分权让利到第二次分权让利——对中国经济增长的动
　　力机制的反思》，《福建论坛·人文社会科学版》2010 年第 1 期。

麻宝斌、段易含：《再论制度执行力》，《理论探讨》2013 年第 2 期。

马德勇、张蕾：《测量治理：国外的研究及其对中国的启示》，《公共管理
　　学报》2008 年第 4 期。

莫勇波、张定安：《制度执行力：概念辨析及构建要素》，《中国行政管理》
　　2011 年第 11 期。

彭中礼：《国家治理能力是什么：现代法治理论的框架性回应》，《东岳论
　　丛》2020 年第 4 期。

齐卫平、姜裕富：《提升制度执行力问题的思考——基于党的建设科学化

实践的视角》，《长白学刊》2014 年第 1 期。

秦国民、秦舒展：《推进国家治理能力现代化重在提高制度执行力》，《中国行政管理》2016 年第 9 期。

《全国检察机关上半年查处职务犯罪人数同比增长近两成》，《人民日报》2017 年 7 月 13 日。

邵鹏：《现代化模式视域中的国家治理能力建设》，《理论学刊》2014 年第 8 期。

沈传亮：《改革开放以来中国共产党决策科学化演进与展望》，《中共中央党校学报》2018 年第 2 期。

《"十三五"规划纲要诞生记》，《领导决策信息》2016 年第 12 期。

《"四个全面"：中国的大战略布局——《习近平时代》选载》，《学习时报》2016 年 4 月 25 日。

孙立平：《反腐败是这次改革启动点》，《南方都市报》2014 年 8 月 24 日。

孙肖波：《推动社会阶层结构向成熟"橄榄型"转型》，《宁波日报》2016 年 9 月 22 日。

汤维维：《机制的力量——埃瑞克·S. 马斯金教授访谈录》，《商学院》2008 年第 8 期。

《通向中国梦的大布局——〈习近平时代〉选载》，《学习时报》2016 年 4 月 21 日。

《统筹推进新时代"五位一体"总体布局》，《人民日报》2017 年 11 月 3 日。

涂小雨：《全面深化改革背景下提高制度执行力研究》，《中州学刊》2016 年第 12 期。

万里：《决策民主化和科学化是政治体制改革的一个重要课题——在全国软科学研究工作座谈会上的讲话》，1986 年 7 月 31 日。

王满传、张克：《牢牢把握深化党和国家机构改革的目标》，《求是》2018 年第 9 期。

王韶兴：《现代化进程中的中国社会主义政党政治》，《中国社会科学》2019 年第 6 期。

王思斌：《社会政策时代与政府社会政策能力建设》，《中国社会科学》2004 年第 6 期。

魏治勋：《"善治"视野中的国家治理能力及其现代化》，《法学论坛》2014 年第 2 期。

吴卫东：《行政违法行为的检察监督：制度·职能·机制》，《中共云南省委党校学报》2017 年第 2 期。

吴新叶：《提高党的动员能力》，《党建研究》2005 年第 1 期。

习近平：《切实把思想统一到党的十八届三中全会精神上来》，《求是》2014 年第 1 期。

习近平：《人心是最大的政治，共识是奋进的动力》，《新华每日电讯》2018 年 12 月 30 日。

《习近平总书记谈共享》，《人民日报》2016 年 3 月 3 日。

夏禹龙、刘吉、冯之浚、张念椿：《论决策科学化》，《中国社会科学》1982 年第 3 期。

辛向阳：《国家治理体系和治理能力现代化的基本内涵》，《马克思主义文摘》2014 年第 7 期。

徐显明：《论"法治"构成要件：兼及法治的某些原则及观念》，《法学研究》1996 年第 3 期。

徐育才、莫勇波、刘国刚：《政府制度执行力与执行元机制之间的逻辑关系》，《佛山科学技术学院学报》（社会科学版）2018 年第 1 期。

许耀桐：《顶层设计内涵解读与首要任务分析》，《人民论坛》2012 年第 6 期。

鄢一龙：《五年规划：中国式"目标治理"》，《北京日报》2019 年 9 月 16 日。

杨帆：《对中国计划经济时期成就的客观评价——从历史与可持续发展角度》，《云南财经大学学报》2008 年第 2 期。

杨帆：《改革不能有绝对受损阶层》，《环球时报》2014 年 10 月 28 日。

杨光斌：《关于国家治理能力的一般理论——探索世界政治（比较政治）研究的新范式》，《教学与研究》2017 年第 1 期。

杨光斌：《衡量国家治理能力的基本指标》，《前线》2019 年第 12 期。

杨桂华：《习近平新时代中国特色社会主义思想的理论特征》，《理论与现代化》2017 年第 6 期。

《执政者当以包容心对待"异质思维"》，《人民日报》2011 年 4 月 28 日。

易宪容：《先秦儒家制度思想及现代转化——与现代制度经济学比较研究》，《齐鲁学刊》1995 年第 5 期。

俞可平：《衡量国家治理体系现代化的基本标准》，《北京日报》2013 年 12 月 9 日。

俞可平：《治理与善治引论》，《马克思主义与现实》1999 年第 5 期。

詹成付：《党的十九届四中全会决定对我国制度建设的贡献》，《红旗文稿》2019 年第 24 期。

张长东：《国家治理能力现代化研究——基于国家能力理论视角》，《法学评论》2014 年第 3 期。

张文显：《规则·原则·概念——论法的模式》，《现代法学》1989 年第 3 期。

郑方辉、张兴：《独立第三方评政府整体绩效："广东试验"审视》，《学术研究》2014 年第 8 期。

郑永年：《新加坡模式对中国的借鉴意义》，《IT 时代周刊》2014 年第 22 期。

郑永年：《制度设计将成"最艰巨任务"》，《国际先驱报》2015 年 5 月 20 日。

郑永年：《中国的知识短缺时代》，《联合早报》2016 年 1 月 26 日。

郑永年：《中国政治的顶层设计问题》，《联合早报》2012 年 8 月 28 日。

郑智航：《当代中国国家治理能力现代化的提升路径》，《甘肃社会科学》2019 年第 3 期。

《中国共产党党组工作条例》。

"中国社会管理评价体系"课题组、俞可平：《中国社会治理评价指标体系》，《中国治理评论》2012 年第 2 期。

周红云：《国际治理评估指标体系研究述评》，《经济社会体制比较》2008

年第 6 期。

周雪光:《逆向软预算约束:一个政府行为的组织分析》,《中国社会科学》
    2005 年第 2 期。

周雪光:《权威体制与有效治理:当代中国国家治理的制度逻辑》,《开放
    时代》2011 年第 10 期。

竺乾威:《国家治理现代化与领导能力提升》,《理论探讨》2016 年第
    6 期。

外文资料

Aslan, Hadiye, Kumar, Praveen, *National Governance Bundles and Corporate Agency Costs: A Cross-Country Analysis*, Corporate Governance: An International Review, 2014, 22 (3).

Capron, Laurence; Guillén, Mauro, "National Corporate Governance Institutions and Post-acquisition Target Reorganization", *Strategic Management Journal*, 2009, 30 (8).

Cesare Pinelli, "The Discourses on Post-National Governance and the Democratic Deficit Absent an EU Government", *European Constitutional Law Review*, 2013 (9).

Cristina Lafont, "Accountability and Global Governance: Challenging the State-Centric Conception of Human Rights", *Ethics & Global Politics*, 2010 (3).

Dietrich Rueschemeyer, "Structural Differention, Efficiency and Power", *American Journal of Sociology*, 1997, 80 (1).

Dietrich Rueschemeyer, "Structural Differention, Efficiency and Power", *American Journal of Sociology*, 1997, 80 (1).

Douglass C. North, *Institution, Institutional Change and Economic Performance*, Cambridge University Press, 1990.

Evrim Tan, *Decentralization and Governance Capacity*, Palgrave Macmillan, Cham, 2019.

Francis Fukuyama, *Political Order and Political Decay : From the Industrial*

Revolution to the Globalization of Democracy, America: Farrar, Straus and Giroux, 2014.

Gargan J. J. , "Consideration of Local Government Capacity", *Public Administration Review*, 1981, 41 (6).

Giliberto Capano, Michael Howlett, M. , *Ramesh. Varieties of Governance*, London: Palgrave Macmillan, 2015.

Hiroko Naito, Vida Macikenaite, *State Capacity Building in Contemporary China*, Singapore: Springer, 2020.

Igor Filatotchev & Gregory Jackson & Chizu Nakajima, "Corporate governance and national institutions: A review and emerging research agenda", *Asia Pac J Manag* (2013) 30.

James N. Rosenau, Ernst-Otto Czempiel (eds.), *Governance without Government: Order and Change in World Politics*, Cambridge University Press, 1992.

Jie Lu, *Varieties of Governance in China—Migration and Institutional Change in Chinese Villages*, New York: Oxford university press, 2015.

John Rawls, *A Theory of Justice*, Cambridge, Mass. : The Belknap Press of Harvard University Press, 1971.

Karl W. Deutsch, "Social Mobilization and Political Development," *American Political Science Review*, 55 (Sept. 1961).

Li, Lianjiang, "Political Trust in Rural China. " *Modern China* 2004 (2).

Max Weber, *The Theory of Social and Economic Organization*, translated by A. M. Henderson and Talcott Parsons, New York: Oxford University Press, 1947.

Nele Noesselt. "Microblogs and the Adaptation of the Chinese Party-State's Governance Strategy", *Governance*, Volume 27, Issue 3.

Rosenau, "Governance in the Twenty-first Century", *Global Governance*, 1995, 1 (1).

R. Rhodes, "The New Governance: Governing without Government", *Political*

Studies, 1996, 44 (4).

Tony Saich, *Governance and Politics of China*, New York: Palgrave, 2002.

Vasudha Chhotray and Gerry Stoker, *Governance Theory and Practice—A Cross-Disciplinary Approach*, England: Palgrave Macmillan. 2009.

后 记

本书的写作基础是笔者主持完成的国家社科基金项目"提升国家治理能力途径研究"（15CKS018）成果。课题的研究让我受益匪浅，国家社科基金项目是一个大的工程，带动我的研究向更深更新的领域拓展，使我的研究能力得到进一步的锻炼和提升。

课题能够较为顺利地完成，离不开各方的支持、帮助和鼓励。向全国哲学社会科学工作办公室表示衷心感谢，没有国家社科基金的立项支持，本课题研究无法开展并完成。向项目成果鉴定专家致以诚挚的感谢，专家提出的意见和建议使我看到了差距和不足，也为我今后的努力指明了方向。感谢笔者所在工作单位中共天津市委党校为我提供的良好科研环境；感谢各相关部门的鼎力支持和提供的周到服务保障；感谢对课题研究工作给予精心指点的前辈和朋友；感谢全体课题组成员，在他们的帮助下，我解决了很多研究中的困难。

家人的支持是我前进的动力。有了家人的理解和支持，我才能够安心工作，家人的关爱使我拥有一颗感恩的心，懂得如何勇敢地去面对未来。

在本书的出版过程中，社会科学文献出版社的王展老师提出了非常宝贵的建议，使拙作得到了进一步完善，并得以顺利出版。借此机会，向精心编辑此书的王展老师和出版此书的社会科学文献出版社表示诚挚的感谢。期待本书得到学界和读者的批评指正。

图书在版编目（CIP）数据

制度设计与执行：治理能力提升的路径探讨／李荣
亮著. -- 北京：社会科学文献出版社，2023.9（2024.5 重印）
　ISBN 978 - 7 - 5228 - 1863 - 4

Ⅰ.①制…　Ⅱ.①李…　Ⅲ.①国家－行政管理－研究
－中国　Ⅳ.①D630.1

中国国家版本馆 CIP 数据核字（2023）第 098267 号

制度设计与执行：治理能力提升的路径探讨

著　　者／李荣亮

出 版 人／冀祥德
责任编辑／王　展
责任印制／王京美

出　　版／社会科学文献出版社（010）59367127
　　　　　　地址：北京市北三环中路甲 29 号院华龙大厦　邮编：100029
　　　　　　网址：www.ssap.com.cn
发　　行／社会科学文献出版社（010）59367028
印　　装／唐山玺诚印务有限公司

规　　格／开　本：787mm×1092mm　1/16
　　　　　　印　张：14.25　字　数：216 千字
版　　次／2023 年 9 月第 1 版　2024 年 5 月第 2 次印刷
书　　号／ISBN 978 - 7 - 5228 - 1863 - 4
定　　价／78.00 元

读者服务电话：4008918866